3 LIBROS
PARA CONOCER
EL ANARQUISMO

Copyright© Tacet Books, 2024
Todos los derechos reservados.

Editor August Nemo
Diseño de cubierta y interior Mayra Falcini
Marketing Horacio Corral

Ilustración de cubierta "Bakunin en el Congreso de Basilea de la AIT de 1869" de Rafael Farga Pellicer.
Ilustración del colofón "L'anarchiste." de Félix Vallotton, 1898

Catalogación en la Publicación (CIP)

BAKUNIN, Mijaíl; GOLDMAN, Emma; PROUDHON, Pierre-Joseph.
B169   3 Libros para conocer - El Anarquismo / Mijaíl Bakunin, Emma Goldman, Pierre-Joseph Proudhon. – São Paulo, SP: Tacet Books, 2024.
286 p. : 16 x 23 cm

ISBN 978-65-89575-81-8

1. Anarquismo. 2. Filosofía política. 3. Historia del anarquismo. I. Bakunin, Mijaíl. II. Goldman, Emma. III. Proudhon, Pierre-Joseph. IV. Título.

CDD 320.57

Tacet Books
Hecho en silencio
Para mentes ruidosas

www.tacetbooks.com
tacet.books@gmail.com

ÍNDICE

Introducción   5

Dios y el Estado
Mijaíl Bakunin   9

Anarquismo: lo que significa realmente
Emma Goldman   77

¿Qué es la propiedad?
Pierre-Joseph Proudhon   97

Descubra Tacet Libros   285

INTRODUCCIÓN

El anarquismo es una filosofía política que se opone a todas las formas de autoridad, buscando abolir instituciones como el Estado y el capitalismo, que se ven como fuentes de coerción y jerarquía innecesarias. En lugar de eso, el anarquismo promueve la creación de sociedades sin Estado, basadas en asociaciones voluntarias y cooperación mutua. Históricamente, el anarquismo es considerado un movimiento de izquierda, a menudo descrito como el ala libertaria del movimiento socialista.

Aunque se pueden encontrar rastros de ideas anarquistas a lo largo de la historia, el anarquismo moderno surgió durante la Ilustración. A finales del siglo XIX y principios del siglo XX, el movimiento anarquista floreció en diversas partes del mundo, desempeñando un papel significativo en las luchas de los trabajadores por la emancipación. Durante este período, surgieron varias escuelas de pensamiento anarquista, cada una con sus propios enfoques y estrategias.

Los anarquistas participaron en varias revoluciones importantes, incluyendo la Comuna de París, la Guerra Civil Rusa y la Guerra Civil Española. El final de esta última marcó el fin de la era clásica del anarquismo. En las últimas décadas del siglo XX y principios del siglo XXI, el movimiento anarquista resurgió, creciendo en popularidad e influencia dentro de los movimientos anticapitalistas, antiguerra y antiglobalización.

La etimología del término "anarquismo" proviene del griego antiguo "anarkhia", que significa "sin gobernante", compuesto por el prefijo "an-" (sin) y la palabra "arkhos" (líder o gobernante). El sufijo "-ismo" denota la corriente ideológica que favorece la anarquía. El término apareció por primera vez en inglés en 1642 como "anarchisme" y "anarchy" en 1539, con los primeros usos enfatizando un sentido de desorden.

La primera persona en autodenominarse anarquista fue el filósofo político Pierre-Joseph Proudhon en el siglo XIX. Desde la década de 1890, especialmente en Francia, el término libertarismo se ha utilizado como sinónimo de anarquismo, una práctica que aún es común fuera de los Estados Unidos. Sin embargo, algunos usos del término libertarismo se refieren exclusivamente a la filosofía del mercado libre individualista, conocida como anarquismo de mercado libre.

La oposición al Estado es central para el pensamiento anarquista, pero definir el anarquismo no es una tarea fácil, ya que hay mucha discusión entre los estudiosos y anarquistas sobre el tema, y varias corrientes perciben el anarquismo de manera ligeramente diferente. Los elementos definitorios clave incluyen el deseo de una sociedad no coercitiva, el rechazo del aparato estatal, la creencia de que la naturaleza humana permite que los humanos existan en o progresen hacia tal sociedad, y sugerencias sobre cómo actuar para perseguir el ideal de la anarquía.

El anarquismo puede dividirse en dos tradiciones históricas principales: el anarquismo social y el anarquismo individualista, debido a sus diferentes orígenes, valores y evolución. La corriente individualista enfatiza la libertad negativa, oponiéndose a las restricciones impuestas al individuo libre, mientras que la corriente social enfatiza la libertad positiva, apuntando a lograr el potencial libre de la sociedad a través de la igualdad y la propiedad social. Más allá de las facciones específicas que constituyen el anarquismo político, existe el anarquismo filosófico, que sostiene que el Estado carece de legitimidad moral, sin necesariamente aceptar la imperativa de la revolución para eliminarlo.

En el período contemporáneo, los principios anarquistas sustentan movimientos sociales radicales de izquierda. El interés en el movimiento anarquista se desarrolló junto con el movimiento antiglobalización, cuyas principales redes activistas eran de orientación anarquista. A medida que el movimiento moldeaba el radicalismo del siglo XXI, una adopción más amplia de los principios anarquistas señaló un renacimiento del interés.

Las tácticas anarquistas varían, pero generalmente sirven a dos grandes objetivos: primero, oponerse al Establishment, y segundo, promover la ética anarquista y reflejar una visión anarquista de la sociedad, ilustrando la unidad de medios y fines. Se puede hacer una categorización amplia entre los objetivos de destruir estados opresivos e instituciones por medios revolucionarios y los objetivos de cambiar la sociedad por medios evolutivos. Las tácticas evolutivas abrazan la no violencia, rechazan la violencia y adoptan un enfoque gradual a los objetivos anarquistas, aunque hay una superposición significativa entre los dos.

Los anarquistas contemporáneos típicamente emplean la acción directa, que puede tomar la forma de interrumpir y protestar contra la jerarquía injusta, o de autogestionar sus vidas a través de la creación de contrainstituciones como comunas y colectivos no jerárquicos. La toma de decisiones a menudo se maneja de manera anti-autoritativa, con todos teniendo igual participación en cada decisión, un enfoque conocido como horizontalismo.

El anarquismo continúa generando muchas filosofías y movimientos, a veces eclécticos, combinando conceptos dispares para crear nuevos enfoques filosóficos. El movimiento anarquista contemporáneo, aunque menos violento y militante que sus ancestros ideológicos, sigue comprometido en la lucha contra las formas de autoridad coercitiva, ya sea en confrontaciones con la policía durante manifestaciones y disturbios, o en acciones antifascistas y movilizaciones para prevenir manifestaciones de odio.

DIOS Y EL ESTADO

Mijaíl Bakunin

EL AUTOR

Mijaíl Aleksándrovich Bakunin, nacido el 30 de mayo de 1814 en Priamújino, Rusia, y fallecido el 1 de julio de 1876 en Berna, Suiza, fue un destacado teórico político, filósofo y revolucionario anarquista ruso. Considerado uno de los padres del anarquismo colectivista, Bakunin tuvo una influencia significativa en el socialismo revolucionario, el ateísmo militante y el movimiento obrero.

Bakunin nació en una familia liberal y fue educado en la Academia de Artillería de San Petersburgo. A lo largo de su vida, mantuvo una postura firme contra el despotismo y se adentró en el romanticismo europeo, desarrollando admiración por los filósofos Fichte y Hegel. Estudió filosofía en Berlín y París, donde conoció a figuras importantes como Proudhon, Marx y Engels.

Durante las Revoluciones de 1848, Bakunin participó en diversas insurrecciones, incluyendo el Congreso Eslavo de Praga y el levantamiento de mayo de 1849 en Dresde, donde fue capturado y encarcelado. Tras varios años de prisión y exilio en Siberia, Bakunin escapó a Japón y luego a Europa, donde continuó su lucha revolucionaria.

Bakunin fue un ferviente defensor del anarquismo colectivista y del federalismo anárquico, proponiendo la abolición del Estado y la creación de federaciones de comunas libres. En su obra "Dios y el Estado", criticó la religión y abogó por el ateísmo, considerando la religión como una herramienta de opresión.

A pesar de su rivalidad con Karl Marx, Bakunin desempeñó un papel crucial en la Primera Internacional, promoviendo posturas anarquistas dentro de la organización. Fundó la Alianza Internacional de la Democracia Socialista y abogó por la supresión de los Estados nacionales y la igualdad de sexos.

Bakunin pasó sus últimos años en Suiza, donde murió en 1876. Su legado perdura en el movimiento anarquista y su influencia se extiende a diversas corrientes del socialismo y la filosofía política. Su tumba en el cementerio de Bremgarten-Friedhof de Berna está marcada con la inscripción: "Quien no se atreve con lo imposible, nunca alcanzará lo posible".

DIOS Y EL ESTADO

¿Quiénes tienen razón, los idealistas o los materialistas?[1] Una vez planteada así la cuestión, vacilar se hace imposible. Sin duda alguna los idealistas se engañan y/o los materialistas tienen razón. Sí, los hechos están antes que las ideas; el ideal, como dijo Proudhon[2], no más que una flor de la cual son raíces las condiciones materiales de existencia. Toda la historia intelectual y moral, política y social de la humanidad es un reflejo de su historia económica.

Todas las ramas de la ciencia moderna, concienzuda y seria, convergen a la proclamación de esa grande, de esa fundamental y decisiva verdad: el mundo social, el mundo puramente humano, la humanidad, en una palabra, no es otra cosa que el desenvolvimiento último y supremo -para nosotros al menos relativamente a nuestro planeta-, La manifestación más alta de la animalidad. Pero como todo desenvolvimiento implica necesariamente una negación, la de la base o del punto de partida, la humanidad es al mismo tiempo y esencialmente una negación, la negación reflexiva y progresiva de la animalidad en los hombres; y es precisamente esa negación tan racional como natural, y que no es racional más que porque es natural, a la vez histórica y lógica, fatal como lo son los desenvolvimientos y las realizaciones de todas las leyes naturales en el mundo, la que constituye y crea el ideal, el mundo de las convicciones intelectuales y morales, las ideas.

Nuestros primeros antepasados, nuestros adanes y vuestras evas, fueron, si no gorilas, al menos primos muy próximos al gorila, omnívoros, animales inteligentes y feroces, dotados, en un grado infinitamente más grande que los animales de todas las otras especies, de dos facultades preciosas: *la facultad de pensar y la facultad, la necesidad de rebelarse.*

---

[1] **Nota del Editor:** "Idealistas" se refiere a los que creen que las ideas y la conciencia son primordiales para comprender el mundo, mientras que los "materialistas" creen que la realidad material es primordial y que las ideas son reflejos de esa realidad. Algunas figuras importantes son Platón y Hegel para el idealismo, y Karl Marx para el materialismo.

[2] **N. del E.:** Pierre-Joseph Proudhon (1809-1865) fue un filósofo y político francés, conocido como uno de los fundadores del anarquismo. Su frase "La propriété, c'est le vol!" ("¡La propiedad es el robo!") es una de sus afirmaciones más famosas. Puede leer el texto completo de Proudhon en este volumen.

Estas dos facultades, combinando su acción progresiva en la historia, representan propiamente el "factor", el aspecto, la potencia negativa en el desenvolvimiento positivo de la animalidad humana, y crean, por consiguiente, todo lo que constituye la humanidad en los hombres.

La Biblia, que es un libro muy interesante y a veces muy profundo cuando se lo considera como una de las más antiguas manifestaciones de la sabiduría y de la fantasía humanas que han llegado hasta nosotros, expresa esta verdad de una manera muy ingenua en su mito del pecado original. Jehová, que de todos los buenos dioses que han sido adorados por los hombres es ciertamente el más envidioso, el más vanidoso, el más feroz, el más injusto, el más sanguinario, el más déspota y el más enemigo de la dignidad y de la libertad humanas, que creó a Adán y a Eva por no sé qué capricho (sin duda para engañar su hastío que debía de ser terrible en su eternamente egoísta soledad, para procurarse nuevos esclavos), había puesto generosamente a su disposición toda la Tierra, con todos sus frutos y todos los animales, y no había puesto a ese goce completo más que un límite. Les había prohibido expresamente que tocaran los frutos del árbol de la ciencia. Quería que el hombre, privado de toda conciencia de sí mismo, permaneciese un eterno animal, siempre de cuatro patas ante el Dios eterno, su creador su amo. Pero he aquí que llega Satanás, el eterno rebelde, el primer librepensador y el emancipador de los mundos. Avergüenza al hombre de su ignorancia de su obediencia animales; lo emancipa e imprime sobre su frente el sello de la libertad y de la humanidad, impulsándolo a desobedecer y a comer del fruto de la ciencia.

Se sabe lo demás. El buen Dios, cuya ciencia innata constituye una de las facultades divinas, habría debido advertir lo que sucedería; sin embargo, se enfureció terrible y ridículamente: maldijo a Satanás, al hombre y al mundo creados por él, hiriéndose, por decirlo así, en su propia creación, como hacen los niños cuando se encolerizan; y no contento con alcanzar a nuestros antepasados en el presente, los maldijo en todas las generaciones del porvenir, inocentes del crimen cometido por aquellos. Nuestros teólogos católicos y protestantes hallan que eso es muy profundo y muy justo, precisamente porque es monstruosamente inicuo y absurdo. Luego, recordando que no era sólo un Dios de venganza y de cólera, sino un Dios de amor, después de haber atormentado la existencia de algunos millares de pobres seres humanos y de haberlos condenado a un infierno eterno, tuvo piedad del resto y para salvarlo, para reconciliar su amor eterno y divino con su cólera eterna y divina siempre ávida de víctimas y de sangre, envió al mundo, como una víctima expiatoria, a su hijo único a fin de que fuese muerto por los hombres. Eso se llama el misterio de la redención, base de todas las religiones cristianas. ¡Y si el divino salvador hubiese salvado siquiera al mundo humano! Pero no; en el paraíso prometido por Cristo, se sabe, puesto que es anunciado solemnemente, que o habrá más que muy pocos elegidos. El resto, la inmensa mayoría de las generaciones presentes y del porvenir, arderá eternamente en el infierno. En tanto, para consolarnos, Dios, siempre justo, siempre bueno, entrega la tierra al gobierno de los Napoleón III, de los Guillermo I, de los Femando de Austria y de los Alejandro de todas las Rusias.

Tales son los cuentos absurdos que se divulgan y tales son las doctrinas monstruosas que se enseñan en pleno siglo XIX, en todas las escuelas populares de Europa, por orden expresa de los gobiernos. ¡A eso se llama civilizar a los pueblos! ¿No es evidente que todos esos gobiernos son los envenenadores sistemáticos, los embrutecedores interesados de las masas populares?

Me he dejado arrastrar lejos de mi asunto, por la cólera que se apodera de mí siempre que pienso en los innobles y criminales medios que se emplean para conservar las naciones en una esclavitud eterna, a fin de poder esquilmarlas mejor, sin duda alguna. ¿Qué significan los crímenes de todos los Tropmann[3] del mundo en presencia de ese crimen de lesa humanidad que se comete diariamente, en pleno día, en toda la superficie del mundo civilizado, por aquellos mismos que se atreven a llamarse tutores y padres de pueblos? Vuelvo al mito del pecado original.

Dios dio la razón a Satanás y reconoció que el diablo o había engañado a Adán y a Eva prometiéndoles la ciencia y la libertad, como recompensa del acto de desobediencia que les había inducido a cometer; porque tan pronto como hubieron comido del fruto prohibido, Dios se dijo a sí mismo (véase la Biblia): "He aquí que el hombre se ha convertido en uno de nosotros, sabe del bien y del mal; impidámosle, pues, comer del fruto de la vida eterna, a fin de que no se haga inmortal como nosotros."

Dejemos ahora a un lado la parte fabulesca de este mito y consideremos su sentido verdadero. El sentido es muy claro. El hombre se ha emancipado, se ha separado de la animalidad y se ha constituido como hombre; ha comen-

---

[3] N. del E.: Jean-Baptiste Troppmann (1849-1870) fue un asesino en serie francés que, en 1869, asesinó a ocho miembros de la familia Kinck, entre ellos seis niños, para robarles su dinero. Capturado cuando intentaba huir del país, fue juzgado y ejecutado en la guillotina en enero de 1870. Su caso recibió una amplia cobertura en la prensa, destacando como un hito en el desarrollo de la prensa sensacionalista francesa.

zado su historia y su desenvolvimiento propiamente humano por un acto de desobediencia y de ciencia, es decir, por la rebeldía y por el pensamiento.

Tres elementos o, si queréis, tres principios fundamentales, constituyen las condiciones esenciales de todo desenvolvimiento humano, tanto colectivo como individual, en la historia: 1º *la animalidad humana*[4];º *el pensamiento, y* 3º la *rebeldía*. A la primera corresponde propiamente la *economía social y privada;* la segunda, la *ciencia*, y a la tercera, la *libertad*.

Los idealistas de todas las escuelas, aristócratas y burgueses, teólogos y metafísicos, políticos y moralistas, religiosos, filósofos o poetas, sin olvidar los economistas liberales, adoradores desenfrenados de lo ideal, como se sabe-, se ofenden mucho cuando se les dice que el hombre, con toda su inteligencia magnifica, sus ideas sublimes y sus aspiraciones infinitas, no es, como todo lo que existe en el mundo, más que materia, más que un producto de esa *vil materia*.

Podríamos responderles que la materia de que hablan los materialistas -materia espontánea y eternamente móvil, activa, productiva; materia química u orgánicamente determinada, y manifestada por las propiedades o las fuerzas mecánicas, físicas, animales o inteligentes que le son inherentes por fuerzano tiene nada en común con la *vil materia* de los idealistas. Esta última, producto de su falsa abstracción, es efectivamente un ser estúpido, inanimado, inmóvil, incapaz de producir la menor de las cosas, un *caput mortum*[5], *una rastrera* imaginación opuesta a esa *bella* imaginación que llaman *Dios*, ser supremo ante el que a materia, la materia de ellos, despojada por ellos mismos de todo lo que constituye la naturaleza real, representa necesariamente la suprema Nada. Han quitado a la materia la inteligencia, la vida, todas las cualidades determinantes, las relaciones activas o las fuerzas, el movimiento mismo sin el cual la materia no sería siquiera pesada, no dejándole más que la imponderabilidad y la inmovilidad absoluta en el espacio; han atribuido todas esas fuerzas, propiedades y manifestaciones naturales, al ser imagi-

---

4 **Nota del Autor:** La religión, las leyes y el matrimonio eran privilegio de los hombres libres, y, en un principio, solamente de los nobles, Dei majorum gentium, dioses de las familias patricias: jus gentium, derecho de gentes, es decir, de las familias o de los nobles. El esclavo y el plebeyo no constituían familia. Sus hijos eran considerados como cría de los animales. Bestias nacían y como bestias habrían de vivir.

5 **N. del E.:** *Caput mortuum* es una expresión latina que significa "cabeza muerta". Los antiguos alquimistas la utilizaban para designar el residuo no líquido resultante de sus análisis. En sentido figurado, el término también puede referirse a una cabeza vaciada de espíritu o de vida. Por tanto, cuando hablamos de caput mortuum, nos referimos a algo que queda después de un proceso, a menudo sin valor significativo. Es como el orujo o el saldo insignificante de algún trabajo.

nario creado por su fantasía abstractiva; después, tergiversando los papeles, han llamado a ese producto de su imaginación, a ese fantasma, a ese Dios que es la Nada: "Ser supremo". Por consiguiente, han declarado que el ser real, la materia, el mundo, es la Nada. Después de eso vienen a decirnos gravemente que esa materia es incapaz de reducir nada, ni aun de ponerse en movimiento por sí misma, y que, por consiguiente, ha debido ser creada por Dios.

En otro escrito he puesto al desnudo los absurdos verdaderamente repulsivos a que se es llevado fatalmente por esa imaginación de un Dios, sea personal, sea creador y ordenador de los mundos; sea impersonal y considerado como una especie de alma divina difundida en todo el universo, del que constituiría el principio eterno; o bien como idea indefinida y divina, siempre presente y activa en el mundo y manifestada siempre por la totalidad de seres materiales y finitos. Aquí me limitaré a hacer resaltar un solo punto.

Se concibe perfectamente el desenvolvimiento sucesivo del mundo material, tanto como de la vida orgánica, animal, y de la inteligencia históricamente progresiva, individual y social, del hombre en ese mundo. Es un movimiento por completo natural de lo simple a lo compuesto, de abajo arriba o de lo inferior a lo superior; un movimiento conforme a todas nuestras experiencias diarias, y, por consiguiente, conforme también a nuestra lógica natural, a las propias leyes de nuestro espíritu, que, no conformándose nunca y no pudiendo desarrollarse más que con la ayuda de esas mismas experiencias, no es, por decirlo así, más que la reproducción mental, cerebral, o su resumen reflexivo.

El sistema de los idealistas nos presenta completamente lo contrario. Es el trastorno absoluto de todas experiencias humanas y de ese buen sentido universal y común que es condición esencial de toda *entente* humana y que, elevándose de esa verdad tan simple tan unánimemente reconocida de que dos más dos son cuatro, hasta las consideraciones científicas más sublimes y más complicadas, no admitiendo por otra parte nunca nada que no sea severamente confirmado por la experiencia o por la observación de las cosas o de los hechos, constituye la única base seria de los conocimientos humanos.

En lugar de seguir la vía natural de abajo arriba, e lo inferior a lo superior y de lo relativamente simple a lo complicado; en lugar de acompañar prudente, racionalmente, el movimiento progresivo y real del mundo llamado inorgánico al mundo orgánico, vegetal, después animal, y después específicamente humano; de la materia química o del ser químico a la materia viva o al ser vivo, y del ser vivo al ser pensante, los idealistas, obsesionados, cegados e impulsados por el fantasma divino que han heredado de la teología, toman el camino absolutamente contrario. Proceden de arriba a abajo, de lo superior a lo inferior, de lo complicado a lo simple. Comienzan por Dios, sea como persona, sea como sustancia o idea divina, y el primer paso que dan es una terrible voltereta de las alturas sublimes del eterno ideal al fango del mundo material; de la perfección absoluta a la imperfección absoluta; del pensamiento al Ser, o más bien del Ser supremo a la Nada. Cuando, cómo y por qué el ser divino, eterno, infinito, lo Perfecto absoluto, probablemente hastiado de sí mismo, se ha decidido al *salto mortale*[6] desesperado; he ahí lo que ningún idealista, ni teólogo, ni metafísico, ni poeta ha sabido comprender jamás él mismo ni explicar a los profanos.

Todas las religiones pasadas y presentes y todos los sistemas de filosofía trascendentes ruedan sobre ese único o inicuo misterio. Santos hombres, legisladores inspirados, profetas, Mesías, buscaron en él la vida y no hallaron más que la tortura y la muerte. Como la esfinge antigua, los ha devorado, porque no han sabido explicarlo. Grandes filósofos, desde Heráclito y Platón hasta Descartes, Spinoza, Leibnitz, Kant, Fichte, Schelling y Hegel, sin hablar de los filósofos hindúes, han escrito montones de volúmenes y han creado sistemas tan ingeniosos como sublimes, en los cuales dijeron de paso muchas bellas y grandes cosas y descubrieron verdades inmortales, pero han dejado ese misterio, objeto principal de sus investigaciones trascendentes, tan insondable como lo había sido antes de ellos. Pero puesto que los esfuerzos gigantes -como de los más admirables genios que el mundo conoce y que durante treinta siglos al menos han emprendido siempre de nuevo ese trabajo de Sísifo[7] han culminado sino en la mayor incomprensión aún de ese misterio, ¿podremos esperar que nos será descubierto hoy por las especulaciones rutinarias de algún discípulo pedante de una metafísica artificiosamente recalentadas y eso en una época en que todos los espíritus vivientes y serios se han desviado de esa ciencia explicable, surgida de una transacción, históricamente explicable sin duda, entre la irracionalidad de la fe y la sana razón científica?

---

6 **N. del E.:** "Salto mortale" es una expresión italiana que significa "salto mortal". En el contexto filosófico utilizado por Hegel y otros idealistas, se refiere a la dramática y peligrosa transición de la idea pura a la materia bruta.

7 **N. del E.:** Es una expresión basada en el mito griego de Sísifo, que fue condenado por Zeus a empujar una roca gigante montaña arriba, sólo para verla rodar hacia abajo cada vez que llegaba a la cima, simbolizando una tarea interminable y sin propósito.

Es evidente que este terrible misterio es inexplicable, es decir, que es absurdo, porque lo absurdo es lo único que no se puede explicar. Es evidente que el que tiene necesidad de él para su dicha, para su vida, debe renunciar a su razón y, volviendo, si puede, a la ingenua, ciega, estúpida, repetir con Tertuliano y con todos los creyentes sinceros estas palabras que resumen la quintaesencia misma de la teología: *Credoquia absurdum*[8]. Entonces toda discusión cesa, y no queda más que la estupidez triunfante de la fe. Pero entonces se promueve también otra cuestión: *¿Cómo puede nacer en un hombre inteligente e instruido la necesidad de creer en ese misterio?*

Que la creencia en Dios creador, ordenador y juez, maldiciente, salvador y bienhechor del mundo se haya conservado en el pueblo, y sobre todo en las poblaciones rurales, mucho más aún que en el proletariado de las ciudades, nada más natural. El pueblo desgraciadamente, es todavía muy ignorante; y es mantenido en su ignorancia por los esfuerzos sistemáticos de todos los gobiernos, que consideran esa ignorancia, no sin razón, como una de las condiciones más esenciales de su propia potencia. Aplastado por su trabajo cotidiano, privado de ocio, de comercio intelectual, de lectura, en fin, de casi todos los medios y de una buena parte de los estimulantes que desarrollan la reflexión en los hombres, el pueblo acepta muy a menudo, sin crítica y en conjunto las tradiciones religiosas que, envolviéndolo desde su nacimiento en todas las circunstancias de su vida, y artificialmente mantenidas en su seno por una multitud de envenenadores oficiales de toda especie, sacerdotes y laicos, se transforman en él en una suerte de hábito mental moral, demasiado a menudo más poderoso que su buen sentido natural.

Hay otra razón que explica y que legitima en cierto modo las creencias absurdas del pueblo. Es la situación miserable a que se encuentra fatalmente condenado por la organización económica de la sociedad en los países más civilizados de Europa. Reducido, tanto intelectual y moralmente como en su condición material al mínimo de una existencia humana, encerrado en su vida como un prisionero en su prisión, sin horizontes, sin salida, sin porvenir mismo, si se cree a los economistas, el pueblo debería tener el alma singularmente estrecha y el instinto achatado de los burgueses para no experimentar la necesidad de salir de ese estado; pero para eso no hay más que tres medios, dos

---

8   N. del E.: "*Credo quia absurdum*" ("Creo porque es absurdo") es una frase atribuida al teólogo Tertuliano, que refleja la idea de que la fe puede implicar la aceptación de ideas que parecen ilógicas o irracionales.

de ellos ilusorios y el tercero real. Los dos primeros son el burdel y la iglesia, el libertinaje del cuerpo y el libertinaje del alma; el tercero es la revolución social. De donde concluyo que esta última únicamente, mucho más al menos que todas las propagandas teóricas de los librepensadores, será capaz de destruir hasta los mismos rastros de las creencias religiosas y de los hábitos de desarreglo en el pueblo, creencias y hábitos que están más íntimamente ligados de lo que se piensa; que, sustituyendo los goces a la vez ilusorios y brutales de ese libertinaje corporal y espiritual, por los goces tan delicados como reales de la humanidad plenamente realizada en cada uno de nosotros y en todos, la revolución social únicamente tendrá el poder de cerrar al mismo tiempo todos los burdeles y todas las iglesias.

Hasta entonces, el pueblo, tomado en masa, creerá, y si no tiene razón para creer, tendrá al menos el derecho.

Hay una categoría de gentes que, si no cree, debe menos aparentar que cree. Son todos los atormentadores, todos los opresores y todos los explotadores de la humanidad. Sacerdotes, monarcas, hombres de Estado, hombres de guerra, financistas públicos y privados, funcionarios de todas las especies, policías, carceleros y verdugos, monopolizadores, capitalistas, empresarios y propietarios, abogados, economistas, políticos de todos los colores, hasta el último comerciante, todos repetirán al unísono estas palabras de Voltaire:

Si Dios no existiese habría que inventario. Porque, comprenderéis, es precisa una religión para el pueblo. Es la válvula de seguridad.

Existe, en fin, una categoría bastante numerosa de almas honestas, pero débiles, que, demasiado inteligentes para tomar en serio los dogmas cristianos, los rechazan en detalle, pero no tienen ni el valor, ni la fuerza, ni la resolución necesarios para rechazarlos totalmente. Dejan a vuestra crítica todos los absurdos particulares de la religión, se burlan de todos los milagros, pero se aferran con desesperación al absurdo principal, fuente de todos los demás, al milagro que explica y legitima todos los otros milagros: a la existencia de Dios. Su Dios no es el ser vigoroso y potente, el Dios brutalmente positivo de la teología. Es un ser nebuloso, diáfano, ilusorio, de tal modo ilusorio que cuando se cree palparle se transforma en Nada; es un milagro, un *ignis fatuus* que ni calienta ni ilumina[9]. Y, sin embargo, sostienen y creen que, si desapareciese, desaparecería todo

---

9 **N. del E.:** La expresión "fuego fatuo" (en latín "*ignis fatuus*") se refiere al fenómeno de la ignición de ciertas sustancias (principalmente fósforo y metano) que surgen de materiales orgánicos en descomposición. Estas sustancias forman pequeñas llamas que pueden verse flotando en el aire, a poca

con él. Son almas inciertas, enfermizas, desorientadas en la civilización actual, que no pertenecen ni al presente ni al porvenir, pálidos fantasmas eternamente suspendidos entre el cielo y la tierra, y que ocupan entre la política burguesa y el socialismo del proletariado absolutamente la misma posición. No se sienten con fuerza ni para pensar hasta el fin, ni para querer, ni para resolver, y pierden su tiempo y su labor esforzándose siempre por conciliar lo inconciliable. En la vida pública se llaman socialistas burgueses.

Ninguna discusión con ellos ni contra ellos es posible. Están demasiado enfermos.

Pero hay un pequeño número de hombres ilustres, de los cuales nadie se atreverá a hablar sin respeto, y de los cuales nadie pensará en poner en duda ni la salud vigorosa, ni la fuerza de espíritu, ni la buena fe. Baste citar los nombres de Mazzini[10], de Michelet[11], de Quinet[12], de John Stuart Mill[13]. Almas generosas y fuertes, grandes corazones, grandes espíritus, grandes escritores y, el primero, resucitador heroico y revolucionario de una gran nación, son todos los apóstoles del idealismo y los adversarios apasionados del materialismo, y por consiguiente también del socialismo, en filosofía como en política.

Es con ellos con quienes hay que discutir esta cuestión.

Comprobemos primero que ninguno de los hombres ilustres que acabo de mencionar, ni ningún otro pensador idealista un poco importante de nuestros días, se ha ocupado propiamente de la parte lógica de esta cuestión. Ninguno ha tratado de resolver filosóficamente la posibilidad del *salto mortale* divino de las regiones eternas y puras del espíritu al fango del mundo material. ¿Tienen temor a abordar esa insoluble contradicción y desesperan

---

distancia de la superficie del agua, en zonas pantanosas y cementerios. Son luces pálidas que aparecen por la noche o al atardecer.

10 **N. del E.:** Giuseppe Mazzini (1805-1872) fue un político, periodista y activista italiano, uno de los principales líderes del movimiento por la unificación de Italia y fundador de Giovine Italia (Joven Italia).

11 **N. del E.:** Jules Michelet (1798-1874) fue un historiador francés, famoso por sus obras sobre la historia de Francia. Es conocido por su apasionada forma de escribir y su creencia en el progreso y la democracia. Entre sus obras más destacadas figuran "Histoire de France" e "Histoire de la Révolution Française".

12 **N. del E.:** Edgar Quinet (1803-1875) fue un historiador, poeta y político francés. Se le recuerda por su apoyo al republicanismo y al laicismo, así como por su oposición al autoritarismo. Entre sus principales obras destacan "La Révolution" y "La Création".

13 **N. del E.:** John Stuart Mill (1806-1873) fue un filósofo político y economista británico, uno de los pensadores más influyentes del liberalismo en el siglo XIX. Entre sus obras más importantes destacan "Sobre la libertad", "El utilitarismo" y "El sometimiento de la mujer". Mill es conocido por su defensa de los derechos individuales y la igualdad de género.

de resolverla después que han fracasado los más grandes genios de la historia, o bien a han considerado como suficientemente resuelta ya? Es su secreto. El hecho es que han dejado a un lado la demostración teórica de la existencia de un Dios, y que no han desarrollado más que las razones y las consecuencias prácticas de ella. Han hablado de ella todos como de un hecho universalmente aceptado y como tal imposible de convertirse en objeto de una duda cualquiera, limitándose, por toda prueba, a constatar la antigüedad y la universalidad misma de la creencia en Dios.

Esta unanimidad imponente, según la opinión de muchos hombres y escritores ilustres, y para no citar sino los más renombrados de ellos, según la opinión elocuentemente expresada de Joseph de Maistre[14] y del gran patriota italiano Giuseppe Mazzini, vale más que todas las demostraciones de la ciencia; y si la idea de un pequeño número de pensadores consecuentes y aún muy poderosos, pero aislados, le es contraria, tanto peor, dicen ellos, para esos pensadores y para su lógica, porque el consentimiento general, la adopción universal y antigua de una idea han sido considerados en todos los tiempos como la prueba más victoriosa de su verdad. El sentimiento de todo el mundo, una convicción que se encuentra y se mantiene siempre y en todas partes, no podría engañarse. Debe tener su raíz en una necesidad absolutamente inherente a la naturaleza misma del hombre. Y puesto que ha sido comprobado que todos los pueblos pasados y presentes han creído y creen en la existencia de Dios, es evidente que los que tienen la desgracia de dudar de ella, cualquiera que sea la lógica que los haya arrastrado a esa duda, son excepciones anormales, monstruos.

Así, pues, la *antigüedad* y la *universalidad* de una creencia serían, contra toda la ciencia y contra toda lógica, una prueba suficiente e irreductible de su verdad. ¿Y por qué?

Hasta el siglo de Copérnico y de Galileo[15], todo el mundo había creído que el Sol daba vueltas alrededor de la Tierra. ¿No se engañó todo el mundo? ¿Hay

14 **N. del E.:** Joseph de Maistre (1753-1821) fue un filósofo, escritor, abogado y diplomático saboyano. Es conocido por su defensa del autoritarismo, la monarquía absoluta y el catolicismo. Entre sus obras destacan "Du Pape" y "Les Soirées de Saint-Pétersbourg".

15 **N. del E.:** Nicolás Copérnico (1473-1543) y Galileo Galilei (1564-1642) fueron astrónomos y científicos revolucionarios que contribuyeron significativamente al cambio de paradigma en la comprensión del universo. Copérnico formuló el modelo heliocéntrico del sistema solar, proponiendo que la Tierra y los demás planetas giran alrededor del Sol. Galileo, a través de sus observaciones telescópicas, aportó pruebas empíricas en apoyo del modelo heliocéntrico de Copérnico. Hasta sus descubrimientos, la visión geocéntrica, que situaba a la Tierra en el centro del universo, era ampliamente aceptada. Se

cosa más antigua y más universal que la esclavitud? La antropofagia quizá. Desde el origen de la sociedad histórica hasta nuestros días hubo siempre y en todas partes explotación del trabajo forzado de las masas, esclavas, siervas o asalariadas, por alguna minoría dominante; la opresión de los pueblos por la iglesia y por el estado. ¿Es preciso concluir que esa explotación y esa opresión sean necesidades absolutamente inherentes a la existencia misma de la sociedad humana? He ahí ejemplos que muestran que la argumentación de los abogados del buen Dios no prueba nada.

Nada es en efecto tan universal y tan antiguo como lo inicuo y lo absurdo, y, al contrario, son la verdad la justicia las que, en el desenvolvimiento de las sociedades humanas, son menos universales y más jóvenes; lo que explica también el fenómeno histórico constante de las persecuciones inauditas de que han sido y continúan siendo objeto aquellos que las proclaman, primero por parte de los representantes oficiales, patentados e interesados de las creencias "universales" y "antiguas", y a menudo por parte también de aquellas mismas masas populares que, después de haberlos atormentado, acaban siempre por adoptar y hacer triunfar sus ideas.

Para nosotros, materialistas y socialistas revolucionarios, no hay nada que nos asombre ni nos espante en ese fenómeno histórico. Fuertes en nuestra conciencia, nuestro amor a la verdad, en esa pasión lógica que constituye por sí una gran potencia, y al margen de la cual no hay pensamiento; fuertes en nuestra pasión por la justicia y en nuestra fe inquebrantable en el triunfo de la humanidad sobre todas las bestialidades teóricas prácticas; fuertes, en fin, en la confianza y en el apoyo mutuos que se prestan el pequeño número de los que comparten nuestras convicciones, nos resignamos por nosotros mismos a todas las consecuencias de ese fenómeno histórico, en el que vemos la manifestación de una ley social tan natural, tan necesaria y tan invariable como todas las demás leyes que gobiernan el mundo.

Esta ley es una consecuencia lógica, inevitable, del *origen animal* de la sociedad humana; ahora bien, frente a todas las pruebas científicas, psicológicas, históricas que se han acumulado en nuestros días, tanto como frente a los hechos de los alemanes, conquistas de Francia, que dan hoy una demostración tan brillante de ello, no es posible, verdaderamente, dudar de la realidad de ese origen. Pero desde el momento que se acepta ese origen animal del

---

citan para ilustrar cómo una creencia universalmente aceptada puede ser cuestionada y corregida por nuevos descubrimientos científicos.

hombre, se explica todo. La historia se nos aparece, entonces, como la negación revolucionaria, ya sea lenta, apática, adormecida, ya sea apasionada y poderosa del pasado. Consiste precisamente en la negación progresiva de la animalidad primera del hombre por el desenvolvimiento de su humanidad. El hombre, animal feroz, primo del gorila, ha partido de la noche profunda del instinto animal para llegar a la luz del espíritu, lo que explica de una manera completamente natural todas sus divagaciones pasadas, y nos consuela en parte de sus errores presentes. Ha partido de la esclavitud animal y después de atravesar su esclavitud divina, término transitorio entre su animalidad y su humanidad, marcha hoy a la conquista y a la realización de su libertad humana. De donde resulta que la antigüedad de una creencia, de una idea, lejos de probar algo en su favor, debe, al contrario, hacérnosla sospechosa. Porque detrás de nosotros está nuestra animalidad y ante nosotros la humanidad, y la luz humana, la única que puede calentarnos e iluminarnos, la única que puede emanciparnos, nos hace dignos, libres, dichosos, y la realización de la fraternidad entre nosotros no está al principio, sino, relativamente a la época en que vive, al fin de la historia. No miremos, pues, nunca atrás, miremos siempre hacia adelante, porque adelante está nuestro sol y nuestra salvación; y si es permitido, si es útil y necesario volver nuestra vista al estudio de nuestro pasado, no es más que para comprobar lo que hemos sido y lo que no debemos ser más, lo que hemos creído y pensado, y lo que no debemos creer ni pensar más, lo que hemos hecho y lo que no debemos volver a hacer.

Esto por lo que se refiere a la *antigüedad*. En cuanto a la *universalidad* de un error, no prueba más que una cosa: la similitud, si no la perfecta identidad de la naturaleza humana en todos los tiempos y bajo todos los climas. Y puesto que se ha comprobado que los pueblos de todas las épocas de su vida han creído, y creen todavía, en Dios, debemos concluir simplemente que la idea divina, salida de nosotros mismos, es un error históricamente necesario en el desenvolvimiento de la humanidad, y preguntarnos por qué y cómo se ha producido en la historia, por qué la inmensa mayoría de la especie humana la acepta aún como una verdad.

En tanto que no podamos darnos cuenta de la manera cómo se produjo la idea de un mundo sobrenatural y divino y cómo ha debido fatalmente producirse en el desenvolvimiento histórico de la conciencia humana, podremos estar científicamente convencidos del absurdo de esa idea, pero no llegaremos a destruirla nunca en la opinión de la mayoría. En efecto: no estaremos en condiciones de atacarla en las profundidades mismas del ser humano, donde ha nacido, y, condenados una lucha estéril, sin salida y sin fin, deberemos contentarnos siempre con combatirla sólo en la superficie, en sus innumerables manifestaciones, cuyo absurdo, apenas derribado por los golpes del sentido común, renacerá inmediatamente bajo una forma nueva no menos insensata. En tanto que persista la raíz de todos los absurdos que atormentan al mundo, la creencia en Dios permanecerá intacta, no cesará de echar nuevos retoños. Es así como en nuestros días, en ciertas regiones de la más alta sociedad, el espiritismo[16] tiende a instalarse sobre las ruinas del cristianismo.

No es sólo en interés de las masas, sino también en de la salvación de nuestro propio espíritu debemos forzarnos en comprender la génesis histórica de la idea de Dios, la sucesión de las causas que desarrollaron produjeron esta idea en la conciencia de los hombres. Podremos decirnos y creernos ateos: en tanto que no hayamos comprendido esas causas, nos dejaremos dominar más o menos por los clamores de esa conciencia universal de la que no habremos sorprendido el secreto; y, vista la debilidad natural del individuo, aun del más fuerte ante la influencia omnipotente del medio social que lo rodea, corremos siempre el riesgo de volver a caer tarde o temprano, y de una manera o de otra, en el abismo del absurdo religioso. Los ejemplos y esas conversiones vergonzosas son frecuentes en la sociedad actual.

He señalado ya la razón práctica principal del poder ejercido aún hoy por las creencias religiosas sobre las masas. Estas disposiciones místicas no denotan tanto en sí una aberración del espíritu como un profundo descontento del corazón. Es la protesta instintiva y apasionada del ser humano contra las estrecheces, las chaturas, los dolores y las vergüenzas de una existencia miserable. Contra esa enfermedad, he dicho, no hay más que un remedio: la revolución social.

Entre tanto, otras veces he tratado de exponer las causas que presidieron el nacimiento y el desenvolvimiento histórico de las alucinaciones religiosas en la conciencia del hombre. Aquí no quiero tratar esa cuestión de la

---

16 **N. del E.**: El espiritismo, también conocido como doctrina espiritista o kardecismo, es una doctrina espiritista y reencarnacionista creada por el educador francés Allan Kardec (seudónimo de Hippolyte Léon Denizard Rivail) en el siglo XIX. Basada en una perspectiva cristiana, la doctrina explica el ciclo de la reencarnación, en el que el espíritu vuelve a la vida material tras la muerte y evoluciona a través de este proceso. El espiritismo integra conceptos filosóficos y científicos sobre la relación entre lo físico y lo moral, surgiendo como un movimiento religioso que se ramificó a partir del espiritismo popular en Norteamérica y Europa a partir de la década de 1850.

existencia de un Dios, o del origen divino del mundo y del hombre, más que desde el punto de vista de su utilidad moral y social, y sobre la razón teórica de esta creencia no diré más que pocas palabras, a fin de explicar mejor mi pensamiento.

Todas las religiones, con sus dioses, sus semidioses y sus profetas, sus Mesías y sus santos, han sido creadas por la fantasía crédula de los hombres, no llegados aún al pleno desenvolvimiento y a la plena posesión de sus facultades intelectuales; en consecuencia, de lo cual, el cielo religioso no es otra cosa que un milagro donde el hombre, exaltado por la ignorancia y la fe, vuelve a encontrar su propia imagen, pero agrandada y trastrocada, es decir, *divinizada*. La historia de las religiones, la del nacimiento, de la grandeza y de la decadencia de los dioses que se sucedieron en la creencia humana, no es nada más que el desenvolvimiento de la inteligencia y de la conciencia colectiva de los hombres. A medida que, en su marcha históricamente regresiva, descubrían, sea en sí mismos, sea en la naturaleza exterior, una fuerza, una cualidad o un defecto cualquiera, lo atribuían a sus dioses, después de haberlos exagerado, ampliado desmesuradamente, como lo hacen de ordinario los niños, por un acto de su fantasía religiosa. Gracias a esa modestia y a esa piadosa generosidad de los hombres creyentes y crédulos, el cielo se ha enriquecido con los despojos de la tierra y, por una consecuencia necesaria, cuanto más rico se volvía el cielo, más miserable se volvía la tierra. Una vez instalada la divinidad, fue proclamada naturalmente la causa, la razón, el árbitro y el dispensador absoluto de todas las cosas: el mundo no fue ya nada, la divinidad lo fue todo; y el hombre, su verdadero creador, después de haberla sacado de la nada sin darse cuenta, se arrodilló ante ella, la adoró y se proclamó su criatura y su esclavo.

El cristianismo es, precisamente, la religión por excelencia, porque expone y manifiesta, en su plenitud, la naturaleza, la propia esencia de todo sistema religioso, que es *el empobrecimiento, el sometimiento, el aniquilamiento de la humanidad en beneficio de la divinidad.*

Siendo Dios todo, el mundo real y el hombre no son nada. Siendo Dios la verdad, la justicia, el bien, lo bello, la potencia y la vida, el hombre es la mentira, la iniquidad, el mal, la fealdad, la impotencia y la muerte. Siendo Dios el amo, el hombre es el esclavo. Incapaz de hallar por sí mismo la justicia, la verdad y la vida eterna, no puede llegar a ellas más que mediante una revelación divina. Pero quien dice revelación, dice reveladores, Mesías, profetas, sacerdotes y legisladores inspirados por Dios, mismo; y una vez reconocidos aquellos como representantes de la divinidad en la Tierra, como los santos institutores de la humanidad, elegidos por Dios mismo para dirigirla por la vía de la salvación, deben ejercer necesariamente un poder absoluto. Todos los hombres les deben una obediencia ilimitada y pasiva, porque contra la razón divina no hay razón humana y contra la justicia de Dios no hay justicia terrestre que se mantengan. Esclavos de Dios, los hombres deben serlo también de la iglesia y del Estado, *en tanto que este último es consagrado por la iglesia*. He ahí lo que el cristianismo comprendió mejor que todas las religiones que existen o que han existido, sin exceptuar las antiguas religiones orientales, que, por lo demás, no han abarcado más que pueblos concretos y privilegiados, mientras que el cristianismo tiene la pretensión de abarcar la humanidad entera; y he ahí lo que, de todas las sectas cristianas, sólo el catolicismo romano ha proclamado y realizado con una consecuencia rigurosa. Por eso el cristianismo es la religión absoluta, la religión última, y la iglesia apostólica y romana la única consecuente, legítima y divina.

Que no parezca mal a los metafísicos y a los idealistas religiosos, filósofos, políticos o poetas: *la idea de Dios implica la abdicación de la razón humana y de la justicia humana, es la negación más decisiva de la libertad humana y lleva necesariamente a la esclavitud los hombres, tanto en la teoría como en la práctica.*

A menos de querer la esclavitud y el envilecimiento de los hombres, como lo quieren los jesuitas, como lo quieren los monjes, los pietistas o los metodistas protestantes, no podemos, no debemos hacer la menor concesión ni al dios de la teología ni al de la metafísica porque en ese alfabeto místico, el que comienza por decir A deberá fatalmente acabar diciendo Z, y el que quiere adorar a Dios debe, sin hacerse ilusiones pueriles, renunciar bravamente a su libertad y a su humanidad.

Si Dios existe, el hombre es esclavo; ahora bien, el hombre puede y debe ser libre: por consiguiente, Dios no existe.

Desafío a quienquiera que sea a salir de ese círculo, y ahora, escojamos.

¿Es necesario recordar cuánto y cómo embrutecen y corrompen las religiones a los pueblos? Matan en ellos la razón, ese instrumento principal de la emancipación humana, y los reducen a la imbecilidad, condición esencial de su esclavitud. Deshonran el trabajo humano y hacen de él un signo y una fuente de servidumbre. Matan la noción y el sentimiento de la justicia humana, haciendo inclinar siempre la balanza del lado de los pícaros triunfantes, objetos privilegiados de la gracia divina. Matan la altivez y la dignidad, no protegiendo más que a los que se arrastran y a los que se humillan. Ahogan en el corazón de los pueblos todo sentimiento de fraternidad humana, llenándolo de crueldad divina.

Todas las religiones son crueles, todas están fundadas en la sangre, porque todas reposan principalmente sobre la idea del sacrificio, es decir, sobre la inmolación perpetua de la humanidad a la insaciable venganza de la divinidad. En ese sangriento misterio, el hombre es siempre la víctima, y el sacerdote, hombre también, pero hombre privilegiado por la gracia, es el divino verdugo. Eso nos explica por qué los sacerdotes de todas las religiones, los mejores, los más humanos, los más suaves, tienen casi siempre en el fondo de su corazón -y si no en el corazón en su imaginación, en espíritu (y ya se sabe la influencia formidable que una otro ejercen sobre el corazón de los hombres)por qué hay, digo, en los sentimientos de todo sacerdote algo de cruel y de sanguinario.

Todo esto, nuestros ilustres idealistas contemporáneos lo saben mejor que nadie. Son hombres sabios y conocen la historia de memoria; y como son al mismo tiempo hombres vivientes, grandes almas penetradas por un amor sincero y profundo hacia el bien de la humanidad, han maldito y zaherido todos estos efectos, todos estos crímenes de la religión con una elocuencia sin igual. Rechazan con indignación toda solidaridad con el Dios de las religiones positivas y con sus representantes pasados y presentes sobre la Tierra.

El Dios que adoran o que creen adorar se distingue precisamente de los dioses reales de la historia, en que no es un Dios positivo, ni determinado de ningún modo, ya sea teológico, ya sea metafísicamente. No es ni el ser supremo de Robespierre y de Rousseau[17], ni el Dios panteísta de Spinoza[18], ni siquiera el Dios a la vez trascendente e inmanente y muy equívoco de Hegel[19].

17 **N. del E.:** Maximilien Robespierre (1758-1794) fue un abogado y político francés, una de las figuras más influyentes durante la Revolución Francesa y el Reinado del Terror. Defendió la virtud republicana y la igualdad. Jean-Jacques Rousseau (1712-1778) fue un filósofo, escritor y compositor ginebrino cuyas ideas influyeron en la Revolución Francesa y en el desarrollo del pensamiento político moderno. Su obra "El contrato social" es un hito del pensamiento democrático y republicano.

18 **N. del E.:** En el panteísmo de Spinoza, descrito en su obra "Ética", Dios no es un ser personal separado del mundo, sino idéntico a la naturaleza. Dios es la sustancia única e infinita que constituye e impregna todo el universo, siendo la causa de sí misma (causa sui). Todas las cosas son modos de esta sustancia divina. Comprender la naturaleza y sus leyes es comprender a Dios, porque Dios y la naturaleza son la misma cosa ("Deus sive Natura"). Este punto de vista difiere de las concepciones teístas tradicionales, que ven a Dios como un ser personal y trascendente que crea y gobierna el mundo externamente.

19 **N. del E.:** Se refiere a la concepción filosófica de que Dios está más allá del mundo (trascendente), pero también presente y activo en él (inmanente). Para Hegel, Dios es la totalidad absoluta que se manifiesta y realiza en el mundo a través del desarrollo histórico y espiritual de la humanidad.

Se cuidan bien de darle una determinación positiva cualquiera, sintiendo que toda determinación lo sometería a la acción disolvente de la crítica. No dirán de él si es un Dios personal o impersonal, si ha creado o si no ha creado el mundo; no hablarán siquiera de su divina providencia. Todo eso podría comprometerlos. Se contentarán con decir: "Dios" y nada más. Pero, ¿qué es su Dios? No es siquiera una idea, es una aspiración.

Es el nombre genérico de todo lo que les parece de, bueno, bello, noble, humano. Pero, ¿por qué dicen entonces: "hombre"? ¡Ah! es que el rey Guillermo de Prusia y Napoleón III y todos sus semejantes son igualmente hombres; y he ahí lo que más les embaraza. La humildad real nos presenta el conjunto de todo lo que hay de más sublime, de más bello y de todo lo que hay de más vil y de más monstruoso en el mundo. ¿Cómo salir de ese atolladero? Llaman a lo uno *divino* y a lo otro *bestial*, representándose la divinidad y la animalidad como los dos polos entre los cuales se coloca la humanidad. No quieren o no pueden emprender que esos tres términos no forman más que uno y que si se los separa se los destruye.

No están fuertes en lógica, y se diría que la desprecian. Es eso lo que los distingue de los metafísicos y deístas, y lo que imprime a sus ideas el carácter de un idealismo práctico, sacando mucho menos sus inspiraciones del desenvolvimiento severo de un pensamiento, que de las experiencias, casi diré de las emociones, tanto históricas y colectivas como individuales de la vida. Eso da a su propaganda una apariencia de riqueza y de potencia vital, pero una apariencia solamente porque la vida misma se hace estéril cuando es paralizada por una contradicción lógica.

La contradicción es ésta: quieren a Dios y quieren a la humanidad. Se obstinan en poner juntos esos dos términos, que, una vez separados, no pueden encontrarse de nuevo más que para destruirse recíprocamente. Dicen de un tirón: "Dios y la libertad del hombre"; "Dios y la dignidad, la justicia, la igualdad, la fraternidad y la prosperidad de los hombres", sin preocuparse de la lógica fatal conforme a la cual, si Dios existe todo queda condenado a la no-existencia. Porque si Dios existe es necesariamente el amo eterno, supremo, absoluto, y si amo existe el hombre es esclavo; pero si es esclavo, no hay para él ni justicia ni igualdad ni fraternidad ni prosperidad posibles. Podrán, contrariamente al buen sentido y a todas las experiencias de la historia, reventarse a su Dios animado del más tierno amor por la libertad humana: un amo, haga lo que quiera y por liberal que quiera mostrarse, no deja de ser un amo y su existencia implica necesariamente la esclavitud de todo lo que se encuentra por debajo de él.

Por consiguiente, si Dios existiese, no habría para él más que un solo medio de servir a la libertad humana: dejar de existir.

Como celoso amante de la libertad humana y considerándolo como la condición absoluta de todo lo que adoramos y respetamos en la humanidad, doy vuelta a la frase de Voltaire y digo: *si Dios existiese realmente, habría que hacerlo desaparecer.*

La severa lógica que me dicta estas palabras es demasiado evidente para que tenga necesidad de desarrollar más esta argumentación. Y me parece imposible que los hombres ilustres a quienes mencioné, tan célebres y tan justamente respetados, no hayan sido afectados por ella y no se hayan percatado de la contradicción en que caen al hablar de Dios y de la libertad humana a la vez. Para que lo hayan pasado por alto, ha sido preciso que hayan pensado que esa inconsecuencia o que esa negligencia lógica era necesaria *prácticamente para* el bien mismo de la humanidad.

Quizá también, al hablar de la libertad como de una cosa que es para ellos muy respetable y muy querida, la comprenden de distinto modo a como nosotros la entendemos, nosotros, materialistas y socialistas revolucionarios. En efecto; no hablan de ella sin añadir inmediatamente otra palabra, la de *autoridad*, una palabra y una cosa que detestamos de todo corazón.

¿Qué es la autoridad? ¿Es el poder inevitable de las leyes naturales que se manifiestan en el encadenamiento y en la sucesión fatal de los fenómenos, tanto del mundo físico como del mundo social? En efecto; contra esas leyes, la rebeldía no sólo está prohibida, sino que es imposible. Podemos desconocerlas o no conocerlas siquiera, pero no podemos desobedecerlas, porque constituyen la base y las condiciones mismas de nuestra existencia; nos envuelven, nos penetran, regulan todos nuestros movimientos, nuestros pensamientos y nuestros actos; de manera que, aun cuando las queramos desobedecer, no hacemos más que manifestar su omnipotencia.

Sí, somos absolutamente esclavos de esas leyes. Pero no hay nada de humillante en esa esclavitud. Porque la esclavitud supone un amo exterior, un legislador que se encuentre al margen de aquel a quien ordena; mientras que estas leyes no están fuera de nosotros, nos son inherentes, constituyen nuestro ser, todo nuestro ser, tanto corporal como intelectual y moral; no vivimos, no respiramos, no obramos, no pensamos, no queremos sino mediante ellas.

Fuera de ellas no somos nada, no somos. ¿De dónde procedería, pues, nuestro poder y nuestro querer rebelamos contra ellas?

Frente a las leyes naturales no hay para el hombre más que una sola libertad posible: la de reconocerlas y de aplicarlas cada vez más, conforme al fin de la emanación o de la humanización, tanto colectiva como individual que persigue. Estas leyes, una vez reconocidas, ejercen una autoridad que no es discutida por la masa de los hombres. Es preciso, por ejemplo, ser loco o teólogo, o por lo menos un metafísico, un jurista, o un economista burgués para rebelarse contra esa ley según la cual dos más dos suman cuatro. Es preciso tener fe para imaginarse que no se quemará uno en el fuego y que no se ahogará en el agua, a menos que se recurra a algún subterfugio fundado aun sobre alguna otra ley natural. Pero esas rebeldías, o más bien esas tentativas esas locas imaginaciones de una rebeldía imposible no forman más que una excepción bastante rara; porque, en general, se puede decir que la masa de los hombres, en su vida cotidiana, se deja gobernar de una manera casi absoluta por el buen sentido, lo que equivale a decir por la suma de las leyes generalmente reconocidas.

La gran desgracia es que una gran cantidad de leyes naturales ya constadas como tales por la ciencia, permanezcan desconocidas para las masas populares, gracias a los cuidados de esos gobiernos tutelares que no existen, como se sabe, más que para el bien de los pueblos... Hay otro inconveniente: la mayor parte de las leyes naturales inherentes al desenvolvimiento de la sociedad humana, y que son también necesarias, invariables, fatales, como las leyes que gobiernan el mundo físico, no han sido debidamente comprobadas y reconocidas por la ciencia misma.

Una vez que hayan sido reconocidas primero por la ciencia y que la ciencia, por medio de un amplio sistema de educación y de instrucción populares, las hayan hecho pasar a la conciencia de todos, la cuestión de la libertad estará perfectamente resuelta. Los autoritarios más recalcitrantes deben reconocer que entonces no habrá necesidad de organización política ni de dirección ni de legislación, tres cosas que, ya sea que emanen de la voluntad del soberano, ya que resulten de los votos de un parlamento elegido por sufragio universal y aun cuando estén conformes con el sistema de las leyes naturales -lo que no tuvo lugar jamás y no tendrá jamás lugar-, son siempre igualmente funestas y contrarias a la libertad de las masas, porque les impone un sistema de leyes exteriores y, por consiguiente, despóticas.

La libertad del hombre consiste únicamente en esto, que obedece a las leyes naturales, porque las ha reconocido *él mismo* como tales y no porque le hayan sido impuestas exteriormente por una voluntad extraña, divina o humana cualquiera, colectiva o individual.

Suponed una academia de sabios, compuesta por los representantes más ilustres de la ciencia; suponed que esa academia sea encargada de la legislación, de la organización de la sociedad y que, sólo inspirándose en el puro amor a la verdad, no le dicte más que leyes absolutamente conformes a los últimos descubrimientos de la ciencia. Y bien, yo pretendo que esa legislación y esa organización serán una monstruosidad, y esto por dos razones: La primera, porque la ciencia humana es siempre imperfecta necesariamente y, comparando lo que se ha descubierto con lo que queda por descubrir, se puede decir que está todavía en la cuna. De suerte que si quisiera forzar la vida práctica de los hombres, tanto colectiva como individual, a conformarse estrictamente, exclusivamente con los últimos datos de la ciencia, se condenaría a la sociedad y a los individuos a sufrir el martirio sobre el lecho de Procusto, que acabaría pronto por dislocarlos y por sofocarlos, pues la vida es siempre infinitamente más amplia que la ciencia.

La segunda razón es ésta: una sociedad que obedeciere a la legislación de una academia científica, no porque hubiere comprendido su carácter racional por sí misma (en cuyo caso la existencia de la academia sería inútil), sino porque una legislación tal, emanada de esa academia, se impondría en nombre de una ciencia venerada sin comprenderla, sería, no una sociedad de hombres, sino de brutos. Sería una segunda edición de esa pobre república del Paraguay que se dejó gobernar tanto tiempo por la Compañía de Jesús. Una sociedad semejante no dejaría de caer bien pronto en el más bajo grado del idiotismo.

Pero hay una tercera razón que hace imposible tal gobierno: es que una academia científica revestida de esa soberanía digamos que absoluta, aunque estuviere compuesta por los hombres más ilustres, acabaría infaliblemente y pronto por corromperse moral e intelectualmente. Esta es hoy, ya, con los pocos privilegios que se les dejan, la historia de todas las academias. El mayor genio científico, desde el momento en que se convierte en académico, en sabio oficial, patentado, cae inevitablemente y se adormece. Pierde su espontaneidad, su atrevimiento revolucionario, y esa energía incómoda y salvaje que caracteriza la naturaleza de los grandes genios, llamados siempre a destruir los mundos caducos y a echar los fundamentos de mundos nuevos. Gana sin duda en cortesía, sabiduría utilitaria y práctica, lo que pierde en potencia de pensamiento. Se corrompe, en una palabra.

Es propio del privilegio y de toda posición privilegiada el matar el espíritu y el corazón de los hombres. El hombre privilegiado, sea política, sea económicamente, es un hombre intelectual y moralmente depravado. He ahí una ley social que no admite ninguna excepción, y que se aplica tanto a las naciones enteras como a las clases, a las compañías como a los individuos. Es la ley de la igualdad, condición suprema de la libertad y de la humanidad. El objetivo principal de este libro es precisamente desarrollarla y demostrar la verdad en todas las manifestaciones de la vida humana.

Un cuerpo científico al cual se haya confiado el gobierno de la sociedad, acabará pronto por no ocuparse absolutamente nada de la ciencia, sino de un asunto distinto; y ese asunto, como sucede con todos los poderes establecidos, será el de perpetuarse a sí mismo, haciendo que la sociedad confiada a sus cuidados se vuelva cada vez más estúpida, y por consiguiente más necesitada de su gobierno y de su dirección.

Pero lo que es verdad para las academias científicas es verdad igualmente para todas las asambleas constituyentes y legislativas, aunque hayan salido del sufragio universal. Este puede renovar su composición, es verdad, pero eso no impide que se forme en unos pocos años un cuerpo de políticos, privilegiados de hecho, o de derecho, y que, al dedicarse exclusivamente a la dirección de los asuntos públicos de un país, acaban formar una especie de aristocracia o de oligarquía política. Ved si no los Estados Unidos de América y Suiza.

Por tanto, nada de legislación exterior y de legislación interior, pues por otra parte una es inseparable de la otra, y ambas tienden al sometimiento de la sociedad y al embrutecimiento de los legisladores mismos.

¿Se desprende de esto que rechazo toda autoridad? Lejos de mí ese pensamiento. Cuando se trata de zapatos, prefiero la autoridad del zapatero; si se trata de una casa, de un canal o de un ferrocarril, consulto la del arquitecto o del ingeniero. Para esta o la otra, ciencia especial me dirijo a tal o cual sabio. Pero no dejo que se impongan a mí ni el zapatero, ni el arquitecto ni el sabio. Los escucho libremente y con todo el respeto que merecen su inteligencia, su carácter, su saber, pero me reservo mi derecho incontestable de crítica y de control. No me contento con consultar una sola autoridad especialista, consulto varias; comparo sus opiniones, y elijo la que me parece más justa.

Pero no reconozco autoridad infalible, ni aun en cuestiones especiales; por consiguiente, no obstante el respeto que pueda tener hacia la honestidad y la sinceridad de tal o cual individuo, no tengo fe absoluta en nadie. Una fe semejante sería fatal a mi razón, la libertad y al éxito mismo de mis empresas; me transformaría inmediatamente en un esclavo estúpido y en un instrumento de la voluntad y de los intereses ajenos.

Si me inclino ante la autoridad de los especialistas si me declaro dispuesto a seguir, en una cierta medida durante todo el tiempo que me parezca necesario sus indicaciones y aun su dirección, es porque esa autoridad no me es impuesta por nadie, ni por los hombres ni por Dios. De otro modo la rechazaría con honor y enviaría al diablo sus consejos, su dirección y su ciencia, seguro de que me harían pagar con la pérdida de mi libertad y de mi dignidad los fragmentos de verdad humana, envueltos en muchas mentiras, que podrían darme.

Me inclino ante la autoridad de los hombres especiales porque me es impuesta por la propia razón. Tengo conciencia de no poder abarcar en todos sus detalles y en sus desenvolvimientos positivos más que una pequeña parte de la ciencia humana. La más grande inteligencia no podría abarcar el todo. De donde resulta para la ciencia tanto como para la industria, la necesidad de la división y de la asociación del trabajo. Yo recibo y doy, tal es la vida humana. Cada uno es autoridad dirigente y cada uno es dirigido a su vez. Por tanto, no hay autoridad fija y constante, sino un cambio continuo de autoridad y de subordinación mutuas, pasajeras y sobre todo voluntarias.

Esa misma razón me impide, pues, reconocer una autoridad fija, constante y universal, porque no hay hombre universal, hombre que sea capaz de abarcar con esa riqueza de detalles (sin la cual la aplicación de la ciencia a la vida no es posible), todas las ciencias, todas las ramas de la vida social. Y si una tal universalidad pudiera realizarse en un solo hombre, quisiera prevalerse de ella para imponernos su autoridad, habría que expulsar a ese hombre de la sociedad, porque su autoridad reduciría inevitablemente a todos los demás a la esclavitud y a la imbecilidad. No pienso que la sociedad deba maltratar a los hombres de genio como ha hecho hasta el presente. Pero no pienso tampoco que deba engordarlos demasiado, ni concederles sobre todo privilegios o derechos exclusivos de ninguna especie; y esto por tres razones: primero, porque sucedería a menudo que se tomaría a un charlatán por un hombre de genio; luego, porque, por este sistema de privilegios, podría transformar en un charlatán a un hombre de genio, desmoralizarlo y embrutecerlo, y, en fin, porque se daría uno a sí mismo un déspota.

Resumo. Nosotros reconocemos, pues, la autoridad absoluta de la ciencia, porque la ciencia no tiene otro objeto que la reproducción mental, reflexiva y todo lo sistemática que sea posible, de las leyes naturales inherentes a la vida tanto material como intelectual y moral del mundo físico y del mundo social; esos dos mundos no constituyen en realidad más que un solo y mismo mundo natural. Fuera de esa autoridad, la única legítima, porque es racional y está conforme a la naturaleza humana, declaramos que todas las demás son mentirosas, arbitrarias, despóticas y funestas.

Reconocemos la autoridad absoluta de la ciencia, pero rechazamos la infabilidad y la universalidad de los representantes de la ciencia. En nuestra iglesia -séame permitido servirme un momento de esta expresión que por otra parte detesto; la iglesia y el Estado mis dos bestias negras-, en nuestra iglesia, como en la iglesia protestante, nosotros tenemos un jefe, un Cristo invisible, la ciencia; y como los protestantes, consecuentes aún que los protestantes, no quieren sufrir ni papas ni concilios, ni cónclaves de cardenales infalibles, ni obispos, ni siquiera sacerdotes, nuestro Cristo se distingue del Cristo protestante y cristiano en que este último es un ser personal, y el nuestro es impersonal; el Cristo cristiano, realizado ya en un pasado eterno, se presenta como un ser perfecto, mientras que la realización y el perfeccionamiento de nuestro Cristo, de la ciencia, están siempre en el porvenir, lo que equivale a decir que no se realizarán jamás. No reconociendo la autoridad absoluta más que *ciencia absoluta*, no comprometemos de ningún momento nuestra libertad.

Entiendo por las palabras "ciencia absoluta", la única verdaderamente universal que reproduciría idealmente el universo, en toda su extensión y en todos sus detalles infinitos, el sistema o la coordinación de todas las leyes naturales que se manifiestan en el desenvolvimiento incesante de los mundos. Es evidente que esta ciencia, objeto sublime de todos los esfuerzos del espíritu humano, no se realizará nunca en su plenitud absoluta. Nuestro Cristo quedará, pues, eternamente inacabado, lo cual debe rebajar mucho el orgullo de sus presentantes patentados entre nosotros. Contra ese Dios hijo, en nombre del cual pretenderían imponernos autoridad insolente y pedantesca, apelaremos al Dios padre, que es el mundo real, la vida real de lo cual Él no es más que una expresión demasiado imperfecta y de quien nosotros somos los representantes inmediatos, los seres reales, que viven, trabajan, combaten, aman, aspiran, gozan y sufren.

Pero aun rechazando la autoridad absoluta, universal e infalible de los hombres de ciencia, nos inclinamos voluntariamente ante la autoridad respetable, pero relativa, muy pasajera, muy restringida, de los representantes de las ciencias especiales, no exigiendo nada mejor que consultarles en cada caso y muy agradecidos por las indicaciones preciosas que quieran darnos, a condición de que ellos quieran recibirlas de nosotros sobre cosas y en ocasiones en que somos más sabios que ellos; y en general, no pedimos nada mejor que ver a los hombres dotados de un gran saber, de una gran experiencia, de un gran espíritu y de un gran corazón sobre todo, ejercer sobre nosotros una influencia natural y legítima, libremente aceptada, y nunca impuesta en nombre de alguna autoridad oficial cualquiera que sea, terrestre o celeste. Aceptamos todas las autoridades naturales y todas las influencias de hecho, ninguna de derecho; porque toda autoridad o toda influencia de derecho, y como tal oficialmente impuesta, al convertirse pronto en una opresión y en una mentira, nos impondría infaliblemente, como creo haberlo demostrado suficientemente, la esclavitud y el absurdo.

En una palabra, rechazamos toda legislación, toda autoridad y toda influencia privilegiadas, patentadas, oficiales y legales, aunque salgan del sufragio universal, convencidos de que no podrán actuar sino en provecho de una minoría dominadora y explotadora, contra los intereses de la inmensa mayoría sometida.

He aquí en qué sentido somos realmente anarquistas.

Los idealistas modernos entienden la autoridad de una manera completamente diferente. Aunque libre de las supersticiones tradicionales de todas las religiones as existentes, asocian, sin embargo, a esa idea de autoridad un sentido divino, absoluto. Esta autoridad no es la de una verdad milagrosamente revelada, ni la de una verdad rigurosa y científicamente demostrada. La fundan sobre un poco de argumentación casi filosófica, y sobre mucha fe vagamente religiosa, sobre mucho sentimiento ideal, abstractamente poético. Su religión es como un último ensayo de divinización de lo que constituye la humanidad en los hombres. Eso es todo lo contrario de la obra que nosotros realizamos. En vista de la libertad humana, de la dignidad humana y de la prosperidad humana, creemos deber quitar al cielo los bienes que ha robado a la tierra, para devolverlos a la tierra; mientras que esforzándose por cometer un nuevo latrocinio religiosamente heroico, ellos querrían al contrario, restituir de nuevo al cielo, a ese divino ladrón hoy desenmascarado -pasado a su vez a saco por la impiedad audaz y por el análisis científico de los librepensadores-, todo lo que la humanidad contiene de más grande, de más bello, de más noble.

Les parece, sin duda, que, para gozar de una mayor autoridad entre los hombres, las ideas y las cosas humanas deben ser investidas de alguna sanción divina. ¿Cómo se anuncia esa sanción? No por un milagro o en las religiones positivas, sino por la grandeza o por la santidad misma de las ideas y de las cosas: lo que es grande, lo que es bello, lo que es noble, lo que es justo, es reputado divino. En este nuevo culto religioso, todo hombre que se inspira en estas ideas, en estas cosas, se transforma en un sacerdote, inmediatamente consagrado por Dios mismo. ¿Y la prueba? Es la grandeza misma de las ideas que expresa, y de las cosas que realiza: no tiene necesidad de otra. Son tan santas que no pueden haber sido inspiradas más que por Dios.

He ahí, en pocas palabras, toda su filosofía: filosofía de sentimientos, no de pensamientos reales, una especie y pietismo metafísico. Esto parece inocente, pero no lo es, y la doctrina muy precisa, muy estrecha y muy seca que se oculta bajo la ola intangible de esas formas poéticas, conduce a los mismos resultados desastrosos que todas las religiones positivas; es decir, a la negación más completa de la libertad y de la dignidad humanas.

Proclamar como divino todo lo que haya de grande, justo, noble, bello en la humanidad, es reconocer, implícitamente, que la humanidad habría sido incapaz por sí misma de producirlo; lo que equivale a decir que abandonada a sí misma su propia naturaleza es miserable, inicua, vil y fea. Henos aquí vueltos a la esencia de toda religión, es decir, a la denigración de la humanidad para mayor gloria de la divinidad. Y desde el momento que son admitidas la inferioridad natural del hombre y su incapacidad profunda para elevarse por sí, fuera de toda inspiración divina, hasta las ideas justas y verdaderas, se hace necesario admitir también todas las consecuencias ideológicas, políticas y sociales de las religiones positivas. Desde el momento que Dios, el ser perfecto y supremo se pone frente a la humanidad, los intermediarios divinos, los elegidos, los inspirados de Dios salen de la tierra para ilustrar, dirigir y para gobernar en su nombre a la especie humana especie humana.

¿No se podría suponer que todos los hombres son igualmente inspirados por Dios? Entonces no habría necesidad de intermediarios, sin duda. Pero esta suposición es imposible, porque está demasiado contradicha por los hechos. Sería preciso entonces atribuir a la inspiración divina todos los absurdos y los errores que se manifiestan, y todos los horrores, las torpezas, las cobardías y las tonterías que se cometen en el mundo humano. Por consiguiente, no hay en este mundo más que pocos hombres divinamente inspirados. Son los grandes hombres de la historia, los genios virtuosos como dice el ilustre ciudadano y profeta italiano Giuseppe Mazzini. Inmediatamente inspirados por Dios mismo y apoyándose en el consentimiento universal, expresado por el sufragio popular -*Dio e Popo*-, están llamados a gobernar la sociedad humana.

Henos aquí de nuevo en la iglesia y en el Estado. Es verdad que, en esa organización nueva, establecida, como todas las organizaciones políticas antiguas, por *la gracia de Dios*, pero apoyada esta vez, al menos en la forma, a guisa de concesión necesaria al espíritu moderno, y como en los preámbulos de los decretos imperiales de Napoleón III, sobre la *voluntad (ficticia)* del *pueblo*; la iglesia no se llamará ya iglesia, se llamará escuela. Pero sobre los bancos de esa escuela no se sentarán solamente los niños: estará el menor eterno, el escolar reconocido incapaz para siempre de sufrir sus exámenes, de elevarse a la ciencia de sus maestros y de pasarse sin su disciplina: el pueblo. El Estado no se llamará ya monarquía, se llamará república, pero no dejará de ser Estado, es decir, una tutela oficial y realmente establecida por una minoría de hombres competentes, de *hombres de genio o de talento, virtuosos*, para vigilar y para dirigir la conducta de ese gran incorregible y niño terrible: el Pueblo. Los profesores de la escuela y los funcionarios del Estado se harán republicanos; pero no serán por eso menos tutores, pastores, y el pueblo permanecerá siendo lo que ha sido eternamente hasta aquí: un rebaño. Cuidado entonces con los esquiladores; porque allí donde hay un rebaño, habrá necesariamente también esquiladores y aprovechadores del rebaño.

El pueblo, en ese sistema, será el escolar y el pupilo eterno. A pesar de su soberanía completamente ficticia, continuará sirviendo de instrumento a pensamientos, a voluntades y por consiguiente también a intereses que no serán los suyos. Entre esta situación y la que llamamos de libertad, de verdadera libertad, hay un abismo. Habrá, bajo formas nuevas, la antigua opresión y la antigua esclavitud, y allí donde existe la esclavitud, están la miseria, el embrutecimiento, la verdadera *materialización* de la sociedad, tanto de las clases privilegiadas, como de las masas.

Al divinizar las cosas humanas, los idealistas llegan siempre al triunfo de un materialismo brutal. Y esto por una razón muy sencilla: lo divino se evapora y sube hacia su patria, el cielo, y en la tierra queda solamente lo brutal.

Si, el idealismo en teoría tiene por consecuencia necesaria el materialismo más brutal en la práctica; o, sin duda, para aquellos que lo predican de buena fe -el resultado ordinario para ellos es ver atacado, de esterilidad todos sus esfuerzos-, sino para los que se esfuerzan por realizar sus preceptos en la vida, para la sociedad entera, en tanto ésta se deja dominar por las doctrinas idealistas.

Para demostrar este hecho general y que puede parecer extraño al principio, pero que se explica generalmente cuando se reflexiona más, las pruebas históricas no faltan.

Comparad las dos últimas civilizaciones del mundo antiguo, la civilización griega y la civilización romana. ¿Cuál es la civilización más materialista, la más natural por su punto de partida y la más humana e ideal en sus resultados? La civilización griega.

¿Cuál es al contrario la más abstractamente ideal en su punto de partida que sacrifica la libertad material del hombre a la libertad ideal del ciudadano, representada por la abstracción del derecho jurídico, y el desenvolvimiento natural de la sociedad a la abstracción del Estado, y cuál es la más brutal en sus consecuencias? La civilización romana, sin duda. La civilización griega, como todas las civilizaciones antiguas, comprendida la de Roma, ha sido exclusivamente nacional y ha tenido por base la esclavitud. Pero a pesar de estas dos grandes faltas históricas, no ha concebido menos y realizado la idea de la humanidad, y ennoblecido y realmente idealizado la vida de los hombres; ha transformado los rebaños humanos en asociaciones libres de hombres libres; ha creado las ciencias, las artes, una poesía, una filosofía inmortal y las primeras nociones el respeto humano por la libertad. Con la libertad política y social ha creado el libre pensamiento. Y al final de la Edad Media, en la época del Renacimiento, ha bastado que algunos griegos emigrados aportasen algunos de sus libros inmortales a Italia para que resucitaran la vida, la libertad, el pensamiento, la humanidad, enterrados en el sombrío calabozo del catolicismo. La emancipación humana, he ahí el nombre de la civilización griega. ¿Y el nombre de la civilización romana? Es la conquista con todas sus brutales consecuencias. ¿Y su última palabra? La omnipotencia de los Césares. Es el envilecimiento y la esclavitud de las naciones y de los hombres.

Y hoy aún, ¿qué es lo que mata, ¿qué es lo que aplasta brutalmente, materialmente, en todos los países de Europa, la libertad y la humanidad? Es el triunfo del principio cesarista o romano[20].

Comparad ahora dos civilizaciones modernas: la civilización italiana y la civilización alemana. La primera representa, sin duda, en su carácter general, el materialismo; la segunda representa, al contrario, todo lo que hay de más abstracto, de más puro y de más trascendente en idealismo. Veamos cuáles son los frutos prácticos de una y de otra.

Italia ha prestado ya inmensos servicios a la causa de la emancipación humana. Fue la primera que resucitó y que aplicó ampliamente el principio de la libertad en Europa y que dio a la humanidad sus títulos de nobleza: la industria, el comercio, la poesía, las artes, las ciencias positivas, el libre pensamiento. Aplastada después por tres siglos de despotismo imperial y papas, y arrastrada al lodo por su burguesía dominante, aparece hoy, es verdad, muy decaída en comparación con lo que ha sido. Y, sin embargo, ¡qué diferencia si se la compara con Alemania! En Italia, a pesar de esa decadencia, que esperamos pasajera, se puede vivir y respirar humanamente, libremente, rodeado de un pueblo que parece haber nacido para la libertad. Italia -aun su burguesía- puede mostrados con orgullo hombres como Mazzini y Garibaldi. En Alemania se respira la atmósfera de una inmensa esclavitud política y social, filosóficamente explicada y aceptada por un gran pueblo con una resignación y una buena voluntad reflexivas. Sus héroes -hablo siempre de la Alemania presente, no de la Alemania del porvenir; de la Alemania nobiliaria, burocrática, política y burguesa, no de la Alemania proletaria- son todo lo contrario de Mazzini y de Garibaldi: son hoy Guillermo I, el feroz e ingenuo representante del dios protestante, son los señores Bismarck y Moltke[21], los generales Manteufel Werder[22]. En todas sus relaciones internacionales, Alemania desde que

---

20 N. del E.: El cesarismo romano se refiere a la centralización autoritaria del poder durante el Imperio Romano, especialmente bajo el gobierno de los césares, que ejercían un control absoluto sobre el Estado y la sociedad.

21 N. del E.: Otto von Bismarck (1815-1898) fue un estadista alemán que unificó Alemania y fue su primer canciller, conocido por su política de realpolitik y por establecer el Estado del bienestar en Alemania. Helmuth von Moltke (1800-1891) fue un mariscal de campo prusiano que dirigió el ejército prusiano durante las Guerras de Unificación alemanas y está considerado uno de los mayores estrategas militares de su época.

22 N. del E.: Edwin von Manteuffel (1809-1885) fue un mariscal de campo y comandante militar prusiano durante las Guerras de Unificación alemanas. August von Werder (1808-1887) también fue un general prusiano, conocido por su papel en las Guerras de Unificación alemanas, especialmente en la

existe, ha sido lenta, sistemáticamente invasora, conquistadora, ha estado siempre dispuesta a extender sobre los pueblos vecinos su propio sometimiento voluntario; y después que se ha constituido en potencia unitaria, se convirtió en una amenaza, en un peligro para la libertad de toda Europa. El nombre de Alemania, hoy, es la servilidad brutal y triunfante.

Para mostrar cómo el idealismo teórico se transforma incesante y fatalmente en materialismo práctico, no hay más que citar el ejemplo de todas las iglesias cristianas, y naturalmente, y, ante todo, el de la iglesia apostólica y romana. ¿Qué hay de más sublime, en el sentido ideal, de más desinteresado, de más apartado de todos los intereses de esta tierra que la doctrina de Cristo predicada por esa iglesia, y qué hay de más brutalmente materialista que la práctica constante de esa misma iglesia desde el siglo octavo, cuando comenzó a constituirse como potencia? ¿Cuál ha sido y cuál es aún el objeto principal de todos sus litigios contra los soberanos de Europa? Los bienes temporales, las rentas de la iglesia, primero, y luego la potencia temporal, los privilegios políticos de la iglesia. Es preciso hacer justicia a esa iglesia, que ha sido la primera en descubrir en la historia moderna la verdad incontestable, pero muy poco cristiana, de que la riqueza y el poder económico y la opresión política de las masas son los dos términos inseparables del reino de la idealidad divina sobre la tierra: la riqueza que consolida y aumenta el poder que descubre y crea siempre nuevas fuentes de riquezas, y ambos que aseguran mejor que el martirio y la fe de los apóstoles, y mejor que la gracia divina, el éxito de la propaganda cristiana. Es una verdad histórica que las iglesias protestantes no desconocen tampoco. Hablo naturalmente de las iglesias independientes de Inglaterra, de Estados Unidos y de Suiza, no de las iglesias sometidas de Alemania. Estas no tienen iniciativa propia; hacen lo que sus amos, sus soberanos temporales, que son al mismo tiempo sus jefes espirituales, les ordenan hacer. Se sabe que la propaganda protestante, la de Inglaterra y la de Estados Unidos sobre todo, se relaciona de una manera estrecha con la propaganda de los intereses materiales, comerciales, de esas dos grandes naciones; y se sabe también que esta última propaganda no tiene por objeto de ningún modo el enriquecimiento y la prosperidad material de los países en los que penetra, en compañía de la palabra de Dios, sino más bien la explotación de esos países,

---

Guerra Franco-Prusiana. Ambos fueron importantes figuras militares que contribuyeron al fortalecimiento y expansión del poder prusiano en Europa.

en vista del enriquecimiento y de la prosperidad material creciente de ciertas clases, muy explotadoras y muy piadosas a la vez, en su propio país.

En una palabra, no es difícil probar, con la historia en la mano, que la iglesia, que todas las iglesias, cristianas y no cristianas, junto a su propaganda espiritualista, y probablemente para acelerar y consolidar su éxito, no han descuidado jamás la organización de grandes compañías para la explotación económica de las masas, del trabajo de las masas bajo la protección con la bendición directas y especiales de una divinidad cualquiera; que todos los Estados que, en su origen, como se sabe, no han sido, con todas sus instituciones políticas y jurídicas y sus clases dominantes y privilegiadas, nada más que sucursales temporales de esas iglesias, no han tenido igualmente por objeto principal más que esa misma explotación en beneficio de las minorías laicas, indirectamente legitimadas por la iglesia; y que en general la acción del buen Dios y de todos los idealistas divinos sobre la tierra ha culminado por siempre y en todas partes, en la fundación del materialismo próspero del pequeño número sobre el idealismo fanático y constantemente excitado de las masas.

Lo que vemos hoy es una prueba nueva. Con excepción de esos grandes corazones y de esos grandes espíritus extraviados que he nombrado, ¿quiénes son hoy los defensores más encarnizados del idealismo? Primeramente, todas las cortes soberanas. En Francia fueron Napoleón III y su esposa Eugenia[23]; son todos sus ministros de otro tiempo, cortesanos y ex-mariscales, desde Rouher y Bazaine[24] hasta Fleury y Pietri[25]; son los hombres y las mujeres de ese mundo imperial, que han idealizado también y salvado a Francia. Son esos periodistas y esos sabios: los Cassagnac, los Girardin, los Duvemois, los Veuillot, los Leverrier, los Dumas[26]. Es en fin la negra falange de los y de las jesuitas de toda túnica; es toda la nobleza y toda la alta y media burguesía de Francia. Son

---

[23] N. del E.: Napoleón III (1808-1873) fue el primer Presidente de Francia en convertirse en Emperador, reinando de 1852 a 1870. Su esposa, Eugenia de Montijo (1826-1920), fue la última Emperatriz de Francia.

[24] N. del E.: Eugène Rouher (1814-1884) fue un político francés que ocupó el cargo de Ministro de Justicia y después el de Presidente del Consejo de Ministros. François Achille Bazaine (1811-1888) fue un mariscal francés que estuvo al mando del ejército durante la guerra franco-prusiana.

[25] N. del E.: Jean-Gilbert Victor Fialin, duque de Persigny (1808-1872), conocido como Fleury, fue un político y diplomático cercano a Napoleón III. Joseph Pietri (1820-1902) fue un político francés que ocupó el cargo de Prefecto de Policía de París.

[26] N. del E.: Todas estas personalidades representan a influyentes figuras intelectuales y culturales de la Francia del siglo XIX que apoyaron o se alinearon con el idealismo y el statu quo político y social de la época, a menudo en detrimento de las ideas materialistas y revolucionarias defendidas por las masas oprimidas.

los doctrinarios liberales y los liberales sin doctrina: los Guizot, los Thiers, los Jules Favre, los Jules Simon[27], todos defensores encarnizados de la explotación burguesa. En Prusia, en Alemania, es Guillermo I, el verdadero demostrador actual del buen Dios sobre la tierra; son todos los generales, todos sus oficiales pomeranos y de los otros, todo su ejército que, fuerte en su fe religiosa, acaba de conquistar Francia de la manera ideal que se sabe. En Rusia es el zar y toda su corte; son los Muravief y los Berg[28], todos los degolladores y los piadosos convertidores de Polonia. En todas partes, en una palabra, el idealismo, religioso o filosófico -el uno no es sino la traducción más o menos libre del otro-, sirve de bandera a la fuerza sanguinaria y brutal, a la explotación material desvergonzada; mientras que, al contrario, la bandera del materialismo teórico, la bandera roja de la igualdad económica y de la justicia social, ha sido levantada por el idealismo práctico de las masas oprimidas y hambrientas, que tienden a realizar la más grande libertad y el derecho humano de cada uno en la fraternidad de todos los hombres sobre la tierra.

¿Quiénes son los verdaderos idealistas -no los idealistas de la abstracción, sino de la vida; no del cielo, ¿sino de la tierra y quiénes son los materialistas?

Es evidente que el idealismo teórico o divino tiene condición esencial el sacrificio de la lógica, de la razón humana, la renunciación a la ciencia. Se ve, por otra parte, que al defender las doctrinas idealistas se halla uno forzosamente arrastrado al partido de los opresores y de los explotadores de las masas populares. He ahí dos grandes razones que parecían deber bastar para alejar del idealismo todo gran espíritu, todo gran corazón. ¿Cómo es que nuestros ilustres idealistas contemporáneos, a quienes, ciertamente, no es el espíritu, ni el corazón, ni la buena voluntad lo les falta, y que han consagrado su existencia entera al servicio de la humanidad, cómo es que se obstinan en permanecer en las filas de los representantes de una doctrina en lo sucesivo condenada y deshonrada?

---

[27] **N. del E.:** François Guizot (1787-1874) fue un historiador y estadista francés que ocupó el cargo de Primer Ministro de Francia y abogó por la monarquía constitucional. Adolphe Thiers (1797-1877) fue un político e historiador francés, que también fue Presidente de Francia y desempeñó un papel importante en la represión de la Comuna de París en 1871. Jules Favre (1809-1880) fue un abogado y político francés, Ministro de Asuntos Exteriores durante el gobierno provisional tras la caída del Segundo Imperio Francés. Estas tres personalidades fueron figuras destacadas de la política francesa del siglo XIX.

[28] **N. del E.:** Mijaíl Muraviov (1796-1866) fue un gobernador y militar ruso, conocido por su brutal represión del Levantamiento de Enero en Polonia. Friedrich Wilhelm Rembert von Berg (1794-1874) fue un mariscal de campo ruso que también desempeñó un papel en la represión de los levantamientos polacos.

Es preciso que sean impulsados a ello por una razón muy poderosa. No pueden ser ni la lógica ni la ciencia, porque la ciencia y la lógica han pronunciado su veredicto contra la doctrina idealista. No pueden ser tampoco los intereses personales, porque esos hombres infinitamente por encima de todo lo que tiene nombre de interés personal. Es preciso que sea una poderosa razón moral. ¿Cuál? No puede haber más una: esos hombres ilustres piensan, sin duda, que las teorías o las creencias idealistas son esencialmente necesarias para la dignidad y la grandeza moral del hombre, y que las teorías materialistas, al contrario, lo rebajan al nivel de los animales.

¿Y si la verdad fuera todo lo contrario?

Todo desenvolvimiento, he dicho, implica la negación del punto de partida. El punto de partida, según la escuela materialista, es material, y la negación debe ser necesariamente ideal. Partiendo de la totalidad del mundo real, o de lo que se llama abstractamente la materia, se llega lógicamente a la idealización real, es decir, a la humanización, a la emancipación plena y entera de la sociedad. Al contrario, y por la misma razón, siendo ideal el punto de partida de la escuela idealista, esa escuela llega forzosamente a la materialización de sociedad, a la organización de un despotismo brutal y de una explotación inicua e innoble, bajo la forma de la iglesia y del Estado. El desenvolvimiento histórico del hombre, según la escuela materialista, es una ascensión progresiva; en el sistema idealista, no puede haber más que una caída continua.

En cualquier cuestión humana que se quiera considerar, se encuentra siempre esa misma contradicción esencial entre las dos escuelas. Por tanto, como hice observar ya, el materialismo parte de la animalidad para constituir la humanidad; el idealismo parte de la divinidad para constituir la esclavitud y condenar a las masas a una animalidad sin salida. El materialismo niega el libre albedrío y llega a la constitución de la libertad; el idealismo, en nombre de la dignidad humana, proclama el libre albedrío y sobre las ruinas de toda libertad funda la autoridad. El materialismo rechaza el principio de autoridad porque lo considera, con mucha razón, como el corolario de la animalidad y, al contrario, el triunfo de la humanidad, que según él es el fin y el sentido principal de la historia, no es realizable más que por la libertad. En una palabra, en toda cuestión hallaréis a los idealistas en flagrante delito siempre de materialismo práctico, mientras que, al contrario, veréis a los materialistas perseguir y realizar las aspiraciones, los pensamientos más ampliamente ideales.

La historia, en el sistema de los idealistas, he dicho ya, no puede ser más que una caída continua. Comienzan con una caída terrible, de la cual no se vuelven a levantar jamás: por el *salto mortale* divino de las regiones sublimes de la idea pura, absoluta, a la materia. Observad aun en qué materia: no en una materia eternamente activa y móvil, llena de propiedades y fuerzas, de vida y de inteligencia, tal como se presenta a nosotros en el mundo real; sino en la materia abstracta, empobrecida, reducida a la miseria absoluta por el saqueo en regla de esos prusianos del pensamiento, es decir, de esos teólogos y metafísicos que la desproveyeron de todo para dárselo a su emperador, a su Dios; en esa materia que, privada de toda propiedad, de toda acción y de todo movimiento propios, no representa ya, en oposición a la idea divina, más que la estupidez, la impenetrabilidad, la inercia y la inmovilidad absolutas.

La caída es tan terrible que la divinidad, la persona o la idea divina, se aplasta, pierde la conciencia de sí misma y no se vuelve a encontrar jamás. ¡Y en esa situación desesperada, es forzada aún a hacer milagros! Porque desde el momento en que la materia es inerte, todo movimiento que se produce en el mundo, aun en el material, es un milagro, no puede ser sino el efecto de una intervención divina, de la acción de Dios sobre la materia. Y he ahí que esa pobre divinidad, desgraciada y casi anulada por su caída, permanece algunos millares de siglos en ese estado de desvanecimiento, después se despierta lentamente, esforzándose siempre en vano por recuperar algún vago recuerdo de sí misma; y cada movimiento que hace con ese fin en la materia se transforma en una creación, en una formación nueva, en un milagro nuevo. De este modo pasa por todos los grados de la materialidad y de la bestialidad; primero gas, cuerpo químico simple o compuesto, mineral, se difunde luego por la tierra como organismo vegetal y animal, después se concentra en el hombre. Aquí parece volver a encontrarse a sí misma, porque en cada ser humano arde una chispa angélica, una partícula de su propio ser divino, el alma inmortal.

¿Cómo ha podido llegar a alojarse una cosa absolutamente inmaterial en una cosa absolutamente material?, ¿Cómo ha podido el cuerpo contener, encerrar, paralizar, limitar el espíritu puro? He ahí una de esas cuestiones que sólo la fe, esa afirmación apasionada estúpida de lo absurdo, puede resolver. Es el más grande de los milagros. Aquí, no tenemos, sino que constatar los efectos, las consecuencias prácticas de ese milagro.

Después de millares de siglos de vanos esfuerzos para volver a sí misma, la divinidad, perdida y esparcida en la materia que anima y que pone en movimiento, encuentra un punto de apoyo, una especie de hogar para su propio recogimiento. Es el hombre, es su alma mortal aprisionada singularmente en un cuerpo mortal. Pero cada hombre considerado individualmente es infinitamente restringido, demasiado pequeño para encerrar la inmensidad; no puede contener más que una pequeña partícula, inmortal como el todo, pero infinitamente más pequeña que el todo. Resulta de ahí que el ser divino, el ser absolutamente inmaterial, el espíritu, es divisible como la materia. He ahí un misterio del que es preciso dejar la solución a la fe.

Si Dios entero puede alojarse en cada hombre, entonces cada hombre sería Dios. Tendríamos una inmensa cantidad de dioses, limitado cada cual por todos los otros y, sin embargo, siendo infinito cada uno; contradicción que implicaría necesariamente la destrucción mutua de los hombres, la imposibilidad de que hubiese más que uno. En cuanto a las partículas, esto es otra cosa: nada más racional, en efecto, que a partícula sea limitada por otra, y que sea más pequeña que el todo. Sólo que aquí se presenta otra contradicción. Ser limitado, ser más grande o más pequeño, son atributos de la materia, no del espíritu. Del espíritu tal como lo entienden los materialistas, sí, sin duda, porque, según los materialistas, el espíritu real no es más que el funcionamiento del organismo por completo material del hombre; y entonces la grandeza o la pequeñez del espíritu dependen en absoluto de la mayor o menor perfección material del organismo humano. Pero estos mismos atributos de limitación y de grandeza relativa no pueden ser atribuidos al espíritu tal como lo entienden los idealistas, al espíritu absolutamente inmaterial, al espíritu que existe fuera de toda materia. En él no puede haber ni más grande ni más pequeño, ni ningún límite entre los espíritus, porque no hay más que un espíritu: Dios. Si se añade que las partículas infinitamente pequeñas y limitadas que constituyen las almas humanas son al mismo tiempo inmortales, se colmará la contradicción. Pero ésta es una cuestión de fe. Pasemos a otra cosa.

He ahí, pues, a la divinidad desgarrada, y arrojada por partes infinitamente pequeñas en una inmensa cantidad de seres de todo sexo, de toda edad, de todas las razas y de todos los colores. Esa es una situación excesivamente incómoda y desgraciada para ella porque las partículas divinas se conocen unas a otras poco, al principio de su existencia humana, que comienzan por devorarse mutuamente. Por tanto, en medio de este estado de barbarie y de brutalidad por completo animal, las partículas divinas, las almas humanas, conservan como un vago recuerdo de su divinidad primitiva, son invenciblemente arrastradas hacia su Todo; se buscan, lo buscan. Esa es la divinidad misma, difundida y perdida en el mundo material, que se busca en los hombres está de tal modo destruida por esa multitud de prisiones humanas en que se encuentra repartida, que al buscarse comete un montón de tonterías.

Comenzando por el fetichismo, se busca y se adora a sí misma, tan pronto en una piedra, como en un trozo de madera, o en un trapo. Es muy probable también que no hubiese salido nunca del trapo si la *otra* divinidad que no se ha dejado caer en la materia, y que se ha conservado en el estado de espíritu puro en las alturas sublimes del ideal absoluto, o en las regiones celestes, no hubiese tenido piedad de ella.

He aquí un nuevo misterio. Es el de la divinidad que se escinde en dos mitades, pero igualmente totales e infinitas ambas, y de las cuales una -Dios padre- se conserva en las puras regiones inmateriales; mientras que la otra -Dios hijo- se ha dejado caer en la materia. Vamos a ver al momento establecerse relaciones continuas de arriba a abajo y de abajo a arriba entre estas dos divinidades, separada una de otra; y estas relaciones, consideradas como un solo acto eterno y constante, constituirán el Espíritu Santo.

Tal es, en su verdadero sentido teológico y metafísico, el grande, el terrible misterio de la trinidad cristiana. Pero dejemos lo antes posible estas alturas y veamos lo que pasa en la tierra.

Dios padre, viendo, desde lo alto de su esplendor eterno, que ese pobre Dios hijo, achatado y pasmado por su caída, se sumergió y perdió de tal modo en la que, aun llegado al estado humano, no consigue encontrarse, se decide, por fin, a ayudarlo. Entre esa inmensa cantidad de partículas a la vez inmortales, divinas e infinitamente pequeñas en que el Dios hijo se diseminó hasta el punto de no poder volver a reconocerse, el Dios padre eligió las que le agradaron más y las hizo sus inspirados, sus profetas, sus "hombres de genio virtuosos", los grandes bienhechores y legisladores de la humanidad: Zoroastro, Buda, Moisés, Confucio, Licurgo, Solón, Sócrates, el divino Platón, y Jesucristo, sobre todo, la completa realización de Dios hijo, en fin, recogida y concentrada en una sola persona humana; todos los apóstoles, San Pedro, San Pablo y San Juan, sobre todo; Constantino el Grande, Mahoma; después Carlomagno, Gregorio Vll, Dante; según unos Lutero también, Voltaire y Rousseau, Robespierre y Dantón, y muchos otros grandes y santos personajes históricos de los que es imposible recapitular todos los nombres, pero entre los cuales, como ruso, ruego que no se olvide a San Nicolás.

Henos aquí, pues, llegados a la manifestación de Dios sobre la tierra. Pero tan pronto como Dios aparece, el hombre se anula. Se dirá que no se anula del todo, puesto que él mismo es una partícula de Dios. ¡Perdón! Admito que una partícula, una parte de un todo determinado, limitado, por pequeña que sea la parte, sea una cantidad, un tamaño positivo. Pero una parte, una partícula de lo infinitamente grande, comparada con él, es, necesariamente, infinitamente pequeña. Multiplicad los millones y millones por millones y millones; su producto, en comparación con lo infinitamente grande, será infinitamente pequeño, lo infinitamente pequeño es igual a cero. Dios es todo, por consiguiente, el hombre y todo el mundo real con él, el universo, no son nada. No saldréis de ahí.

Dios aparece, el hombre se anula; y cuanto más grande se hace la divinidad, más miserable se vuelve la humanidad. He ahí toda la historia de todas las religiones; he ahí el efecto de todas las inspiraciones y de todas las legislaciones divinas. En historia el nombre de Dios es la terrible maza histórica con la cual los hombres divinamente inspirados, los grandes "genios virtuosos" han abatido la libertad, la dignidad, la razón y la prosperidad de los hombres.

Hemos tenido primeramente la caída de Dios. Tenemos ahora una caída que nos interesa mucho más: la del hombre, causada por la sola aparición o manifestación de Dios en la tierra.

Ved, pues, en qué error profundo se encuentran nuestros queridos e ilustres idealistas. Hablándonos de Dios, creen, quieren elevarnos, emanciparnos, ennoblecernos y, al contrario, nos aplastan y nos envilecen. Con el nombre de Dios se imaginan poder establecer la fraternidad entre los hombres, y, al contrario, crean el orgullo, el desprecio; siembran la discordia, el odio, la guerra, fundan la esclavitud. Porque con Dios vienen necesariamente los diferentes grados de inspiración divina; la humanidad se divide en muy inspirados, menos inspirados y en no inspirados de ningún modo. Todos son igualmente nulos ante Dios, es verdad; pero comparados entre sí, los unos son más grandes que los otros; y no solamente de hecho -lo que no sería nada, porque una desigualdad de hecho se pierde por sí misma en la colectividad, cuando no encuentra nada, ninguna ficción o institución legal a cuál pueda engancharse-; no, los unos son más grandes que los otros por el derecho divino de la inspiración: lo que constituye de inmediato una desigualdad fija, constante, petrificada. Los más inspirados *deben* ser escuchados y obedecidos por los menos inspirados. He ahí al fin el -principio de autoridad bien establecido, y con él las dos instituciones fundamentales de la esclavitud: la Iglesia y el Estado.

De todos los despotismos el de los *doctrinarios* o de los inspirados religiosos es el peor. Son tan celosos de la gloria de su Dios y del triunfo de su idea, que no les queda corazón ni para la libertad, ni para la dignidad, ni aun para los sufrimientos de los hombres vivientes, de los hombres reales. El celo divino, la preocupación por la idea acaban por desecar en las almas más tiernas, en los corazones más solidarios, las fuentes del amor humano. Considerando todo lo que es, todo lo que se hace en el mundo, desde el punto vista de la eternidad o de la idea abstracta, tratan con desdén las cosas pasajeras; pero toda la vida de los hombres reales, de los hombres de carne y hueso, no está compuesta más que de cosas pasajeras; ellos mismos no son más que seres que pasan y que, una vez pasados, son reemplazados por otros igualmente pasajeros, pero que no vuelven jamás en persona. Lo que hay de permanente o de relativamente eterno en los hombres reales, es el hecho de la humanidad que, al desenvolverse constantemente, pasa, cada vez más rica, de una generación a otra. Digo *relativamente* eterno, porque una vez destruido nuestro planeta -y puede por menos de perecer tarde o temprano, pues do lo que ha comenzado debe necesariamente terminar-, una vez descompuesto nuestro planeta, para servir sin duda de elemento a alguna formación nueva en el sistema del universo, el único realmente eterno, ¿quién sabe lo que pasará con todo nuestro desenvolvimiento humano? Por consiguiente, como el momento de esa disolución está inmensamente lejos de nosotros, podemos considerar a la humanidad como eterna, dada en relación a la vida humana, tan corta. Pero este mismo hecho de la humanidad progresiva no es real y viviente más que en tanto que se manifiesta y se realiza en tiempos determinados, en lugares determinados, en hombres realmente vivos, y no en su ideal general.

La idea general es siempre una abstracción y por eso mismo, en cierto modo, una negación de la vida real. En mi Apéndice *Consideraciones filosóficas* he comprobado esta propiedad del pensamiento humano, y por consiguiente, también de la ciencia, de no poder aprehender y nombrar en los hechos reales más que su sentido general, sus relaciones generales, sus leyes generales; en una palabra, lo que es permanente en sus transformaciones continuas, pero jamás su aspecto material, individual, y, por decirlo así, palpitante de realidad y de vida, pero por eso mismo fugitivo, no la realidad misma; el pensamiento de la vida, no la vida. He ahí su límite, el único límite verdaderamente infranqueable para ella, porque está fundado sobre la naturaleza misma del pensamiento humano, que es el único órgano de la ciencia.

Sobre esta naturaleza se fundan tres derechos incontestables y la gran misión de la ciencia, pero también su impotencia vital y su acción malhechora siempre que, por sus representantes oficiales, patentados, se atribuye el derecho de gobernar la vida. La misión de la ciencia es ésta: Al constatar las relaciones generales de las cosas pasajeras y reales y al reconocer las leyes generales inherentes al desenvolvimiento de los fenómenos, tanto del mundo físico como del mundo social, planta, por decirlo así, los jalones inmutables de la marcha progresiva de la humanidad, indicando a los hombres las condiciones generales cuya observación rigurosa es necesaria y cuya ignorancia u olvido serán siempre fatales. En una palabra, la ciencia es la brújula de la vida, pero no es la vida. La ciencia es inmutable, impersonal, general, abstracta, insensible, como las leyes de que no es más que la reproducción ideal, reflexiva o mental, es decir, cerebral (para recordarnos que la ciencia misma no es más que un producto material de un órgano material, de la organización material del hombre, del *cerebro*). La vida es fugitiva, pasajera, pero también palpitante de realidad y de, individualidad, de sensibilidad, de sufrimientos, de alegrías, de aspiraciones, de necesidades y de pasiones. Es ella la que espontáneamente crea las cosas y todos los seres reales. La ciencia no crea nada, constata y reconoce solamente las creaciones de la vida. Y siempre que los hombres de ciencia, saliendo de su mundo abstracto, se mezclan a la creación viviente en el mundo real, todo lo que proponen o lo que crean es pobre, ridículamente abstracto, privado de sangre y de vida, muerto nonato, semejante al *humunculus* creado por Wagner, el discípulo pedante del inmortal doctor Fausto. Resulta de ello que la ciencia tiene por misión única esclarecer la vida, no gobernarla.

El gobierno de la ciencia y de los hombres de ciencia, aunque se llamen positivistas, discípulos de Auguste Comte, o discípulos de la escuela *doctrinaria* del comunismo alemán, no puede ser sino impotente, ridículo, inhumano y cruel, opresivo, explotador, malhechor. Se puede decir que los hombres de ciencia, *como tales*, lo que he dicho de los teólogos y de los metafísicos: no tienen ni sentido ni corazón para los seres individuales y vivientes. No se les puede hacer siquiera un reproche por ello, porque es la consecuencia natural de su oficio. En tanto que hombres de ciencia no se preocupan, no pueden interesarse más que por las generalidades, por las leyes...²⁹ ... no son exclusivamente hombres de ciencia, son también más o menos hombres de la vida.

Pero no hay que fiarse demasiado, y si se puede estar seguro poco más o menos de que ningún sabio se atreverá a tratar hoy a un hombre como se trata a un conejo, es de temer siempre que el gobierno de los sabios, si se le deja hacer, querrá someter a los hombres vivos a experiencias científicas, sin duda menos crueles pero que no serían menos desastrosas para sus víctimas humanas. Si los sabios no pueden hacer experiencias sobre el cuerpo de los hombres, no querrán nada mejor que hacerlas sobre el cuerpo social, y he ahí lo que hay que impedir a toda cosa.

En su organización actual, monopolistas de la ciencia y que quedan, como tales, fuera de la vida social, los sabios forman ciertamente una casta aparte que ofrece mucha analogía con la casta de los sacerdotes. La abstracción científica es su Dios, las individualidades vivientes y reales son las víctimas, y ellos son los inmoladores consagrados y patentados.

La ciencia no puede salir de la esfera de las abstracciones. Bajo este aspecto, es infinitamente inferior al arte, -el cual tampoco tiene propiamente que ver más que con los tipos generales y las situaciones generales, pero que, por un artificio que le es propio, sabe encarnar en formas que aunque no sean vivas, en el sentido de la vida real, no provocan menos en nuestra imaginación el sentimiento o el recuerdo de esa vida; individualiza en cierto modo los tipos y las acciones que concibe y, por esas individualidades sin carne y sin hueso, y como tales permanentes e inmortales, que tiene el poder de crear, nos recuerda las individualidades vivientes, reales, que aparecen y que desaparecen ante nuestros ojos. El arte es, pues, en cierto modo la vuelta de la abstracción a la vida. La ciencia es, al contrario, la inmolación perpetua de la vida fugitiva, pasajera, pero real, sobre el altar de las abstracciones eternas.

La ciencia es tan poco capaz de aprehender la individualidad de un hombre como la de un conejo. Es decir, es tan indiferente para una como para otra. No es que ignore el principio de la individualidad. La concibe perfectamente como principio, pero no como hecho. Sabe muy bien que todas las especies animales, comprendida la especie humana, no tienen existencia *real más* que en un número indefinido de individuos que nacen y que mueren, haciendo lugar a individuos nuevos igualmente pasajeros. Sabe que a medida que se eleva de las especies animales a las especies superiores, el principio de la in-

---

29   N. del E.: Faltan tres páginas del manuscrito de Bakunin

dividualidad se determina más, los individuos aparecen más completos y más libres. Sabe en fin que el hombre, el último y el más perfecto animal de esta tierra, presenta la individualidad más completa y más digna de consideración, a causa de su capacidad de concebir y de concretar, de personificar en cierto modo en sí mismo, y en su existencia tanto social como privada, la ley universal. Sabe, cuando no está viciada por el *doctrinarismo teológico*, metafísico, político o jurídico, o aun por un orgullo estrictamente científico, y cuando no es sorda a los instintos y a las aspiraciones espontáneas de la vida, sabe (y ésa es su última palabra), que el respeto al hombre es la ley suprema de la humanidad, y que el grande, el verdadero fin de la historia, el único legítimo, es la humanización y la emancipación, es la libertad, la prosperidad real, la felicidad de cada individuo que vive en sociedad. Porque, al fin de cuentas, a menos de volver a caer en la ficción liberticida del bien público representado por el Estado, ficción fundada siempre sobre la inmolación sistemática de las masas populares, es preciso reconocer que la libertad y la prosperidad colectivas no son reales más que cuando representan la suma de las libertades y de las prosperidades individuales.

La ciencia sabe todo eso, pero no va, no puede ir más allá. Al constituir la abstracción su propia naturaleza, puede muy bien concebir el principio de la individualidad real y viva, pero no puede tener nada que ver con individuos reales y vivientes. Se ocupa de los individuos en general, pero no de Pedro o de Santiago, no de tal o cual otro individuo, que no existen, que no pueden existir para ella. Sus individuos no son, digámoslo aún, más que abstracciones.

Por consiguiente, no son esas individualidades abstractas, sino los individuos reales, vivientes, pasajeros, los que hacen la historia. Las abstracciones no tienen piernas para marchar, no marchan más que cuando son llevadas por hombres reales. Para esos seres reales, compuestos no sólo de ideas sino realmente de carne y sangre, la ciencia no tiene corazón. Los considera a lo sumo como carne de *desenvolvimiento intelectual y social*. ¿Qué le importan las condiciones particulares y la suerte fortuita de Pedro y de Santiago? Se haría ridícula, abdicaría, se aniquilaría si quisiese ocuparse de ellas de otro modo que como de un ejemplo en apoyo de sus teorías eternas. Y sería ridículo querer que lo hiciera, porque no es ésa su misión. No puede percibir lo concreto; no puede moverse más que en abstracciones. Su misión es ocuparse de la situación y de las condiciones *generales* de la existencia y del desenvolvimiento, sea de la especie humana en general, sea de tal raza, de tal pueblo, de tal clase o categoría de individuos; de las causas generales de su prosperidad o de su decadencia, y de los *medios generales* para hacerlos avanzar en toda suerte de progresos. Siempre que realice amplia y racionalmente esa labor, habrá cumplido todo su deber, y sería verdaderamente ridículo e injusto exigirle más.

Pero sería igualmente ridículo, sería desastroso confiarle una misión que es incapaz de ejecutar. Puesto que su propia naturaleza la obliga a ignorar la existencia y la suerte de Pedro y de Santiago, no hay que permitirle, ni a ella ni a nadie en su nombre, gobernar a Pedro y a Santiago. Porque sería muy capaz de tratarlos poco más o menos que como trata a los conejos. O más bien, continuaría ignorándolos; pero sus representantes patentados, hombres de ningún modo abstractos, sino al contrario muy vivientes, que tienen intereses muy reales, cediendo a la influencia perniciosa que ejerce fatalmente el privilegio sobre los hombres, acabarían por esquilmarlos en nombre de la ciencia como los han esquilmado hasta aquí los sacerdotes, los políticos de todos los colores y los abogados, en nombre de Dios, del estado y del derecho jurídico.

Lo que predico es, pues, hasta un cierto punto, la *rebelión de la vida contra la ciencia*, o más bien *contra el gobierno de la ciencia*. No para destruir la ciencia –eso sería un crimen de lesa humanidad–, sino para ponerla en su puesto, de manera que no pueda volver a salir de él. Hasta el presente toda la historia humana no ha sido más que una inmolación perpetua y sangrienta de millones de pobres seres humanos a una abstracción despiadada cualquiera: Dios, patria, poder el estado, honor nacional, derechos históricos, derechos jurídicos, libertad política, bien público. Tal ha sido hasta hoy el movimiento natural, espontáneo y fatal de las sociedades humanas. No podemos hacer nada ahí, debemos aceptarlo en cuanto al pasado, como aceptamos todas las fatalidades naturales. Es preciso creer que, ésa era la única ruta posible para la educación de la especie humana. Porque no hay que engañarse: aun cediendo la parte más grande a los artificios maquiavélicos de las clases gobernantes, debemos reconocer que ninguna minoría hubiese sido bastante poderosa para imponer todos esos terribles sacrificios a las masas, si no hubiese habido en esas masas mismas un movimiento vertiginoso, espontáneo, que las llevase a sacrificarse siempre de nuevo a una de esas abstracciones devoradoras que, como los vampiros de la historia, se alimentaron siempre de sangre humana.

Que los teólogos, los políticos y los juristas hallen eso muy bien, se concibe. Sacerdotes de esas abstracciones, no viven más que de esa continua inmolación de las masas populares. Que la metafísica dé también su consentimiento a ello, no debe asombramos tampoco. No tiene otra misión que la de legitimar y racionalizar todo lo posible lo que es inicuo y absurdo. Pero que la ciencia positiva misma haya mostrado hasta aquí idénticas tendencias, he ahí lo que debemos constatar y deplorar. No ha podido hacerlo más que por dos razones: primero, porque, constituida al margen de la vida popular, está representada por un cuerpo privilegiado; y además porque se ha colocado ella misma, hasta aquí, como el fin absoluto y último de todo desenvolvimiento humano; mientras que, mediante una crítica juiciosa, de que es capaz y que en última instancia se verá forzada a ejecutar contra sí misma, habría debido comprender que es realmente un medio necesario para la realización de un fin mucho más elevado: el de la completa humanización de la situación *real* de todos los individuos *reales* que nacen, viven y mueren sobre la tierra.

La inmensa ventaja de la ciencia positiva sobre la teología, la metafísica, la política y el derecho jurídico, consiste en esto: que, en lugar de las abstracciones mentirosas y funestas predicadas por esas doctrinas, plantea abstracciones verdaderas que experimentan la naturaleza general o la lógica misma de las cosas, sus relaciones generales y las leyes generales de su desenvolvimiento. He ahí lo que la separa profundamente de todas las doctrinas precedentes y lo que le asegurará siempre una gran posición en la sociedad humana. Constituirá en cierto modo su conciencia colectiva. Pero hay un aspecto por el que se asocia absolutamente a todas esas doctrinas: que no tiene y no puede tener por objeto más que las abstracciones, y es forzada, por su naturaleza misma, a ignorar los individuos reales, al margen de los cuales, aun las abstracciones más verdaderas no tienen existencia real. Para remediar este defecto radical, he aquí la diferencia que deberá establecerse entre la acción práctica de las doctrinas precedentes y la ciencia positiva. Las primeras se han prevalido de la ignorancia de las masas para sacrificarlas con voluptuosidad a sus abstracciones, por lo demás siempre muy lucrativas para sus representantes corporales. La segunda, reconociendo su incapacidad absoluta para concebir los individuos reales e interesarse en su suerte, debe definitiva y absolutamente, renunciar al gobierno de la sociedad; porque, si se mezclase en él, no podría obrar de otro modo que sacrificando siempre los hombres vivientes, que ignora, a sus abstracciones que forman el único objeto de sus preocupaciones legítimas.

La verdadera ciencia de la historia, por ejemplo, no existe todavía, y apenas si se comienzan hoy a entrever las condiciones inmensamente complicadas de esa ciencia. Pero supongámosla en fin realizada: ¿qué podrá darnos? Reproducirá el cuadro razonado y fiel del desenvolvimiento natural de las condiciones generales, tanto materiales como ideales, tanto económicas como políticas, de las sociedades que han tenido una historia. Pero ese cuadro universal de la civilización, por detallado que sea, no podrá nunca contener más que apreciaciones generales y por consiguiente *abstractas*. En este sentido, los millares de millones de individuos que han formado la *materia viva y sufriente* de esa historia -a la vez triunfal y lúgubre desde el punto de vista de la inmensa hecatombe de víctimas "aplastadas bajo su carro", los millares de millones de individuos oscuros, pero sin los cuales no habría sido obtenido ninguno de los grandes resultados abstractos de la historia -y que, notadlo bien, no aprovecharon jamás ninguno de esos resultadosesos individuos no encontrarán la más humilde plaza en la historia. Han vivido, han sido inmolados, en bien de la humanidad abstracta; he ahí todo.

¿Habrá que reprocharle eso a la ciencia de la historia? Sería ridículo e injusto. Los individuos son inapercibibles por el pensamiento, por la reflexión, aun por la palabra humana, que no es capaz de expresar más que abstracciones; inapercibibles en el presente lo mismo que en el pasado. Por tanto, la ciencia social misma, la ciencia del porvenir, continuará ignorándolos forzosamente. Todo lo que tenemos el derecho a exigir de ella es que nos indique, con una mano firme y fiel, *las causas generales de los sufrimientos individuales*; entre esas causas no olvidará, sin duda, la inmolación y la subordinación, demasiado habituales todavía, de los individuos vivientes a las generalidades abstractas; y que al mismo tiempo nos muestre *las condiciones generales necesarias para la emancipación real de los individuos que viven en la sociedad*. He ahí su misión, he ahí también sus límites, más allá de los cuales la acción de la ciencia social no podría ser sino impotente y funesta. Porque más allá de esos límites comienzan las pretensiones doctrinarias y gubernamentales de sus representantes patentados, de sus sacerdotes. Y es tiempo de acabar con todos los papas y todos los sacerdotes: no los queremos ya, aunque se llamen demócratas-socialistas.

Otra vez más, la única misión de la ciencia es iluminar la ruta. Pero sólo la vida, liberada de todos los obstáculos gubernamentales y *doctrinarios* y devuelta a la plenitud de su acción espontánea, puede crear.

¿Cómo resolver esta antinomia?

Por una parte, la ciencia es indispensable a la organización racional de la sociedad; por otra, incapaz de interesarse por lo que es real y viviente, no debe mezclarse en la organización real o práctica de la sociedad. Esta contradicción no puede ser resuelta más que de un solo modo: la liquidación de la ciencia como ser moral existente al margen de la vida social de todo el mundo, y representada, como tal, por un cuerpo de patentados, y su difusión entre las masas populares. Estando llamada la ciencia en lo sucesivo a representar la conciencia colectiva de la sociedad, debe realmente convertirse en propiedad de todo el mundo. Por eso, sin perder nada de su carácter universal -del que no podrá jamás apartarse, bajo pena de cesar de ser ciencia, y aun continuando ocupándose exclusivamente de las causas generales, de las condiciones reales y de las relaciones generales, de los individuos y de las cosas-, se fundirá en la realidad con la vida inmediata y real de todos los individuos humanos. Este era un movimiento análogo a aquél que ha hecho decir a los protestantes, al comienzo de la Reforma religiosa, que no había necesidad de sacerdotes, pues el hombre se convertiría en adelante en su propio sacerdote y gracias a la intervención invisible, única, de Jesucristo, había llegado a tragarse en fin su propio Dios. Pero no se trata aquí ya ni de nuestro señor Jesucristo, ni del buen Dios, ni de la libertad política, ni del derecho jurídico, todas cosas reveladas, sea teológica, sea metafísicamente, y todas igualmente indigestas, como se sabe. El mundo de las abstracciones científicas no es revelado; es inherente al mundo real, del cual no es más que la expresión y la representación general o abstracta. En tanto que forma una región separada, representada especialmente por el cuerpo de los sabios, ese mundo ideal nos amenaza con ocupar, frente al mundo real, el puesto del buen Dios y con reservar a sus representantes patentados el oficio de sacerdotes. Por esa razón, por la instrucción general, igual para todos y para todas, hay que disolver la organización social separada de la ciencia, a fin de que las masas, cesando de ser rebaños dirigidos y esquilmados por los pastores privilegiados, puedan tomar en sus manos sus propios destinos históricos.

Pero en tanto que las masas no hayan llegado a ese grado de instrucción, ¿será necesario que se dejen gobernar por los hombres de ciencia? ¡No lo quiera Dios! Sería mejor que vivieran sin la ciencia antes de dejarse *gobernar por los sabios*. El gobierno de los sabios tendría por primera consecuencia hacer inaccesible al pueblo la ciencia y sería necesariamente un gobierno aristocrático, porque la institución actual de la ciencia es una institución aristocrática. ¡La aristocracia de la inteligencia! Desde el punto de vista práctico la más implacable, desde el punto de vista social la más arrogante y la más insultante: tal sería el poder constituido en nombre de la ciencia. Ese régimen sería capaz de paralizar la vida y el movimiento la sociedad. Los sabios, siempre presuntuosos, siempre llenos de suficiencia, y siempre impotentes, querrían mezclarse en todo, y todas las fuentes de la vida se secarían bajo su soplo abstracto y sabio.

Una vez más, la vida, no la ciencia, crea la vida; la acción espontánea del pueblo mismo es la única que puede crear la libertad popular. Sin duda, sería muy bueno que la ciencia pudiese, desde hoy, iluminar la marcha espontánea del pueblo hacia su emancipación, pero más vale la ausencia de luz que una luz vertida con parsimonia desde afuera con el fin evidente de extraviar al pueblo. Por otra parte, el pueblo no carecerá absolutamente de luz. No en vano ha recorrido la larga carrera histórica y ha pagado sus errores con siglos de sufrimientos horribles. El resumen práctico de esas dolorosas experiencias constituye una especie de ciencia tradicional que, bajo ciertos aspectos, equivale perfectamente a la ciencia teórica. En fin, una parte de la juventud estudiosa, aquellos de entre los burgueses estudiosos que sienten bastante odio contra la mentira, contra la hipocresía, contra la iniquidad y contra la cobardía de la burguesía, para encontrar en sí el valor de volverle las espaldas, y bastante pasión para abrazar sin reservas la causa justa y humana del proletariado, esos serán, como lo he dicho ya, los instructores fraternales del pueblo; aportándole conocimientos que le faltan aún, harán perfectamente inútil el gobierno de los sabios.

Si el pueblo debe preservarse del gobierno de los sabios, con mayor razón debe premunirse contra el de los idealistas inspirados. Cuanto más sinceros son esos creyentes y esos poetas del cielo, más peligrosos se vuelven. La abstracción científica, lo he dicho ya, es una abstracción racional, verdadera en su esencia, necesaria a la vida de la que es representación teórica, conciencia. Puede, debe ser absorbida y digerida por la vida. La abstracción idealista, Dios, es un veneno corrosivo que destruye y descompone la vida, que la falsea y la mata. El orgullo de los idealistas, no siendo personal, sino un orgullo divino, es invencible e implacable. Puede, debe morir, pero no cederá nunca, y en tanto que le quede un soplo, tratará de someter el mundo al talón de su Dios, como los lugartenientes de Prusia, esos idealistas prácticos de Alemania, quisieran verlo aplastado bajo la bota con espuelas de su rey. Es la misma fe -los objetivos no son siquiera y diferentesy el mismo resultado de la fe: la esclavitud.

Es al mismo tiempo el triunfo del materialismo más craso y más brutal: no hay necesidad de demostrarlo por lo que se refiere a Alemania, porque habría que estar verdaderamente ciego para no verlo, en los tiempos que corren. Pero creo necesario aun demostrarlo con relación al idealismo divino.

El hombre, como todo el resto del mundo, es un ser completamente material. El espíritu, la facultad de pensar, de recibir y de reflejar las diversas sensaciones, tanto exteriores como interiores, de recordarlas después de haber pasado y de reproducirlas por la imaginación, de compararlas y distinguirlas, de abstraer determinaciones comunes y de crear por eso mismo generales o abstractas, a fin de formar las ideas agrupando y combinando las nociones según modos diferentes, la inteligencia en una palabra, el único creador de todo nuestro mundo ideal, es una propiedad del cuerpo animal y principalmente de la organización completamente material del cerebro.

Lo sabemos de una manera muy segura, por la experiencia universal, que no ha desmentido nunca hecho alguno y que todo hombre puede verificar a cada instante de su vida. En todos los animales, sin exceptuar las especies más inferiores, encontramos un cierto grado de inteligencia y vemos que en la serie de las especies la inteligencia animal se desarrolla tanto más cuanto más la organización de una especie se aproxima a la del hombre; pero que en el hombre solamente llega a esa potencia de abstracción que constituye propiamente el pensamiento.

La experiencia universal, que en definitiva es el único origen, la fuente de todos nuestros conocimientos, nos demuestra, pues: 1°), que toda inteligencia está siempre asociada a un cuerpo animal cualquiera, y 2°), que la intensidad, la potencia de esa función animal depende de la perfección relativa de la organización animal. Este segundo resultado de la experiencia universal no es aplicable solamente a las diferentes especies animales; lo comprobamos igualmente en los hombres, cuyo poder intelectual y moral depende, de una manera demasiado evidente, de la mayor o menor perfección de su organismo, como raza, como nación, como clase y como individuos, para que sea necesario insistir demasiado sobre este punto.

Por otra parte, es cierto que ningún hombre ha visto nunca ni podido ver el espíritu puro, separado de toda forma material, existiendo independientemente de un cuerpo animal cualquiera. Pero si nadie lo ha visto, ¿cómo han podido los hombres llegar a creer en su existencia? Porque el hecho de esa creencia es notorio y, si no universal, como lo pretenden los idealistas, al menos es muy general; y como tal es digno de nuestra atención respetuosa, porque una creencia general, por tonta que sea, ejerce siempre una influencia demasiado poderosa sobre los destinos humanos para que esté permitido ignorarla o hacer abstracción de ella.

El hecho de esa creencia histórica se explica, por otra parte, de una manera natural y racional. El ejemplo que nos ofrecen los niños y los adolescentes, incluso muchos hombres que han pasado la edad de la mayoría, nos prueban que el hombre puede ejercer largo tiempo sus facultades mentales antes de darse cuenta la manera cómo las ejerce, antes de llegar a la conciencia clara de ese ejercicio. En ese período del funcionamiento del espíritu inconsciente de sí mismo, de esa acción de la inteligencia ingenua o creyente, el hombre, obsesionado por el mundo exterior e impulsado por ese aguijón interior que se llama la vida, crea cantidad de imaginaciones, de nociones y de ideas, necesariamente muy imperfectas al principio, muy poco conformes a la realidad de las cosas y de los hechos que se esfuerzan por expresar. Y como no tiene la conciencia de su propia acción inteligente, como no sabe todavía que es él mismo el que ha producido y el que continúa produciendo esas imaginaciones, esas nociones, esas ideas, como ignora su origen *subjetivo*, es decir, humano, las considera naturalmente, necesariamente, como seres *objetivos*, como seres reales, en absoluto independientes de él, que existen por sí y en sí. Es así como los pueblos primitivos, al salir lentamente de su inocencia animal, han creado sus dioses habiéndolos creado, no pensando que fuesen ellos mismos los creadores únicos, los han adorado; considerándolos como seres reales, infinitamente superiores ellos mismos, les han atribuido la omnipotencia y se han reconocido sus criaturas, sus esclavos. A medida e las ideas humanas se desenvolvían más, los dioses, que como hice observar ya, no fueron nunca más que la reverberación fantástica, ideal, poética o la imagen trastornada, se idealizaban también. Primero fetiches groseros, se hicieron poco a poco espíritus puros, con existencia fuera del mundo visible, y, en fin, a continuación de un largo desenvolvimiento histórico, acabaron por confundirse en un solo ser divino, espíritu puro, eterno, absoluto, creador y amo de los mundos.

En todo desenvolvimiento, justo o falso, real o imaginario, colectivo o individual, es siempre el primer paso el que cuesta, el primer acto el más difícil. Una vez franqueado ese paso y realizado ese primer acto, el resto transcurre naturalmente, como una consecuencia necesaria. Lo que era difícil en el desenvolvimiento histórico de esa terrible locura religiosa que continúa obsesionándonos y aplastándonos, era poner un mundo divino tal cual, fuera del mundo real. Ese primer acto de locura, tan natural desde el punto de vista fisiológico y por consiguiente necesario en la historia la humanidad, no se realiza de un solo golpe. Han sido necesarios no sé cuántos siglos para desarrollar y para hacer penetrar esa creencia en los hábitos mentales de los hombres. Pero, una vez establecida, se ha vuelto omnipotente, como lo es necesariamente toda cura que se apodera del cerebro humano. Considerad un loco: cualquiera que sea el objeto especial de su locura, hallaréis que la idea oscura y fija que le obsesiona le parece la más natural del mundo, y, al contrario, las cosas naturales y reales que están en contradicción con esa idea, le parecerán locuras ridículas y odiosas. Y bien, la religión es una locura colectiva, tanto más poderosa cuanto que es una locura tradicional y que su origen se pierde en una antigüedad excesivamente lejana. Como locura colectiva, ha penetrado en todos los detalles, tanto públicos como privados de la existencia social de un pueblo, se ha encarnado en la sociedad, se ha convertido por decirlo así en el alma el pensamiento colectivo. Todo hombre es envuelto desde su nacimiento en ella, la mama con la leche de la madre, la absorbe con todo lo que oye, en todo lo ve. Ha sido tan alimentado, tan envenenado, tan penetrado en todo su ser por ella, que más tarde, por poderoso que sea su espíritu natural, tiene necesidad de hacer esfuerzos inauditos para libertarse y no lo consigue nunca de una manera completa. Nuestros idealistas modernos son una demostración de esto y nuestros materialistas *doctrinarios*, los comunistas alemanes, son otra. No han sabido deshacerse de la religión del Estado.

Una vez bien establecido el mundo sobrenatural, el mundo divino en la imaginación tradicional de los pueblos, el desenvolvimiento de los diversos sistemas religiosos ha seguido su curso natural y lógico, siempre conforme, por otra parte, al desenvolvimiento contemporáneo y real de las relaciones económicas y políticas que han sido en todo tiempo, en el mundo de la fantasía religiosa, la reproducción fiel y la consagración divina. Es así como la locura colectiva e histórica que se llama religión se ha desarrollado desde el fetichismo, pasando por todos los grados del politeísmo, basta el monoteísmo cristiano.

El segundo paso, en el desenvolvimiento de las creencias religiosas y el más difícil sin duda después del establecimiento de un mundo divino separado, fue precisamente esa transición del politeísmo al monoteísmo, del materialismo religioso de los paganos a la fe espiritualista de los cristianos. Los dioses paganos -y éste fue su carácter principal-, eran ante todo dioses exclusivamente nacionales. Después, como eran numerosos, conservaron necesariamente, más o menos, un carácter material o, más bien, es porque eran materiales por lo que fueron tan numerosos, pues la diversidad es uno de los atributos principales del mundo real. Los dioses paganos no eran aun propiamente la negación de las cosas reales: no eran más que su exageración fantástica.

Hemos visto cuánto costó esa transición al pueblo judío, del que constituyó, por decirlo así, toda la historia. Moisés y los profetas se complacían en predicarle el Dios único; el pueblo volvía a caer en su idolatría primitiva, en la fe antigua, comparativamente mucho más natural, más cómoda en muchos buenos dioses, más materiales, más humanos, más palpables. Jehová mismo, su dios único, el dios de Moisés y de los profetas, era un dios excesivamente nacional, aunque no se servía, para recompensar y castigar a sus fieles, a su pueblo elegido, más que de argumentos materiales, a menudo estúpidos y siempre brutales y feroces. No parece que la fe en su existencia haya implicado la negación de la existencia de los dioses primitivos.

El dios judío no renegaba de la existencia de esos rivales, sólo que no quería que su pueblo los adorase a su lado, porque ante todo Jehová era un dios muy envidioso y su primer mandamiento fue éste:

"Soy el señor tu Dios y no adorarás a otros dioses más que a mí."

Jehová no fue más que un esbozo primero, muy material, muy grosero del idealismo moderno. No era, por lo demás, sino un dios nacional, como el dios ruso que adoran los generales rusos súbditos del zar y patriotas del imperio de todas las Rusias, como el dios alemán que, sin duda, van a proclamar bien pronto los pietistas y los generales alemanes súbditos de Guillermo I, en Berlín. El ser supremo no puede ser un Dios nacional, debe ser el de la humanidad entera. El ser supremo no puede ser tampoco un ser material, debe ser la negación de toda materia, el espíritu puro. Para la realización del culto del ser supremo han sido necesarias dos cosas: 1°) una realización de la humanidad por la negación de las nacionalidades y de los cultos nacionales; 2°) un desenvolvimiento ya muy avanzado de las ideas metafísicas para espiritualizar al Jehová tan grosero de los judíos.

La primera condición fue cumplida por los romanos de una manera muy negativa, sin duda: por la conquista de la mayor parte de los países conocidos de los antiguos y por la destrucción de sus instituciones nacionales. Gracias a ellos el altar de un dios único y supremo pudo establecerse sobre las ruinas de otros millares de altares nacionales. Los dioses de todas las naciones vencidas, reunidos en el Panteón, se anularon mutuamente. Ese fue el primer esbozo, muy tosco y por completo negativo, de la humanidad. En cuanto a la segunda condición, la espiritualización de Jehová, fue realizada por los griegos mucho antes de la conquista de su país por los romanos. Ellos fueron los creadores de la metafísica. Grecia, en su cuna histórica, había encontrado un mundo divino que se estableció definitivamente en la fe tradicional de sus pueblos; ese mundo le había sido legado y materialmente aportado por el Oriente. En su período instintivo, anterior a su historia política, lo había desarrollado y humanizado prodigiosamente por sus poetas, y cuando comenzó propiamente su historia tenía una religión hecha, la más simpática y la más noble de todas las religiones que hayan existido jamás, en cuanto una religión, es decir, una mentira, pueda ser noble y simpática. Sus grandes pensadores -y ningún pueblo los tuvo mayores que Grecia al encontrar el mundo divino establecido, no sólo fuera del pueblo, sino también en él mismo como hábito de sentir y de pensar, lo tomaron necesariamente por punto de partida. Fue ya mucho que no hicieran teología, es decir, que no perdieran el tiempo en reconciliar la razón naciente con los absurdos de tal o cual otro Dios, como lo hicieron en la Edad Media los escolásticos. Dejaron a los dioses fuera de sus especulaciones y se asociaron directamente a la idea divina, una, invisible, omnipotente, eterna y absolutamente espiritualista, pero no personal. Desde el punto de vista del espiritualismo, los metafísicos griegos fueron, mucho más que los judíos, los creadores del dios cristiano. Los judíos no han añadido más que la brutal personalidad de su Jehová.

Que un genio sublime como el gran Platón haya podido estar absolutamente convencido de la realidad de la idea divina, eso nos demuestra cuán contagiosa es, cuán omnipotente es la tradición de la locura religiosa, aun en relación con los más grandes espíritus. Por lo demás, no hay que, asombrarse, pues aún en nuestros días, el mayor genio que ha existido después de Aristóteles y Platón, Hegel, a pesar de la crítica por lo demás imperfecta y muy metafísica de Kant, que había demolido la objetividad o la realidad de las ideas divinas, se ha esforzado por reinstaurarlas de nuevo sobre su trono trascendente o celeste. Es verdad que procedió de una manera tan poco cortés que ha matado definitivamente al buen dios, ha quitado a esas ideas su corona divina, mostrando a quien supo leerlo que no fueron nunca más que una pura creación del espíritu humano que recorrió la historia en busca de sí mismo. Para poner fin a todas las locuras religiosas y al milagro divino, no le hacía falta más que pronunciar una gran definición que fue dicha después de él, casi al mismo tiempo, por otros dos grandes espíritus, sin ningún acuerdo mutuo y sin que hubiesen nunca oído hablar uno del otro: por Ludwig Feuerbach, el discípulo y el demoledor de Hegel, en Alemania, y por August Comte, el fundador de la filosofía positiva, en Francia. He aquí esa definición:

"La metafísica se reduce a la sicología."

Todos los sistemas de metafísica no han sido más que la sicología humana que se desarrolla en la historia.

Ahora ya no nos es difícil comprender cómo han nacido las ideas divinas, cómo han sido creadas sucesivamente por la facultad abstractiva del hombre. Pero en la época de Platón ese conocimiento era imposible. El espíritu colectivo, y por consiguiente también el espíritu individual, aun el del mayor genio, no estaba maduro para eso. Apenas había dicho con Sócrates: "Conócete a ti mismo". Ese conocimiento de sí mismo no existía más que en el estado de intuición; en realidad era nulo. Era imposible que el espíritu humano imaginase que era él el único creador del mundo divino. Lo encontró ante él, lo encontró como historia, como sentimiento, como hábito de pensar, e hizo necesariamente de él un objeto de sus más elevadas especulaciones. Así es como nació la metafísica y como las ideas divinas, bases del espiritualismo, fueron desarrolladas y perfeccionadas.

Es verdad que después de Platón hubo en el desenvolvimiento del espíritu como un movimiento inverso. Aristóteles, el verdadero padre de la ciencia y de la filosofía positiva, no negó el mundo divino, sino que se ocupó de él lo menos posible. Fue el primero que estudió como un analista y un experimentador que era, la lógica, las leyes del pensamiento humano, y al mismo tiempo el mundo físico, no en su esencia ideal, ilusoria, sino en su aspecto real. Sus seguidores, los griegos de Alejandría, establecieron la primera escuela de científicos positivos. Fueron ateos. Pero su ateísmo quedó sin influencia en sus contemporáneos. La ciencia tendió más y más a aislarse de la vida. Después de Platón la idea divina fue rechazada de la metafísica misma; eso hicieron los epicúreos y los escépticos, dos sectas que contribuyeron mucho a depravar la aristocracia humana pero que permanecieron sin influencia alguna sobre las masas.

Otra escuela infinitamente más influyente sobre las asas se formó en Alejandría. Fue la escuela de los neoplatónicos. Confundiendo en una mezcolanza impura las imaginaciones monstruosas de Oriente con las ideas e Platón, ellos fueron los verdaderos preparadores y más tarde los elaboradores de los dogmas cristianos.

Por consiguiente, el egoísmo personal y grosero de Jehová, la dominación no menos brutal y grosera de los romanos y la ideal especulación metafísica de los griegos, materializada por el contacto del Oriente, tales fueron los tres elementos históricos que constituyeron a religión espiritualista de los cristianos.

Para establecer sobre las ruinas de sus altares tan numerosos el altar de un dios único y supremo, amo del mundo, ha sido preciso que fuera destruida primero la existencia autónoma de las diferentes naciones que imponían el mundo pagano o antiguo. Es lo que hicieron brutalmente los romanos que, al conquistar la mayor parte del mundo conocido de los antiguos, crean en cierto modo el primer esbozo, sin duda por completo negativo y burdo, de la humanidad.

Un dios que se levantaba así por encima de todas las diferencias nacionales, tanto materiales como sociales, de todos los países, que era como su negación directa debía ser necesariamente un ser inmaterial y abstracto. Pero la fe tan difícil en la existencia de un ser semejante no ha podido nacer de un solo golpe. Por tanto, como lo he demostrado en el mencionado *Apéndice Consideraciones filosóficas*, fue largamente preparada y desarrollada por la metafísica griega, la primera en establecer de una manera filosófica la noción de la idea divina, modelo eternamente creador y siempre reproducido por el mundo visible. Pero la divinidad concebida y creada por la filosofía griega era una divinidad impersonal, pues ninguna metafísica, si es consecuente y seria, se podía elevar, o más bien rebajar, a la idea de un dios personal. Ha sido preciso encontrar, pues, un dios que fuese único y que fuese muy personal a la vez. Se encontró en la persona, muy brutal, muy egoísta, muy cruel de Jehová, el dios nacional de los judíos. Pero los judíos, a pesar de ese espíritu nacional exclusivo que los distingue aún hoy, se habían convertido de hecho, mucho antes del nacimiento de Cristo, en el pueblo más internacional del mundo. Arrastrados en parte como cautivos, pero mucho más aún por esa pasión mercantil que constituye uno de los rasgos principales de su carácter nacional, se habían esparcido por todos los países, llevando a todas partes el culto a Jehová, al que se volvían tanto más fieles cuanto más los abandonaba.

En Alejandría, ese Dios terrible de los judíos conoció personalmente la divinidad metafísica de Platón, ya muy corrompida por el contacto con el Oriente y que se corrompió más aún después por el suyo. A pesar de su exclusivismo nacional, envidioso y feroz, no pudo resistir a la larga los encantos de esa divinidad ideal e impersonal de los griegos. Se casó con ella, y de ese matrimonio nació el dios espiritualista -no espiritual- de los cristianos. Se sabe que los neoplatónicos de Alejandría fueron los principales creadores de la teología cristiana.

Pero la teología no constituye todavía la religión, como los elementos históricos no bastan para crear la historia. Yo llamo elementos históricos a las disposiciones y condiciones generales de un desenvolvimiento real cualquiera: por ejemplo, en este caso, la conquista de los romanos y el encuentro del dios de los judíos con la divinidad ideal de los griegos. Para fecundar los elementos históricos, para hacerles producir una serie de transformaciones históricas nuevas, es preciso un hecho vivo, espontáneo, sin el cual harían podido quedar muchos siglos aún en estado de elementos, sin producir nada. Este hecho no faltó al cristianismo: fue la propaganda, el martirio y la muerte de Jesús.

No sabemos casi nada de ese grande y santo personaje; todo lo que los evangelios nos dicen es tan contradictorio y tan fabuloso que apenas podemos tomar de allí algunos rasgos reales y vivientes. Lo que es cierto es que fue el predicador del pobre pueblo, el amigo, el consolador de los miserables, de los ignorantes, de los esclavos y de las mujeres, y que fue muy amado por éstas. Prometió a todos los que eran oprimidos, a todos los que sufrían aquí abajo -y el número es inmenso-, la vida eterna. Fue, como es natural, crucificado por los representantes de la moral oficial y del orden público de la época. Sus discípulos, y los discípulos de sus discípulos, pudieron esparcirse, gracias a la conquista de los romanos, que habían destruido las barreras nacionales y llevaron, en efecto, la propaganda del evangelio a todos los países conocidos de los antiguos. En todas partes fueron recibidos con los brazos abiertos por los esclavos y por las mujeres, las dos clases más oprimidas, las que más sufrían y naturalmente también las más ignorantes del mundo antiguo. Si hicieron algunos prosélitos en el mundo privilegiado e instruido, no lo debieron, en gran parte, más que a la influencia de las mujeres. Su propaganda más amplia se ejerció casi exclusivamente en el pueblo, tan desgraciado como embrutecido por la esclavitud. Ese fue el primer despertar, la primera rebelión del proletariado.

El gran honor del cristianismo, su mérito incontestable y todo el secreto de su triunfo inaudito y por otro parte en absoluto legítimo, fue el de haberse dirigido a ese público doliente e inmenso, a quien el mundo antiguo, que constituía una aristocracia intelectual y política estrecha y feroz, negaba hasta los últimos atributos y los derechos más elementales de la humanidad. De otro modo no habría podido nunca difundirse. La doctrina que enseñaban los apóstoles de Cristo, por consoladora que haya podido aparecer a los desgraciados, era demasiado repulsiva, demasiado absurda desde el punto de vista de la razón humana, para que los hombres ilustrados hubieran podido aceptarla. ¡Con qué triunfo habla el apóstol San Pablo del *escándalo de la fe* y del triunfo de esa *divina locura* rechazada por los poderosos y los sabios del siglo, pero tanto más apasionadamente aceptada por los sencillos, por los ignorantes y por los pobres de espíritu!

En efecto, era preciso un profundo descontento de la vida, una gran sed del corazón y una pobreza poco menos que absoluta de espíritu para aceptar el absurdo cristiano, el más atrevido y monstruoso de todos los absurdos religiosos.

No era sólo la negación de todas las instituciones políticas, sociales y religiosas de la antigüedad: era el derrumbamiento absoluto del sentido común y de toda razón humana. El ser efectivamente existente, el mundo real, fue considerado en lo sucesivo como la nada; producto de la facultad abstracta del hombre, la última, la suprema abstracción, en la que esa facultad, habiendo superado todas las cosas existentes y hasta las determinaciones más generales del ser real, tales como las ideas del espacio y del tiempo, no teniendo nada que superar ya, se reposa en la contemplación de su vacío y de la inmovilidad absoluta; esta abstracción, este *caput mortuum* absolutamente vacío de todo contenido, el verdadero nada, Dios, es proclamado el único real, eterno, omnipotente. El Todo real es declarado nulo, y el nulo absoluto, es declarado el Todo. La sombra se convierte en el cuerpo y el cuerpo se desvanece como una sombra.

Eso fue de una audacia y un absurdo inauditos, el verdadero *escándalo de la fe*, el triunfo de la tontería creyente sobre el espíritu, para las masas; y para algunos, la ironía triunfante de un espíritu fatigado, corrompido, desilusionado y disgustado de la investigación honesta y seria de la verdad; la necesidad de aturdirse y de embrutecerse, necesidad que se encuentra a menudo en los espíritus extenuados: *Credo quod absurdum.*

Creo lo absurdo; y no creo sólo lo absurdo; creo precisamente y sobre todo en ello porque es absurdo. Es así como muchos espíritus distinguidos y esclarecidos de nuestros días creen en el magnetismo animal, en el espiritismo, en las mesas móviles -y ¿por qué ir tan lejos? -: creen en el cristianismo, en el idealismo, en Dios.

La creencia del proletariado antiguo, lo mismo que la de las masas modernas después, era más robusta, de gusto menos elevado y más sencillo. La propaganda cristiana se había dirigido a su corazón, no a su espíritu; a sus aspiraciones eternas, a sus sufrimientos, a su esclavitud, no a su corazón que dormía aún y para la cual las contradicciones lógicas, la evidencia del absurdo, no podían existir, por consiguiente. La sola cuestión que le interesaba era saber cuándo sonaría la hora de la liberación prometida, cuándo llegaría el reino de Dios. En cuanto a los dogmas teológicos, no se preocupaba de ellos, porque no los comprendía de ningún modo. El proletariado convertido al cristianismo constituía la potencia material ascendente, no el pensamiento teórico.

En cuanto a los dogmas cristianos, fueron elaborados, como se sabe, en una serie de trabajos teológicos, literarios, y en los concilios, principalmente por los neoplatónicos convertidos del Oriente. El espíritu griego había caído tan bajo que en el cuarto siglo de la Era Cristiana, época del primer concilio, ya encontramos la idea de un Dios personal, espíritu puro, eterno absoluto, creador y señor supremo del mundo, con existencia fuera del mundo, unánimemente aceptada por todos los padres de la Iglesia; y como consecuencia lógica de este absurdo absoluto, la creencia desde entonces natural y necesaria en la inmaterialidad y en la inmortalidad del alma humana, alojada y aprisionada en un cuerpo mortal, pero mortal sólo en parte; porque en ese cuerpo mismo hay una parte que, aun siendo corporal, es inmortal como el alma y debe resucitar como el alma. ¡Tan difícil ha sido, aun para los padres de la Iglesia, representarse el espíritu puro al margen de toda forma corporal!

Es preciso observar que, en general, el carácter de o razonamiento teológico y metafísico también, es tratar de explicar un absurdo por otro.

Ha sido una dicha para el cristianismo haber hallado el mundo de los esclavos. Tuvo otra dicha: la invasión de los bárbaros. ¡Los bárbaros eran buenas gentes, llenas de fuerza natural y sobre todo animadas e impulsadas por una gran necesidad y por una gran capacidad de vivir; bandidos a toda prueba, capaces de devastarlo todo y de arrasarlo todo, lo mismo que sus sucesores, los alemanes actuales; mucho menos sistemáticos y pedantes en su bandolerismo que estos últimos, mucho menos morales, menos sabios; pero por el contrario, mucho más independientes y más altivos, capaces de ciencia y no incapaces de libertad, como los burgueses de la Alemania moderna. Pero con todas estas grandes cualidades, no eran nada más que bárbaros, es decir, tan indiferentes como los esclavos antiguos -de los cuales muchos, por lo demás, pertenecían a su raza- con respecto a todas las cuestiones de la teología y de la metafísica. De suerte que, una vez rota su repugnancia práctica, no fue difícil convertirlos teóricamente al cristianismo.

Durante diez siglos consecutivos, el cristianismo, armado de la omnipotencia de la Iglesia y del Estado, y sin concurrencia alguna de parte de unos o de otros, pudo depravar, bastardear y falsear el espíritu de Europa. No tuvo concurrentes, puesto que fuera de la Iglesia no había pensadores, ni aun gentes instruidas. Si se levantaron herejías en su seno, no atacaron nunca más que los desenvolvimientos teológicos prácticos del dogma fundamental, no el dogma mismo. La creencia en Dios, espíritu puro y creador del mundo, y la creencia en la inmaterialidad del alma permanecieron intactas. Esta doble creencia se convirtió en la base ideal de toda la civilización occidental y oriental de Europa, y penetró, se encarnó en todas las instituciones, en todos los detalles de la vida, tanto pública como privada de todas las clases como de las masas.

¿Se puede uno asombrar, después de esto, que se haya mantenido esa creencia hasta nuestros días, y que continúe ejerciendo su influencia desastrosa aun sobre espíritus escogidos como Mazzini, Michelet, Quinet, y tantos otros? Hemos visto que el primer ataque fue promovido contra ella por el Renacimiento, que produjo héroes y mártires como Vanini, como Giordano Bruno[30] y como Galileo y que, bien que ahogado pronto por el ruido, el tumulto y las pasiones de la reforma religiosa, continuó silenciosamente su trabajo invisible legando a los más nobles espíritus de cada generación nueva esa obra de la emancipación humana mediante la instrucción de lo absurdo, hasta que,

---

30 N. del E.: Giordano Bruno (1548-1600) fue un filósofo, matemático y astrónomo italiano. Es conocido por sus ideas sobre el universo infinito y por sus críticas a la Iglesia católica, que le llevaron a ser juzgado por la Inquisición y quemado en la hoguera.

en fin, en la segunda mitad del siglo XVIII reaparece de nuevo a la luz del día, levantando atrevidamente la bandera del ateísmo y del materialismo.

Se pudo creer entonces que el espíritu humano iba, por fin, a libertarse, una vez por todas, de todas las obsesiones divinas. Fue un error. La mentira divina, de que se había alimentado la humanidad -para no hablar más que del mundo cristianodurante dieciocho siglos, debía mostrarse, una vez más, más poderosa que la humana verdad. No pudiendo ya servirse de la gente negra, de los cuervos consagrados de la iglesia, de los sacerdotes católicos o protestantes que habían perdido todo crédito, se sirvió de los sacerdotes laicos, de los mentirosos y de los sofistas de túnica corta, entre los cuales el papel principal fue dado a dos hombres fatales: uno, el espíritu más falso, el otro, la voluntad más doctrinariamente despótica del siglo pasado: a J. J. Rousseau y a Robespierre.

El primero representa el verdadero tipo de la estrechez de la mezquindad sombría, de la exaltación, sin otro objeto que su propia persona, del entusiasmo en frío de la hipocresía a la vez sentimental e implacable, de la mentira forzada del idealismo moderno. Se le puede considerar como el verdadero creador de la reacción moderna. En apariencia el escritor más democrático del siglo XVIII, incuba en sí el despotismo despiadado del estadista. Fue el profeta del Estado doctrinario, como Robespierre, su digno y fiel discípulo, que trató de convertirse en el gran sacerdote. Habiendo oído decir a Voltaire que si no hubiese existido Dios habría sido necesario inventarlo, J. J. Rousseau inventó el ser supremo, el dios abstracto y estéril de los deístas. Y en nombre de ese ser supremo y de la virtud hipócrita ordenada por el ser supremo, Robespierre guillotinó a los hebertistas primero, luego al genio mismo de la revolución, a Dantón, en cuya persona asesinó la república, preparando así el triunfo, desde entonces necesario, de la dictadura de Bonaparte l. Después de este gran triunfo, la reacción idealista buscó y encontró servidores menos fanáticos, menos terribles, medidos por la talla considerablemente empequeñecida de la burguesía de nuestro siglo. En Francia fueron Chateaubriand, Lamartine y ¿es preciso decirlo? ¿Y por qué no? hay que decirlo todo, cuando es verdadfue Víctor Hugo mismo, el demócrata, el republicano, el casi socialista de hoy, y tras él toda la cohorte melancólica y sentimental de espíritus flacos y pálidos, quienes constituyeron, bajo la dirección de esos maestros, la escuela del romanticismo moderno. En Alemania fueron los Schlegel, los Tieck, los

Novalis, los Werner, fue Schellíng, y tantos otros aun cuyos nombres no merecen siquiera ser mencionados.

La literatura creada por esa escuela fue el verdadero reino de los espectros y de los fantasmas. No soportaban la Iuz del día, pues el claroscuro era el único elemento en que podía vivir. No soportaba tampoco el contacto brutal de las masas; era la literatura de las almas tiernas, delicadas, distinguidas, que aspiraban al cielo, a su patria, y que vivían como a su pesar sobre a tierra. Tenía horror y desprecio a la política, a las cuestiones del día; pero cuando hablaba por azar de ellas, se mostraba francamente reaccionaria, tomando partido de la Iglesia contra la insolencia de los librepensadores, de los reyes contra los pueblos, y de todas las aristocracias contra la vil canalla de las calles. Por lo demás, como acabo de decir, lo que dominaba en la escuela era una indiferencia casi completa ante las cuestiones políticas. En medio de las nubes en que vivían, no podía distinguir más que dos puntos reales: el desenvolvimiento rápido del materialismo burgués y el desencadenamiento desenfrenado de las vanidades individuales.

Para comprender esa literatura es preciso buscar la razón de ser en la transformación que se había operado en el seno de la clase burguesa desde la revolución de 1793.

Desde el Renacimiento y la Reforma hasta esa revolución, la burguesía, si no en Alemania, al menos en Italia, en Francia, en Suiza, en Inglaterra, en Holanda, fue el héroe y representó el genio revolucionario de la historia. De su seno salieron en su mayoría los librepensadores del siglo XV, los grandes reformadores religiosos de los dos siglos siguientes y los apóstoles de la emancipación humana del siglo pasado, comprendidos esta vez también los de Alemania. Ella sola, naturalmente apoyada en las simpatías y en los brazos del pueblo que tenía fe en ella, hizo la revolución del 89 y la del 93. Había proclamado la decadencia de la realeza y de la iglesia, la fraternidad de los pueblos, los derechos del hombre y del ciudadano. He ahí sus títulos de gloria: son inmortales.

Desde entonces se escindió. Una parte considerable de adquirentes de bienes nacionales, enriquecidos y apoyándose esta vez no sobre el proletariado de las ciudades, sino sobre la mayor parte de los campesinos de Francia que se habían hecho igualmente propietarios agrícolas, aspiraba a la paz, al restablecimiento del orden público, a la fundación de un gobierno regular y poderoso. Aclamó, pues, con felicidad la dictadura del primer Bonaparte y, aunque se mantuviese volteriana, no vio con malos ojos su Concordato con el Papa y el restablecimiento de la iglesia oficial en Francia: "*¡La religión es tan necesaria para el pueblo!*"; lo que quiere decir que, ya saciada, esa parte de la burguesía comenzó desde entonces a comprender que era urgente, en interés de la conservación de su posición y de sus bienes adquiridos, engañar el hambre no satisfecha del pueblo con las promesas de un maná celeste. Fue entonces cuando comenzó a predicar Chateaubriand.

Napoleón cayó. La Restauración devolvió a Francia, con la monarquía legítima, la potencia de la iglesia y de la aristocracia nobiliario, que se rehicieron, si no con todo, al menos con una considerable parte de su antiguo poder. Esta reacción arrojó a la burguesía a la revolución; y con el espíritu revolucionario se despertó otra vez en ella también la incredulidad. Con Chateauriand a un lado, volvió a comenzar a leer a Voltaire. No legó hasta Diderot: sus nervios debilitados no soportaban ya un alimento tan fuerte. Voltaire, a la vez incrédulo y teísta, le convenía, al contrario, mucho. Béranger Paul Louis Courier expresaron perfectamente esta tenencia nueva. El "Dios de las buenas gentes" y el ideal del rey burgués, a la vez liberal y democrático, dibujado sobre el fondo majestuoso y en lo sucesivo inofensivo de las victorias gigantescas del imperio, tal fue en esa época, el alimento intelectual cotidiano de la burguesía de Francia.

Lamartine, aguijoneado por la envidia vanidosamente ridícula de elevarse a la altura del gran poeta inglés Byron, había comenzado sus himnos fríamente delirantes en honor del dios de los gentiles hombres y de la monarquía legítima. Pero sus cantos no repercutían más que en los salones aristocráticos. La burguesía no los oía. Su poeta era Béranger, y Courier, su escritor político.

La revolución de julio tuvo por consecuencia el ennoblecimiento de sus gustos. Se sabe que todo burgués de Francia lleva en sí el tipo imperecedero del burgués gentilhombre, que no deja nunca de aparecer tan pronto como adquiere un poco de riqueza y de poder. En 1830, la rica burguesía había reemplazado definitivamente a la antigua nobleza en el poder. Tendió naturalmente a fundar una nueva aristocracia: aristocracia del capital, sin duda, ante todo, pero también aristocracia de inteligencia, de buenas maneras y de sentimientos delicados. La burguesía comenzó a sentirse religiosa.

No fue por su parte una simple imitación de las costumbres aristocráticas, sino que era al mismo tiempo una necesidad de posición. El proletariado le había hecho un último servicio, ayudándola a derribar una vez más a la nobleza. Ahora, la burguesía no tenía necesidad de su ayuda, porque se sentía sólidamente sentada a la sombra del trono de junio, y la alianza con el pueblo, desde entonces inútil, comenzaba a hacérsele incómoda. Era preciso devolverlo a su lugar, lo que no podía hacerse naturalmente sin provocar una gran indignación en las masas. Se hizo necesario contenerlas. ¿Pero en nombre de qué? ¿En nombre del interés burgués crudamente confesado? Eso hubiese sido demasiado cínico. Cuanto más injusto e inhumano es un interés, más necesidad tiene, de ser sancionado, y ¿dónde hallar la sanción, sino en la religión, esa buena protectora de todos los hartos, y esa consoladora tan útil de todos los que tienen hambre? Y más que nunca, la burguesía triunfante sintió que la religión era absolutamente necesaria para el pueblo.

Después de haber ganado sus títulos imperecederos de gloria en la oposición, tanto religiosa y filosófica como política, en la protesta y en la revolución se había convertido en -fin en la clase dominante, y por eso mismo en la defensora y la conservadora del Estado, pues este último se había convertido a su vez en la institución regular de la potencia exclusiva de esa clase. El Estado es la fuerza y tiene para sí ante todo el derecho de la fuerza, el argumento triunfante del fusil. Pero el hombre está hecho tan singularmente que esa argumentación, por elocuente que parezca, no le basta a la larga. Para imponerle respeto, es preciso una sanción moral cualquiera. Es preciso, además, que esa sanción sea de tal modo evidente y sencilla que pueda convencer a las masas, que, después de haber sido reducidas por la fuerza del Estado, deben ser inducidas luego al reconocimiento moral de su derecho.

No hay más que dos medios para convencer a las masas de la bondad de una institución social cualquiera. El primero, el único real, pero también el más difícil, porque implica la abolición del Estado -es decir la abolición de la explotación políticamente organizada en la mayoría por una minoría cualquiera-, sería la satisfacción directa y completa de todas las necesidades, de todas las aspiraciones humanas de las masas; lo que equivaldría a la liquidación completa de la existencia tanto política como económica de la clase, burguesa, y como acabo de decirlo, a la abolición del Estado. Este medio sería, sin duda, saludable para las masas, pero funesto para los intereses burgueses. Por consiguiente, no hay ni que hablar de él.

Hablemos de otro medio, que, funesto para el pueblo solamente, es, al contrario, precioso para la salvación de los -privilegios burgueses. Este otro medio no puede ser más que la religión. Es ese milagro eterno el que arrastra a las masas a la busca de los tesoros divinos, mientras que, mucho más moderada, la clase dominante se contenta con compartir, muy desigualmente por otra parte y dando siempre más al que más posee, entre sus propios miembros, los miserables bienes de la tierra y los despojos humanos del pueblo, comprendida su libertad política y social.

No existe, no puede existir Estado sin religión. Tomad los Estados más libres del mundo, los Estados Unidos de América o la Confederación Helvética, por ejemplo, y ved qué papel tan importante desempeña la providencia divina, esa sanción suprema de todos los Estados, en todos los discursos oficiales.

Pero siempre -que un jefe de Estado habla de Dios, sea Guillermo I, emperador knutogermánico, o Grant, presidente de la gran república, estad seguros que se prepara de nuevo a esquilmar a su pueblo-rebaño.

La burguesía francesa, liberal, volteriana e impulsada por su temperamento a un positivismo, por no decir a un materialismo, singularmente estrecho y brutal, convertida, por su triunfo de 1830 en la clase del Estado, -ha debido, pues, darse necesariamente una religión oficial. La cosa no era fácil. No podía ponerse francamente bajo el yugo del catolicismo romano. Había entre ella y la Iglesia de Roma un abismo de sangre y de odio y, por práctica y prudente que se hubiese vuelto, no llegaría nunca a reprimir en su seno una pasión desarrollada por la historia. Por lo demás, la burguesía francesa se habría cubierto de ridículo si hubiera vuelto a la iglesia para tomar parte en las piadosas ceremonias del culto divino, condición esencial de una conversión meritoria y sincera. Muchos lo han tratado de hacer, pero su heroísmo no tuvo otro resultado que el escándalo estéril. En fin, la vuelta al catolicismo era imposible a causa de la contradicción insoluble que existe entre la política invariable de Roma y el desenvolvimiento de los intereses económicos y políticos de la clase media.

Bajo este aspecto, el protestantismo es mucho más cómodo. Es la religión burguesa por excelencia. Concede justamente tanta libertad como es necesaria para los burgueses, y ha encontrado el medio de conciliar las aspiraciones celestes con el respeto que reclaman los intereses terrestres. Así vemos que es sobre todo en los países protestantes donde se desarrollaron el comercio y la industria. Pero era imposible para la burguesía de Francia hacerse protestante. Para pasar de una religión a otra -al menos que sea por cálculo, como proceden alguna vez los judíos en Rusia y en Polonia, que se hacen bautizar tres, cuatro veces, a fin de recibir remuneraciones nuevas-, para cambiar de religión, hay que tener una gran fe religiosa. Y bien, en el corazón exclusivamente positivo del burgués francés, no hay lugar para ese grano. Profesa la indiferencia más profunda para todas las cuestiones, exceptuada la de la bolsa, ante todo, y la de su vanidad social después. Es tan indiferente ante el protestantismo como ante el catolicismo. Por otra parte, la burguesía francesa no habría podido abrazar el protestantismo sin ponerse en contradicción con la rutina católica de la mayoría del pueblo francés, lo que hubiese constituido una gran imprudencia de parte de una clase que quería gobernar Francia.

No quedaba más que un medio: el de volver a la religión humanitaria y revolucionaria del siglo XVIII. Pero esa religión lleva demasiado lejos. Por consiguiente, la burguesía tuvo que crear, para sancionar el nuevo Estado, el Estado burgués que acababa de fundar, una religión nueva, que pudiese ser, sin demasiado ridículo ni escándalo, la religión profesada altamente por toda la clase burguesa.

Es así como nació el Ateísmo *doctrinario*.

Otros han hecho, mucho mejor de lo que yo sabría hacerlo, la historia del nacimiento y del desenvolvimiento de esa escuela, que tuvo una influencia tan decisiva y, puedo decirlo sin dudar, tan funesta sobre la educación política, intelectual y moral de la juventud burguesa de Francia. Data de Benjamín Constant y Madame Staël, pero su verdadero fundador fue RoyerCollard; sus apóstoles: los señores Guizot, Cousin, Villemain y muchos otros; su objetivo abiertamente confesado: la reconciliación de la revolución con la reacción, o para hablar el lenguaje de la escuela, del principio de libertad con el de autoridad, naturalmente en provecho de esta última.

Esta reconciliación significaba, en política, el escamoteo de la libertad popular en provecho de la dominación burguesa, representada por el Estado monárquico y constitucional; en filosofía, la sumisión reflexiva de la libre razón a los principios eternos de la fe.

Se sabe que esta filosofía fue elaborada principalmente por Cousin, el padre del eclecticismo francés. Hablador superficial y pedante; inocente de toda concepción original, de todo pensamiento propio, pero muy fuerte en lugares comunes -que ha cometido el error de confundir con el sentido común-, este filósofo ilustre ha preparado sabiamente, para el uso de la juventud estudiante de Francia, un plato metafísico a su modo y cuyo consumo, obligatorio en todas las escuelas del Estado por debajo de la universidad, ha condenado a varias generaciones consecutivas a una indigestión cerebral. Imagínese una ensalada filosófica compuesta de los sistemas más opuestos, una mezcla de padres de la Iglesia, escolásticos, de Descartes y de Pascal, de Kant y de psicólogos escoceses, superpuesto a las ideas divinas e innatas de Platón y recubierto de la capa de inmanencia hegeliana, acompañada necesariamente de una ignorancia tan desdeñosa como cometa de las ciencias naturales y que prueba como dos y dos son *cinco* la existencia de un dios personal.

ANARQUISMO: LO QUE SIGNIFICA REALMENTE

Emma Goldman

LA AUTORA

Emma Goldman (Kaunas, 27 de junio de 1869 - Toronto, 14 de mayo de 1940) fue una anarquista y escritora lituana de origen judío, conocida por su activismo radical y su influencia en el anarquismo y el feminismo. Emigró a Estados Unidos a los 16 años, donde trabajó en una fábrica textil y se interesó por el anarquismo a raíz del motín de Haymarket. Conoció a Alexander Berkman, su íntimo amigo y compañero de activismo, quien la inspiró en su papel de propagandista y escritora.

Goldman participó en protestas, huelgas y mítines, y apoyó a Berkman en el intento de asesinato del empresario Henry Clay Frick en 1893, lo que la hizo impopular ante las autoridades. Fue encarcelada en varias ocasiones por sus ideas revolucionarias y actividades, incluyendo la difusión de métodos anticonceptivos y su oposición a la conscripción militar durante la Primera Guerra Mundial. En 1919, fue exiliada a la Unión Soviética, donde residió dos años antes de desilusionarse del régimen bolchevique y trasladarse a Francia, Reino Unido y finalmente Canadá.

Sus escritos, como *Mi desilusión con Rusia*, reflejan su decepción con la URSS. En Canadá, escribió su autobiografía y apoyó a los anarcosindicalistas durante la guerra civil española. Goldman es considerada una figura clave en la difusión del anarcocomunismo en Norteamérica y Europa, y su activismo por la emancipación de la mujer es reconocido, aunque tuvo críticas hacia el sufragismo de la primera ola.

Goldman defendió la libertad sexual, la igualdad de género y los derechos de gais y lesbianas, siendo una de las primeras en abordar públicamente estos temas. Su visión de la liberación femenina incluía la aceptación de diferencias naturales entre hombres y mujeres y abogaba por una heterosexualidad saludable, influenciada por Freud y Ellis.

Emma Goldman murió en Toronto a los 70 años y está enterrada en Chicago. Su legado resurgió en la década de 1970 con el interés renovado en su vida por parte de investigadores del anarquismo y el feminismo, siendo considerada una pionera del anarcofeminismo.

ANARQUISMO: LO QUE SIGNIFICA REALMENTE

Anarquía:

Siempre despreciado, maldecido, nunca comprendido
Eres el terror espantoso de nuestra era.
"Naufragio de todo orden", grita la multitud,
"Eres tú y la guerra y el infinito coraje del asesinato."
Oh, deja que lloren. Para esos que nunca han buscado
La verdad que yace detrás de la palabra ,
A ellos la definición correcta de la palabra no les fue dada.
Continuarán ciegos entre los ciegos.
Pero tu, oh palabra, tan clara, tan fuerte, tan pura,
Vos dices todo lo que yo, por meta he tomado.
Te entrego al futuro! Tú eres segura.
Cuando uno, por lo menos despertará por sí mismo .
¿Viene en la solana del atardecer? ¿En la emoción de la tempestad?
!No puedo decirlo--pero ella la tierra podrá ver!
!Soy un anarquista! Por lo que
No reinaré, y tampoco reinado seré!

John Henry Mackay[31]

La historia del desarrollo y crecimiento humano es, a la vez, la historia de la lucha terrible de cada nueva idea anunciando la llegada de un muy brillante amanecer. En su agarre persistente de la tradición, lo viejo con sus medios más crueles y repugnantes pretende detener el advenimiento de lo nuevo, cualesquiera sean la forma y el período en que aquel se manifieste. Tampoco

---

[31] **N. del E.:** También conocido como Sagitta (Greenock, 6 de febrero de 1864 - Stahnsdorf, 16 de mayo de 1933), fue un anarquista egoísta, pensador y escritor, nacido en Escocia y educado en Alemania. Autor de "Die Anarchisten" ("Los anarquistas", 1891) y "Der Freiheitsucher" ("El investigador de la libertad", 1921), Mackay fue un defensor del anarquismo individualista. Sus obras más reconocidas se publicaron en la revista "Liberty" de su amigo Benjamin Tucker.

necesitamos recaminar nuestros pasos hacia el pasado para darnos cuenta de la enormidad de la oposición, las dificultades y adversidades puestas en el camino de cada idea progresista. La rueca, la tuerca y el azote permanecen con nosotros[32]; al igual que el ajuar del convicto y el coraje social, todos conspirando en contra del espíritu que va marchando serenamente.

El anarquismo no podía tener la esperanza de escapar el destino de todas las demás ideas innovadoras. Por supuesto, como el innovador de espíritu más revolucionario, el anarquismo necesariamente debe topar con la ignorancia y el envenenado rechazo del mundo que pretende reconstruir.

Para rebatir, aun de manera escueta, con todo lo que se está diciendo y haciendo contra el anarquismo, sería necesario un volumen entero. Por lo tanto, solamente rebatiré dos de las objeciones principales . Al así hacerlo, trataré de aclarar lo que verdaderamente quiere decir anarquismo.

El extraño fenómeno de la oposición al anarquismo es el que trae a la luz la relación entre la llamada inteligencia y la ignorancia. Y aún esto no es tan extraño, cuando consideramos la relatividad de las cosas. La masa ignorante tiene a su favor que no pretende simular conocimiento o tolerancia. Actuando, como hace siempre, por puro impulso, sus razonamientos son como los de los niños. "¿Por qué?" "Porque sí." Aún así, la oposición del no educado hacia el anarquismo merece la misma consideración que la del hombre inteligente.

¿Cuáles son las objeciones entonces? Primero, el anarquismo es impráctico, aunque sea un ideal preciso. Segundo, ambos el hombre inteligente y la masa ignorante no pasan juicio luego de un amplio estudio del tema, sino de lo que escuchan o de una interpretación falsa.

¿Cuáles son, pues, las objeciones? Primero, el anarquismo no es práctico, aunque sea una idea muy atrayente. En segundo lugar, el anarquismo equivale a violencia y destrucción, por lo que debe ser rechazado por vil y peligroso. Tanto el hombre inteligente como la masa ignorante juzgan no a partir de un conocimiento profundo del tema, sino de rumores o falsas interpretaciones.

Un esquema práctico, dice Oscar Wilde[33], es uno que ya tiene existencia, o una forma que podría llevarse a cabo bajo las condiciones existentes; pero

---

32 **N. del E.:** Herramientas y prácticas de castigo utilizadas históricamente para el control y la represión, simbolizando aquí la opresión de las ideas progresistas.

33 **N. del E.:** Oscar Fingal O'Flahertie Wills Wilde, o simplemente Oscar Wilde (Dublín, Irlanda, 16 de octubre de 1854 - París, 30 de noviembre de 1900), fue un influyente escritor, poeta y dramaturgo irlandés. Conocido por su ingenio mordaz, su extravagante vestimenta de dandi, sus dotes de conversador y sus ingeniosos dichos ricos en sarcasmo, ironía y cinismo, Wilde se convirtió en una de las personalidades más

son exactamente esas condiciones que uno objeta y cualquier propósito que pudiese aceptarlas necesariamente es incorrecto y una locura. El verdadero criterio de lo práctico, por lo tanto, no es si puede mantener intacto lo incorrecto e imprudente; hasta cierto punto consiste en averiguar si el esquema tiene la vitalidad suficiente para abandonar, dejar atrás las aguas estancadas de lo viejo y edificar, al igual que mantener, una nueva vida. A la luz de esta concepción, el anarquismo es definitivamente práctico. Más que ninguna otra idea, es de ayuda acabar con lo equívoco e irracional; más que ninguna otra idea, está edificando y manteniendo nueva vida.

Las emociones del hombre ignorante se ven continuamente aplacadas por las historias sangrientas del anarquismo. Nada hay demasiado ofensivo para ser aplicado en contra de esta filosofía y sus oponentes. Por lo tanto el anarquismo representa para el no-pensante, lo que el proverbial malvado, hace al niño,--un monstruo obscuro empeñado en tragarlo todo; en pocas palabras, destrucción y violencia.

!Destrucción y violencia! ¿Cómo va a saber el hombre ordinario, que el elemento más violento en la sociedad es la ignorancia; que su poder de destrucción es justamente lo que el anarquismo está combatiendo? Tampoco, no está al tanto de que el anarquismo; cuyas raíces, como fuesen, son parte de las fuerzas naturales, destruyen, no células saludables, sino el crecimiento parasítico, que se nutre de la misma esencia de la vida social. Está meramente librando el suelo de yerbajos y arbustos para eventualmente producir fruta saludable. Alguien ha dicho que se requiere menos esfuerzo mental para condenar, que lo que se requiere, para pensar. La indolencia mental esparcida mundialmente, tan prevaleciente en la sociedad nos prueba una vez más que este hecho es demasiado cierto. En vez de ir al significado de cualquier idea dada, para examinar su origen y razón de ser; la mayoría de las personas, la condenarán enteramente, o dependerán de definiciones de aspectos no esenciales superficiales o llenas de prejuicios .

El anarquismo reta al hombre a pensar, a investigar, a analizar cada proposición; pero para no abrumar al lector medio también comenzaré con una definición y luego elaboraré sobre lo último.

ANARQUISMO:--La filosofía de un nuevo orden social basado en la libertad sin restricción, hecha de la ley del hombre; la teoría que todos los go-

---

famosas de su época. En la década de 1890 se consolidó como uno de los dramaturgos más populares de Londres, tras una década escribiendo en diversas formas.

biernos descansan sobre la violencia y por lo tanto son equívocos y peligrosos, al igual que innecesarios.

El nuevo orden social descansa, por supuesto, en la base materialista de la vida, pero mientras todos los anarquistas concuerdan en que el mal actual es uno económico; mantienen que la solución a esa maldad puede conseguirse solamente bajo la consideración de cada fase de la vida, --individual, al igual que colectiva; la interna, al igual que la fase externa.

Un escrutinio a fondo de la historia del desarrollo humano descubrirá dos elementos en un agrio conflicto el uno contra el otro, elementos que ahora comienzan a ser entendidos, no como extranjeros entre sí, pero estrechamente relacionados y verdaderamente armoniosos, si son colocados en ambientes propios: de los instintos individuales y los sociales. El individuo y la sociedad han mantenido una guerra persistente y sangrienta por la supremacía, porque cada uno estaba ciego ante el valor y la importancia del otro. Los instintos individuales y sociales; el primero, el factor más poderoso para la iniciativa individual, su crecimiento, sus aspiraciones y autorrealización; el segundo, un factor igualmente importante para la ayuda mutua y el bienestar social.

No se está lejos de encontrar explicación a la tormenta desatada dentro del individuo, y entre éste y su entorno. El hombre primitivo, incapaz de entender su ser, menos aún la unidad de toda la vida, se siente absolutamente dependiente de fuerzas ciegas y escondidas, siempre listas para burlarse y ridiculizarle. De esas actitudes crecieron los conceptos religiosos del hombre, como una mera partícula de polvo, dependiente en los poderes supremos elevados que sólo pueden se aplacados a través de la sumisión a su voluntad. Todas las sagas tempranas sobre esa idea, que continúan siendo el Leitmotiv de las historias bíblicas, bregando con la relación del hombre con Dios, con el Estado y con la sociedad. Otra vez el mismo motivo, el hombre es nada, los poderes son todo. Entonces, Jehová solamente tolerará al hombre que manifiesta la condición de entrega completa. El hombre puede tener todas las glorias de la tierra. El Estado, la sociedad, y las leyes morales, todas cantan el mismo refrán: el hombre puede tener todas las glorias de la tierra, pero no podrá ser consciente de sí mismo.

El anarquismo es la única filosofía que devuelve al hombre la consciencia de sí mismo, la cual mantiene que Dios, el Estado y la sociedad no existen, que sus promesas son vacías y sin valor, ya que pueden ser logradas sólo a través de la subordinación del hombre. El anarquismo, por lo tanto, es el maestro de la unidad de la vida, no meramente en la naturaleza, sino también en el hombre. No hay conflicto entre los instintos sociales e individuales, no más de los que existen entre el corazón y los pulmones: el uno, el receptáculo de la esencia de la preciosa vida; y el otro, el almacén del elemento que mantiene la esencia pura y fuerte. El individuo es el corazón de la sociedad, conservando la esencia de la vida social; la sociedad es el pulmón que está distribuyendo el elemento para mantener la esencia de vida--es decir, al individuo--puro y fuerte.

"La única cosa de valor en el mundo," dice Emerson, "es el alma activa; a la cual todo hombre tiene dentro de sí. El alma activa ve la verdad absoluta y la proclama y la crea". "En otras palabras, el instinto individual es la cosa de valor en el mundo. Es el alma verdadera la que visualiza y crea la vida de la verdad, del cual saldrá una mayor verdad, el alma social renacida.

El anarquismo es el gran libertador del hombre, sin coma de los fantasmas que lo han tenido cautivo; es el árbitro y pacificador de las dos fuerzas para la armonía individual y social. Para lograr esa unidad, el anarquismo le ha declarado la guerra a las influencias perniciosas, las cuales, hasta ahora, han impedido la armoniosa unidad de los instintos individuales y sociales.

La religión, el dominio de la mente humana; la propiedad, el dominio de las necesidades humanas; el gobierno, el dominio de la conducta humana, representan el baluarte de la esclavitud del hombre y los horrores que le exige. !La religión! Cómo domina la mente humana, cómo humilla y degrada el alma. Dios es el todo, el hombre es nada dice la religión. Pero, de esa nada, Dios ha creado un reino tan déspota, tan tirano, tan cruel, tan terrible, que nada que no sea desastre, lágrimas y sangre han reinado el mundo desde que los dioses comenzaron. El anarquismo impulsa al hombre a la rebelión en contra de este monstruo negro. Rompe tus cadenas mentales; le dice el anarquismo al hombre, porque, no va a ser hasta que tu pienses y juzgues por tí mismo, que saldrás del dominio de la obscuridad, el mayor obstáculo para todo progreso.

La propiedad, el dominio de las necesidades del hombre, la negación del derecho de satisfacer sus necesidades. El tiempo nació cuando la propiedad reclamó su derecho divino, cuando vino hacia el hombre con el mismo refrán, igual que la religión, "!Sacrifícate! !Abnégate! ¡Entrégate!" El espíritu del anarquismo ha elevado al hombre de su posición postrada. Ahora está de pie, su faz hacia la luz. Ha aprendido a ver la insaciable, devoradora y devastadora naturaleza de la propiedad y está preparándose para darle el golpe de muerte al monstruo.

"La propiedad privada es un robo," dijo el gran anarquista francés Proudhon. Sí, pero sin riesgo y peligro para el ladrón. Monopolizando los esfuerzos acumulados por el hombre, la propiedad le ha desposeído de su derecho de nacimiento tornándolo en un indigente y un paria. La propiedad ni siquiera posee la excusa tan gastada de que el hombre no crea lo suficiente para satisfacer sus necesidades. Apenas aprendido el ABC de la economía, los estudiantes ya saben que la productividad del trabajo, durante las últimas décadas, excede por mucho la demanda normal. Pero, ¿qué son demandas normales para una institución anormal? La única demanda que la propiedad reconoce es su propio apetito glotónico para mayor riqueza, porque riqueza significa poder, el poder de someter, de aplastar, de explotar, el poder de esclavizar, de ultrajar y degradar. América se muestra particularmente jactanciosa de su gran poder, su enorme riqueza nacional. Pobre América, ¿de que vale toda su riqueza, si los individuos que la componen son miserablemente pobres? Viviendo en la asquerosidad, en la suciedad y el crimen; perdida la esperanza y la alegría, deambula un ejército desterrado de presas humanas sin hogar.

Generalmente se considera que, a menos que las ganancias de cualquier negocio excedan su costo, la bancarrota es inevitable. Pero, aquellos comprometidos en el negocio de producir riqueza no han aprendido ni esta simple lección. Cada año el costo de la producción en la vida humana está creciendo más (50,000 asesinados, 100,000 heridos en América el año pasado); las ganancias para las masas, que ayudan a crear la riqueza, se se están reduciendo aún más. Todavía América continúa ciega a la bancarrota inevitable de nuestro negocio de producción. Ni es éste el único crimen de éstos. Todavía más fatal aún es el crimen de convertir al productor en un mero engranaje de una máquina, con menos deseo y decisión que su organizador de acero y hierro. Al hombre no sólo le están robando los productos de su labor, sino también el poder de la libre iniciativa, de la originalidad y el interés en o el deseo por las cosas que está haciendo.

La verdadera riqueza consiste en objetos de utilidad y belleza, en cosas que ayuden a crear cuerpos fuertes y preciosos y alrededores que inspiren a la vida. Pero si el hombre está condenado a enrolar algodón alrededor de la rueca, o cavar carbón durante toda su vida, no puede hablarse en ningún caso de riqueza. Lo que da al mundo son solo cosas grises y asquerosas, reflejo de su aburrida y odiosa existencia,--muy débil para vivir, muy cobarde para morir. Suena extraño el decirlo, pero hay personas que ensalzan el mortal método de la producción centralizada es el logro de más orgullo de nuestra era. Éstos fallan absolutamente, al no enterarse, de que si continuamos con esta docilidad mecánica, nuestra esclavitud será más completa que lo que fue nuestra unión al rey. Ellos no quieren saber, que la centralización no es sólo el toque de muertos de la libertad, pero también de la salud y la belleza, del arte y la ciencia, todas estas siendo imposibles en una atmósfera mecánica parecida a un reloj.

El anarquismo no puede sino repudiar tal método de producción: su meta es la expresión más libre posible de todos los talentos del individuo. Oscar Wilde define una personalidad perfecta como "una que se desarrolla bajo condiciones perfectas, que no ha sido herida, mutilada ni ha estado en peligro." Una personalidad perfecta, entonces, sólo es posible en un estado de la sociedad, donde el hombre sea libre de escoger el modo de trabajo, las condiciones de trabajo y la libertad para trabajar.

Una, para quien la fabricación de una mesa, o la preparación de la tierra, es como la pintura para el artista y el descubrimiento para el científico,--el resultado de inspiración, de intenso deseo y un interés profundo en el trabajo como una fuerza creativa. Siendo ese el ideal del anarquismo, la organización económica debe consistir en la producción voluntaria y asociaciones distributivas, gradualmente desarrollándose en comunismo libre, como el mejor medio de producción, con el menor de energía humana. Aunque el anarquismo también reconoce el derecho del individuo, o números de individuos, para acomodar todo el tiempo otras formas de trabajo, en armonía con sus gustos y deseos.

Tal exhibición libre de energía humana es posible sólo bajo la libertad completa, individual y social. El anarquismo dirige sus fuerzas en contra del tercer y mayor enemigo de toda equidad social, esto es, el Estado, la autoridad organizada o ley estatuaria,--el dominio de la conducta humana.

Igual que la religión ha encadenado la mente humana y como la propiedad, o el monopolio de las cosas, ha conquistado y ahogado las necesidades humanas, el Estado ha esclavizado su espíritu, dictando cada fase de conducta. "Todo el gobierno en esencia," dice Emerson, "es tiranía." Sin importar si es gobierno por derecho divino o regla de mayoría. En cada instancia su meta es la subordinación absoluta del individuo.

Refiriédose al gobierno norteaméricano, el gran anarquista americano, David Thoreau[34], dijo: "el Gobierno, qué es sino tradición, aunque una reciente, tentando para transmitirse intacto a la posteridad, pero cada instante perdiendo su integridad; éste no tiene la vitalidad y fuerza de un sencillo hombre viviente. La Ley nunca hizo al hombre ni un poco más justo y por su medio de respeto hacia ésa, hasta los bien dispuestos son diariamente convertidos en agentes de la injusticia."

Ciertamente, lo crucial del gobierno es la injusticia. Con la arrogancia y suficiencia-propia del rey, el cual no podía hacer el mal, los gobiernos ordenan, juzgan, condenan y castigan las ofensas más insignificantes, mientras, manteniéndose gracias a la más grande de las ofensas, la erradicación de la libertad individual. Por lo tanto, Ouida está en lo cierto, cuando ella mantiene que "el Estado sólo busca inculcar las cualidades necesarias en el público por las cuales sus demandas sean obedecidas y sus arcas se vean repletas. Su mayor logro es la reducción del ser humano a un mero mecanismo de relojería.

En su atmósfera, todas esas libertades finas y más delicadas, que requieren tratamiento y una expansión espaciosa, inevitablemente se secan y mueren. El Estado requiere una máquina paga impuestos, en la cual no hay marcha atrás, un fisco sin déficit; un público monótono, obediente, sin color, sin espíritu, moviéndose humildemente, como un rebaño de ovejas en un camino alto y recto entre dos paredes."

Pero, hasta un rebaño de ovejas resistiría la vana sutileza del Estado, sino fuera por los métodos opresivos, tiránicos y corruptos que utiliza para servirse de sus propósitos. Por lo tanto, Bakunin repudia el Estado, le ve como sinónimo de la entrega de la libertad del individuo o de las pequeñas minorías,--la destrucción de la relación social, la restricción, o hasta la completa negación, de la vida misma, para su engrandecimiento. El Estado es el altar de la libertad política y como el altar religioso, es mantenido para el propósito del sacrificio humano.

De hecho, no hay casi ningún pensador moderno que no concuerde que el gobierno, la autoridad organizada, o el Estado son únicamente necesarios para mantener o proteger la propiedad y el monopolio. Sólo se ha mostrado <u>eficiente en esa</u> función.

34 **N. del E.:** Henry David Thoreau (Concord, 12 de julho de 1817 – Concord, 6 de maio de 1862) foi um autor estadunidense, poeta, naturalista, pesquisador, historiador, filósofo e transcendentalista. Ele é mais conhecido por seu livro "Walden", uma reflexão sobre a vida simples cercada pela natureza, e por seu ensaio "A Desobediência Civil", que defende a resistência individual contra a injustiça governamental.

Hasta George Bernard Shaw[35], quien aún cree en un posible milagro del Estado bajo el fabianismo, aunque admite que "este es al presente, una inmensa máquina para robar y esclavizar al pobre con la fuerza bruta." Siendo éste el caso es difícil entender, porqué el inteligente introductor desea mantener el Estado después que la pobreza cese de existir.

Desafortunadamente, todavía hay un número de personas que continúan con la fatal creencia de que el gobierno descansa sobre leyes naturales, que éstas mantienen el orden social y la armonía, que disminuye el crimen y que previene que el hombre vago engañe a sus semejantes. Por lo tanto, examinaré este argumento.

Una ley natural es ese factor en el hombre, el cual se afirma a sí mismo libremente y espontáneamente, sin alguna fuerza externa, en armonía con los requisitos de la naturaleza. Por ejemplo, la demanda de nutrición, de gratificación sexual, de luz, de aire y ejercicio es una ley natural. Pero, su expresión no necesita la maquinaria del gobierno, ni tampoco del club, la pistola, las esposas o la prisión. Obedecer tales leyes, si podemos llamarle obediencia, requiere solamente espontaneidad y una oportunidad libre. Que los gobiernos no se mantienen a sí mismos a través de tales factores armoniosos, se prueba con las terribles demostraciones de violencia, fuerza y coerción que usan todos los gobiernos para poder vivir. Por lo tanto, Blackstone está correcto cuando dice, "Las leyes humanas son inválidas, porque éstas son contrarias a las leyes de la naturaleza."

A menos que sea el orden que se produjo en Varsovia luego de la matanza de miles de personas, es difícil atribuir a los gobiernos la capacidad para el orden o la armonía social. El orden derivado de la sumisión y mantenido con terror poca seguridad garantiza, aunque ese es el único "orden" que los gobiernos han mantenido. La verdadera armonía social crece naturalmente de la solidaridad de intereses. En una sociedad donde esos que siempre trabajan nunca disponen de nada, mientras esos que nunca trabajan disfrutan de todo, la solidaridad de los intereses no existe, de aquí que la armonía social sea un mito. La única forma en que la autoridad organizada enfrenta esta situación grave es extendiendo todavía más los privilegios a esos que han monopolizado la tierra y esclavizando aún más a las masas desheredadas. De esta manera, el

---

35 **N. del E.:** George Bernard Shaw (Dublín, 26 de julio de 1856 - Ayot St Lawrence, 2 de noviembre de 1950) fue un dramaturgo, novelista, cuentista, ensayista y periodista irlandés. Cofundador de la London School of Economics, Shaw es conocido por sus irreverentes e inconformistas comedias satíricas. Su obra abarca un amplio abanico de crítica social y política, lo que le convirtió en una figura destacada de la literatura y el pensamiento crítico de su época.

arsenal entero del gobierno--leyes, policía, soldados, las cortes, legislaturas, prisiones,--está acérrimamente involucrado en "armonizar" los elementos más antagónicos de la sociedad.

La más absurda excusa para la autoridad y la ley es que sirven para disminuir el crimen. Aparte del hecho de que el Estado es en sí mismo el más grande criminal, rompiendo toda ley escrita y natural, robando en la forma de impuestos, asesinando en la forma de guerra y pena capital, ha llegado a verse completamente superado en su lucha contra el crimen. Ha fallado totalmente en destruir o tan siquiera minimizar el terrible azote de su propia creación.

El crimen no es nada más que energía mal dirigida. Mientras cada institución de hoy día, económica, política, social y moral, conspire para dirigir erradamente la energía humana por canales equívocos; mientras la mayoría de las personas estén fuera de lugar, haciendo las cosas que odian hacer, viviendo una vida que aborrecen vivir, el crimen será inevitable y todas las leyes en los estatutos solamente pueden aumentar, pero nunca terminar con el crimen. Qué sabe la sociedad, como existe hoy día, del proceso de la desesperación, de la pobreza, de los horrores, de la pusilánime lucha que pasa el alma humana en su camino hacia el crimen y la corrupción. Quién conoce este proceso terrible no puede dejar de ver la verdad en estas palabras de Pedro Kropotkin[36]:

"Esos que calcularán el balance entre los beneficios atribuídos a la ley y el castigo y el efecto degradante de este sobre la humanidad; que estimarán el torrente de ruindad derramado sobre la sociedad humana por el informante, favorecido hasta por el juez y pagado en moneda-resonante por gobiernos, bajo el pretexto de ayuda a desenmascarar el crimen; esos que irán dentro de las paredes de la prisión y allí ver en lo que se han convertido los seres humanos cuando se les priva de su libertad, cuando son sujetos al cuidado de guardianes brutales, con groserías, con palabras crueles, enfrentándose a mil humillaciones punzantes y agudas, concordarán con nosotros que el aparato entero de la prisión y su castigo es una abominación que debe terminar."

La influencia disuasiva de la ley sobre el hombre ocioso es demasiado absurda para merecer alguna consideración. Solamente con liberar a la so-

---

36 **N. del E.**: Piotr Alexéievich Kropotkin (Moscú, 9 de diciembre de 1842 - Dmitrov, 8 de febrero de 1921) fue un geógrafo, economista, politólogo, sociólogo, zoólogo, historiador, filósofo y activista político ruso. Fue uno de los principales pensadores del anarquismo de finales del siglo XIX y se le considera el fundador del movimiento anarcocomunista. Sus profundos análisis de la burocracia estatal y el sistema penitenciario también son relevantes en el campo de la criminología.

ciedad del gasto y de los desperdicios que causa mantener a una clase ociosa y del igualmente gran gasto de la parafernalia de protección que esta clase de haraganes requiere, en la sociedad existiría abundancia para todos, incluyendo hasta el individuo ocioso ocasional. Además, está bien considerar que la vagancia resulta o de los privilegios especiales o de las anormalidades físicas y mentales. Nuestro demente sistema de producción patrocina ambos y el fenómeno más sorprendente es que la gente desee trabajar, aún ahora. El anarquismo aspira desgarrar al trabajo de su aspecto estéril y aburrido, de su brillo y compulsión. Intenta hacer del trabajo un instrumento de gozo, de fuerza, de armonía real, para que aún el más pobre de los hombres, pueda encontrar en el trabajo recreación y esperanza.

Para lograr tal arreglo de la vida, del gobierno, sus medidas injustas, arbitrarias y represivas deben ser acabadas. Lo mejor que ha hecho es imponer un solo modo de vida, sin importar las variaciones individuales y sociales, además de sus necesidades. Al destruir el gobierno y las leyes estatutarias, el Anarquismo propone rescatar el respeto-propio y la independencia del individuo de toda prohibición e invasión por la autoridad. Solo en la libertad puede el hombre alcanzar su completo desarrollo. Solamente en la libertad aprenderá a pensar y a moverse y a dar lo mejor de sí. Sólo en libertad realizará la verdadera fuerza de los lazos sociales,que atan al hombre entre sí y los cuales son la verdadera base de una vida social normal.

Pero, ¿qué de la naturaleza humana? ¿Puede ser cambiada? Y si no, ¿sobrevivirá bajo el anarquismo?

Pobre naturaleza humana, !qué crímenes horribles han sido cometidos en tu nombre! Todo tonto, desde el rey hasta el policía, desde la persona más cabezota, hasta el ignorante sin visión de la ciencia, presume hablar con autoridad de la naturaleza humana. Mientras mayor sea el charlatán mental, más definitiva será su insistencia en la iniquidad y debilidad de la naturaleza humana. Pero, ¿cómo puede cualquiera hablar de eso hoy, con todas las almas en prisión, con cada corazón encadenado, herido y mutilado?

Juan Burroughs ha dicho que el estudio experimental de los animales en cautiverio es absolutamente inútil. Su carácter, sus hábitos, sus apetitos pasan por una transformación completa, cuando son arrancados de su suelo en el campo y en el bosque. Con la naturaleza humana enjaulada en un estrecho espacio, batida diariamente hasta la sumisión, ¿cómo podemos hablar de sus potencialidades?

La libertad, la expansión, la oportunidad y sobre todo, la paz y el descanso, solos, pueden enseñarnos los factores dominantes reales de la naturaleza humana y todas sus magníficas posibilidades.

El anarquismo, entonces, verdaderamente favorece la liberación de la mente humana del dominio de la religión la liberación del cuerpo humano del dominio de la propiedad, la liberación de las cadenas y prohibiciones del gobierno. El anarquismo representa un orden social basado en la agrupación libre de los individuos, con el propósito de producir verdadera riqueza social, un orden que garantizará a cada humano un acceso libre a la tierra y un gozo completo de las necesidades de la vida, de acuerdo a los deseos individuales, gustos e inclinaciones.

Esto no es una idea salvaje o una aberración mental. Han llegado a tal conclusión multitud de hombres y mujeres inteligentes de todo el mundo, una conclusión resultante de la observación cercana y estudiosa de las tendencias de la sociedad moderna; la libertad individual y la equidad económica, las fuerzas gemelas para el nacimiento de lo que es transparente y verdadero en el hombre.

En cuanto a los métodos. El anarquismo no es, como muchos pueden suponer, una teoría del futuro a ser logrado a traves de la inspiración divina. Es una fuerza de vida en los asuntos de nuestra vida, constantemente creando nuevas condiciones. Los métodos del anarquismo por lo tanto no contienen un programa, armado de hierro para llevarse a cabo bajo toda circunstancia. Los métodos deben salir de las necesidades económicas de cada lugar y clima y de los requisitos intelectuales y temperamentales del individuo. El carácter calmado y sereno de un Tolstoy desearán diferentes métodos para la reconstrucción social, que la intensa, desbordante personalidad de Miguel Bakunin o de un Pedro Kropotkin. Igualmente también debe ser aparente que las necesidades económicas y políticas de Rusia dictarán medidas más drásticas que las de Inglaterra o América. El anarquismo no representa ejercicios militares y uniformidad pero, sí defiende el espíritu revolucionario, en cualquier forma, en contra de todo lo que impida el crecimiento humano. Todos los anarquistas concuerdan en eso, al igual que están de acuerdo en su oposición a la maquinaria política como un medio de traer el gran cambio social.

"Toda votación," dice Thoreau, "es como jugando, como damas, o backgammon, el juego con el bien y el mal, su obligación nunca excede su conveniencia. Hasta votando por lo correcto es hacer nada por ello. Un hombre sabio no dejará el derecho a la clemencia de la oportunidad, ni deseará que prevalezca a través del poder de la mayoría." Un examen cercano de la maquinaria política y sus logros nos llevarán a la lógica de Thoreau.

¿Qué nos demuestra la historia del parlamentarismo? Nada, excepto la omisión y la derrota, ni hasta una sencilla reforma para mejorar la tensión económica y social de la gente. Se han aprobado leyes y han hecho estatutos para el mejoramiento y protección del trabajo. Así, de este modo, el año pasado se probó en Illinois, con las leyes más rígidas para la protección minera, tuvo los desastres mineros mayores. En Estados donde las leyes del trabajo de los niños prevalecen, la explotación infantil está en unos niveles altísimos y aunque con nosotros los trabajadores disfrutan de oportunidades políticas completas, el capitalismo ha llegado a su momento cumbre más desvergonzado.

Hasta si los trabajadores pudiesen tener sus propios representantes, que es, lo que nuestros buenos políticos socialistas están clamando, ¿que oportunidades hay para su honestidad y buena fe? Una tiene que tener en mente el proceso de la política, para darse cuenta que su camino de buenas intenciones está repleto de peligro latente: maquinaciones secretas, intrigas, adulaciones, mentiras, trampas; de hecho, sofistería de toda índole, donde el aspirante político puede lograr el éxito. Añadido a eso está la desmoralización completa del carácter y las convicciones, hasta que no queda nada, que haría que una tuviese esperanza de tal desamparo humano. Una y otra vez las personas fueron lo suficientemente tontos en confiar, creer y apoyar hasta su último penique, a los aspirantes políticos, para verse al final traicionados y engañados.

Se puede decir que los hombres íntegros no se convertirían en corruptos en el molino pulverizante político. Quizás no, pero esos hombres estarán absolutamente desamparados para ejercer la más ínfima influencia en nombre de los trabajadores, como ha sido demostrado en numerosos ejemplos. El Estado es el amo económico de sus sirvientes. Los buenos hombres, si los hubiere, o permanecerían fieles a su fe política y perderían su apoyo económico, o se agarrarían de su amo económico mostrándose del todo incapaces de hacer el mínimo bien. La arena política nos deja sin alternativa, una debe ser un burro o un pícaro.

La superstición política todavía domina los corazones y las mentes de las masas, pero los verdaderos amantes de la libertad no tendrán nada que ver con esto. Al contrario, éstos creen con Stirner que el hombre tiene tanta libertad como la que quiera tomarse. El anarquismo, por lo tanto, mantiene la acción directa, el desafío abierto y la resistencia hacia todas las leyes y restricciones económicas, sociales y morales. Pero el desafío y la resistencia son ilegales. Ahí yace la salvación del hombre. Todo lo ilegal necesita integridad, seguridad-propia y coraje. Busca espíritus libres e independientes, a "hombres que son hombres y que tienen un hueso en sus espaldas, el cual no puede atravesarse con la mano."

El sufragio universal mismo debe su existencia a la acción directa. De no ser por el espíritu de rebelión, del desafío por parte de los padres revolucionarios americanos, sus descendientes todavía estarían bajo el cobijo del rey. Sino fuera por la acción directa de un Juan Brown[37] y sus camaradas, América todavía estaría canjeando la piel del hombre negro. Cierto, el canje de la piel blanca todavía existe, pero, también, tendrá que ser abolido por la acción directa. El sindicalismo, la arena económica del gladiador moderno, le debe su existencia a la acción directa. No fue hasta fechas recientes que la ley y el gobierno han tratado de aplastar el movimiento sindical y condenado a prisión por conspiradores, a los exponentes del derecho del hombre a organizarse. De haber tratado de lograr su causa rogando, alegando y pactando, los sindicatos serían hoy muy pocos. En Francia, en España, en Italia, en Rusia, hasta Inglaterra testimonia la creciente rebelión de las uniones laborales, la acción directa, revolucionaria, económica se ha convertido una fuerza tan poderosa en la lucha por la libertad industrial que ha conseguido que el mundo se de cuenta de la tremenda importancia del poder del trabajo. La huelga general, la expresión suprema de la conciencia económica de los trabajadores, fue ridiculizada en América hace poco. Hoy toda gran huelga, para ganar, debe darse cuenta de la importancia de la protesta general solidaria. La acción directa, habiendo probado su efectividad en las líneas económicas, es igualmente potente en el ambiente individual. Allí cientos de fuerzas avanzan sobre su ser y sólo la resistencia persistente frente a ellas finalmente lo libertará. La acción directa en contra de la autoridad en la tienda, acción directa en contra de la autori-

---

37 **N. del E.:** John Brown (9 de mayo de 1800 - 2 de diciembre de 1859) fue un destacado líder del movimiento abolicionista de Estados Unidos en las décadas anteriores a la Guerra Civil. Adquirió relevancia nacional en la década de 1850 por su abolicionismo radical y su participación en Bleeding Kansas, una serie de violentos enfrentamientos entre abolicionistas y partidarios de la esclavitud. En 1859, Brown dirigió un ataque contra la armería de Harpers Ferry en un intento de incitar a una rebelión de esclavos. Fue capturado, juzgado y ejecutado por el gobierno de la Commonwealth de Virginia por sus acciones, convirtiéndose en un mártir del movimiento abolicionista.

dad de la ley, acción directa en contra de la autoridad entrometida, invasiva de nuestro código moral, es el método lógico y consistente del Anarquismo.¿ Nos guiará éste a una revolución? Por supuesto, lo hará. Ningún cambio social ha venido sin una revolución. Las personas o no están familiarizadas con su historia, o todavía no han aprendido, que la revolución es el pensamiento llevado a la acción.

El anarquismo, la gran fermentación del pensamiento, está hoy imbricado en cada una de las fases del empeño humano. La ciencia, el arte, la literatura, el drama, el esfuerzo para un mejoramiento económico, de hecho toda oposición individual y social al desorden existente de las cosas, es iluminado por la luz espiritual del anarquismo. Es la filosofía de la soberanía del individuo. Es la teoría de la armonía social. Es el gran resurgimiento de la verdad viva que está reconstruyendo el mundo y nos anunciará el amanecer.

¿QUÉ ES LA PROPIEDAD?

Pierre-Joseph Proudhon

EL AUTOR

Pierre-Joseph Proudhon (Besanzón, 15 de enero de 1809 - Passy, 19 de enero de 1865) fue un teórico político, filósofo y revolucionario anarquista francés, considerado uno de los padres del anarquismo y el mutualismo. Proveniente de una familia de artesanos y campesinos, Proudhon trabajó en diversos oficios antes de convertirse en tipógrafo y más tarde en teórico político. Su educación autodidacta y su experiencia laboral influyeron profundamente en su pensamiento económico y social.

En 1840, Proudhon publicó su obra más famosa, *¿Qué es la propiedad?*, donde pronunció la célebre frase "La propiedad es un robo". Esta obra le ganó notoriedad y lo posicionó como un crítico feroz de la propiedad privada y el capitalismo, defendiendo la idea de que la propiedad socavaba los derechos fundamentales de libertad, igualdad y seguridad. Su pensamiento se caracteriza por una crítica constante al sistema económico y social de su tiempo, proponiendo el mutualismo como alternativa, donde la propiedad sería gestionada colectivamente por la comunidad.

Proudhon fue elegido diputado a la Asamblea Nacional tras la proclamación de la Segunda República en 1848. Desde su posición, criticó las propuestas reformistas y se opuso a la represión violenta de las revueltas populares, lo que le valió ser considerado un disidente en el medio republicano-burgués. Sus ideas se difundieron a través de su periódico *Le représentant du peuple*, influyendo en los estratos populares de París.

Durante su vida, Proudhon tuvo varios enfrentamientos con figuras prominentes como Karl Marx, quien criticó duramente sus ideas en *La miseria de la filosofía*. Proudhon también fue encarcelado y exiliado en varias ocasiones debido a sus críticas al gobierno y a la religión estatal. En prisión, escribió obras importantes como *La idea general de la revolución* y *Sobre la justicia en la revolución y en la iglesia*.

Proudhon desarrolló el concepto de federalismo integral en su obra *El principio federativo* (1863), proponiendo una descentralización tanto política como económica. Abogaba por la creación de federaciones de comunas autogobernadas y la puesta en manos de la comunidad local de los instrumentos de producción.

Falleció en Passy en 1865 y fue enterrado en el cementerio de Montparnasse en París. Su pensamiento, influido por la filosofía de la Ilustración y los socialistas utópicos, sigue siendo una referencia fundamental en la teoría anarquista y en el desarrollo de movimientos sociales y políticos alternativos.

¿QUÉ ES LA PROPIEDAD?

I

Método seguido en esta obra - esbozo de una revolución

Si tuviese que contestar la siguiente pregunta: ¿Qué es la esclavitud? Y respondiera en pocas palabras: Es el asesinato, mi pensamiento se aceptaría desde luego. No necesitaría de grandes razonamientos para demostrar que el derecho de quitar al hombre el pensamiento, la voluntad, la personalidad, es un derecho de vida y muerte, y que hacer esclavo a un hombre es asesinarle.

¿Por qué razón, pues, no puedo contestar a la pregunta qué es la propiedad, diciendo concretamente la propiedad es un robo, sin tener la certeza de no ser comprendido, a pesar de que esta segunda afirmación no es más que una simple transformación primera?

Me decido discutir el principio mismo de nuestro gobierno y de nuestras instituciones, la propiedad; estoy en mi derecho. Puedo equivocarme en la conclusión que de mis investigaciones resulte; estoy en mi derecho. Me place colocar el último pensamiento de mi libro en su primera página; estoy también en mi derecho.

Un autor enseña que la propiedad es un derecho civil, originado por la ocupación y sancionado por la ley; otro sostiene que es un derecho natural, que tiene por fuente el trabajo; y estas doctrinas tan antitéticas son aceptadas y aplaudidas con entusiasmo. Yo creo que ni el trabajo, ni la ocupación, ni la ley, pueden engendrar la propiedad, pues ésta es un efecto sin causa. ¿Se me puede censurar por ello? ¿Cuántos comentarios producirán estas afirmaciones?

¡La propiedad es el robo! ¡He ahí el toque de rebato del 93! ¡La turbulenta agitación de las revoluciones!

Tranquilízate, lector; no soy, ni mucho menos, un elemento de discordia, un instigador de sediciones. Me limito a anticiparme en algunos días a la historia; expongo una verdad cuyo esclarecimiento no es posible evitar. Escribo, en una palabra, el preámbulo de nuestra constitución futura. Esta definición que te parece peligrosísima, la propiedad es el robo, bastaría para conjurar el rayo de las pasiones populares si nuestras preocupaciones nos permitiesen comprenderla. Pero ¡cuántos intereses y prejuicios no se oponen a ello!... La filosofía no cambiará jamás el curso de los acontecimientos: el destino se cumplirá con independencia de la profecía. Por otra parte, ¿no hemos de procurar que la justicia se realice y que nuestra educación se perfeccione?

¡La propiedad es el robo!... ¡Qué inversión de ideas! Propietario y ladrón fueron en todo tiempo expresiones contradictorias, de igual modo que sus personas son entre sí antipáticas; todas las lenguas han consagrado esta antinomia. Ahora bien: ¿con qué autoridad podréis impugnar el asentimiento universal y dar un mentís a todo el género humano? ¿Quién sois para quitar la razón a los pueblos y a la tradición?

¿Qué puede importarte, lector, mi humilde personalidad? He nacido, como tú, en un siglo en que la razón no se somete sino al hecho y a la demostración; mi nombre, lo mismo que el tuyo, es buscador de la verdad[38]; mi misión está consignada en estas palabras de la ley: ¡habla sin odio y sin miedo di lo que sepas! La obra de la humanidad consiste en construir el templo de la ciencia, y esta ciencia comprende al hombre y a la Naturaleza. Pero la verdad se revela a todos, hoy a Newton y a Pascal, mañana al pastor en el valle, al obrero en el taller. Cada uno aporta su piedra al edificio y, una vez realizado su trabajo, desaparece. La eternidad nos precede, la eternidad nos sigue entre dos infinitos, ¿qué puede importar a nadie la situación de un simple mortal? Olvida, pues, lector, mi nombre y fíjate únicamente en mis razonamientos. Despreciando el consentimiento universal, pretendo rectificar el error universal; apelo a la conciencia del género humano, contra la opinión del género humano. Ten el valor de seguirme, y si tu voluntad es sincera, si tu conciencia es libre, si tu entendimiento sabe unir dos proposiciones para deducir una tercera, mis ideas llegarán infaliblemente a ser tuyas. Al empezar diciéndote mi última palabra, he querido advertirte, no incitarte; porque creo sinceramente que si me prestas tu atención obtendré tu asentimiento. Las cosas que voy a tratar son tan sencillas, tan evidentes, que te sorprenderá no haberlas advertido antes, y exclamarás: "No había reflexionado sobre ello". Otras obras te ofrecerán el espectáculo del genio apoderándose de los secretos de la Naturaleza y publicando sublimes pronósticos; en cambio, en estas páginas

---

38 N. del A. En griego skepticoos, examinador, filósofo que hace profesión de buscar la verdad.

únicamente encontrarás una serie de investigaciones sobre lo justo y sobre el derecho, una especie de comprobación, de contraste de tu propia conciencia. Serás testigo presencial de mis trabajos y no harás otra cosa que apreciar su resultado. Yo no forino escuela; vengo a pedir el fin del privilegio, la abolición de la esclavitud, la igualdad de derechos, el imperio de la ley. Justicia, nada más que justicia; tal es la síntesis de mi empresa; dejo a los demás el cuidado de ordenar el mundo.

Un día me he dicho: ¿Por qué tanto dolor y tanta miseria en la sociedad? ¿Debe ser el hombre eternamente desgraciado? Y sin fijarme en las explicaciones opuestas de esos arbitristas de reformas, que achacan la penuria general, unos a la cobardía e impericia del poder público, otros a las revoluciones y motines, aquéllos a la ignorancia y consunción generales; cansado de las interminables discusiones de la tribuna y de la prensa, he querido profundizar yo mismo la cuestión. He consultado a los maestros de la ciencia, he leído cien volúmenes de Filosofía, de Derecho, de Economía política e Historia... ¡y quiso Dios que viniera en un siglo en que se ha escrito tanto libro inútil! He realizado supremos esfuerzos para obtener informaciones exactas, comparando doctrinas, oponiendo a las objeciones las respuestas, haciendo sin cesar ecuaciones y reducciones de argumentos, aquilatando millares de silogismos en la balanza de la lógica más pura. En este penoso camino he comprobado varios hechos interesantes. Pero, es preciso decirlo, pude comprobar, desde luego, que nunca hemos comprendido el verdadero sentido de estas palabras tan vulgares como sagradas: Justicia, equidad, libertad; que acerca de cada uno de estos conceptos, nuestras ideas son completamente confusas, y que, finalmente, esta ignorancia es la única causa del pauperismo que nos degenera y de todas las calamidades que han afligido a la humanidad.

Antes de entrar en materia, es preciso que diga dos palabras acerca del método que voy a seguir. Cuando Pascal abordaba un problema de geometría, creaba un método para su solución. Para resolver un problema de filosofía es, asimismo, necesario un método. ¡Cuántos problemas de filosofía no superan, por la gravedad de sus consecuencias, a los de geometría! ¡Cuántos, por consiguiente, no necesitan con mayor motivo para su resolución un análisis profundo y severo!

Es un hecho ya indudable, según los modernos psicólogos, que toda percepción recibida en nuestro espíritu se determina en nosotros con arreglo a ciertas leyes generales de ese mismo espíritu. Amóldase, por decirlo así, a ciertas concepciones o tipos preexistentes en nuestro entendimiento que son a modo de condiciones de forma. De manera —afirman— que si el espíritu carece de ideas innatas, tiene por lo menos formas innatas. Así, por ejemplo, todo fenómeno es concebido por nosotros necesariamente en el tiempo y en el espacio; todos ellos nos hacen suponer una causa por la cual acaecen; todo cuanto existe implica las ideas de sustancia, de modo, de número, de relación, etc. En una palabra, no concebimos pensamiento alguno que no se refiera a los principios generales de la razón, límites de nuestro conocimiento.

Estos axiomas del entendimiento, añaden los psicólogos, estos tipos fundamentales a los cuales se adaptan fatalmente nuestros juicios y nuestras ideas, y que nuestras sensaciones no hacen más que poner al descubierto, se conocen en la ciencia con el nombre de categorías. Su existencia primordial en el espíritu está al presente demostrada; sólo falta construir el sistema y hacer una exacta relación de ellas. Aristóteles enumeraba diez; Kant elevó su número a quince; Cousin las ha reducido a tres, a dos, a una, y la incontestable gloria de este sabio será, si no haber descubierto la verdadera teoría de las categorías, haber comprendido al menos mejor que ningún otro la gran importancia de esta cuestión, la más trascendental y quizá la única de toda la metafísica.

Ante una conclusión tan grave me atemoricé, llegando a dudar de mi razón. ¡Cómo! —exclamé—, lo que nadie ha visto ni oído, lo que no pudo penetrar la inteligencia de los demás hombres, ¿has logrado tú descubrirlo? ¡Detente, desgraciado, ante el temor de confundir las visiones de tu cerebro enfermo con la realidad de la ciencia! ¿Ignoras que, según opinión de ilustres filósofos, en el orden de la moral práctica el error universal es contradicción? Resolví entonces someter a una segunda comprobación mis juicios, y como tema de mi nuevo trabajo, fijé las siguientes proposiciones: ¿Es posible que en la aplicación de los principios de la moral se haya equivocado unánimemente la humanidad durante tanto tiempo? ¿Cómo y por qué ha padecido ese error? ¿Y cómo podrá subsanarse éste siendo universal?

Estas cuestiones, de cuya solución hacía depender la certeza de mis observaciones, no resistieron mucho tiempo al análisis. En el capítulo V de este libro se verá que, lo mismo en moral que en cualquiera otra materia de conocimiento, los mayores errores son para nosotros grados de la ciencia; que hasta en actos de justicia, equivocarse es un privilegio que ennoblece al hombre, y en cuanto al mérito filosófico que pudiera caberme, que este mérito es infinitamente pequeño. Nada significa dar un nombre a las cosas: lo maravilloso sería conocerlas antes de que existiesen. Al expresar una idea que ha llegado a su término, una idea que vive en todas las inteligencias, y que mañana será proclamada por otro si yo no la hiciese pública hoy, solamente me corresponde la prioridad de la expresión. ¿Acaso se dedican alabanzas a quien vio por primera vez despuntar el día?

Todos los hombres, en efecto, creen y sienten que la igualdad de condiciones es idéntica a la igualdad de derechos: que propiedad y robo son términos sinónimos; que toda preeminencia social otorgada, o mejor dicho, usurpada so pretexto de superioridad de talento y de servicio, es iniquidad y latrocinio: todos los hombres, afirmo yo, poseen estas verdades en la intimidad de su alma; se trata simplemente de hacer que las adviertan.

Confieso que no creo en las ideas innatas ni en las formas o leyes innatas de nuestro entendimiento, y considero la metafísica de Reid y de Kant aún más alejada de la verdad que la de Aristóteles. Sin embargo, como no pretendo hacer aquí una crítica de la razón (pues exigiría un extenso trabajo que al público no interesaría gran cosa), admitiré en hipótesis que nuestras ideas más generales y más necesarias, como las del tiempo, espacio, sustancia y causa, existen primordialmente en el espíritu, o que, por lo menos, derivan inmediatamente de su constitución.

Pero es un hecho psicológico no menos cierto, aunque poco estudiado todavía por los filósofos, que el hábito, como una segunda naturaleza, tiene el poder de sugerir al entendimiento nuevas formas categóricas, fundadas en las apariencias de lo que percibimos, y por eso mismo, desprovistas, en la mayor parte de los casos, de realidad objetiva. A pesar de esto ejercen sobre nuestros juicios una influencia no menos predeterminante que las primeras categorías. De suerte que enjuiciamos, no sólo con arreglo a las leyes eternas y absolutas de nuestra razón, sino también conforme a las reglas secundarias, generalmente equivocadas, que la observación de las cosas nos sugiere. Esa es la fuente más fecunda de los falsos prejuicios y la causa permanente y casi siempre invencible de multitud de errores. La preocupación que de esos errores resulta es tan arraigada que, frecuentemente, aún en el momento en que combatimos un principio que nuestro espíritu tiene por falso, y nuestra conciencia rechaza, lo defendemos sin advertirlo, razonamos con arreglo a él; lo obedecemos atacándole. Preso en un círculo, nuestro espíritu se revuelve sobre sí mismo, hasta que una nueva observación, suscitando en nosotros nuevas ideas, nos hace descubrir un principio exterior que libera a nuestra imaginación del fantasma que la había ofuscado. Así, por ejemplo, se sabe hoy que por las leyes de un magnetismo universal, cuya causa es aún desconocida, dos cuerpos, libres de obstáculos, tienden a reunirse por una fuerza de impulsión acelerada que se llama gravedad. Esta fuerza es la que hace caer hacia la tierra los cuerpos faltos de apoyo, la que permite pesarlos en la balanza y la que nos mantiene sobre el suelo que habitamos. La ignorancia de esta causa fue la única razón que impedía a los antiguos creer en los antípodas. "¿Cómo no comprendéis —decía San Agustín, después de Lactancio— que si hubiese hombres bajo nuestros pies tendrían la cabeza hacia abajo y caerían en el cielo?". El obispo de Hipona, que creía que la tierra era plana porque le parecía verla así, suponía en consecuencia que si del cénit al nadir de distintos lugares se trazasen otras tantas líneas rectas, estas líneas serían parábolas entre sí, y en la misma dirección de estas líneas suponía todo el movimiento de arriba abajo. De ahí deducía forzosamente que las estrellas están pendientes como antorchas movibles de la bóveda celeste; que en el momento en que perdieran su apoyo, caerían sobre la tierra como lluvia de fuego; que la tierra es una tabla inmensa, que constituye la parte inferior del mundo, etc. Si se le hubiera preguntado quién sostiene la tierra, habría respondido que no lo sabía, pero que para Dios nada hay imposible. Tales eran, con relación al espacio y al movimiento, las ideas de San Agustín, ideas que le imponía un prejuicio originado por la apariencia, pero que había llegado a ser para él una regla general y categórica de juicio. En cuanto a la causa verdadera de la caída de los cuerpos, su espíritu la ignoraba totalmente; no podía dar más razón que la de que un cuerpo cae porque cae.

Para nosotros, la idea de la caída es más compleja y a las ideas generales de espacio y de movimiento, que aquélla impone, añadimos la de atracción o de dirección hacia un centro, la cual deriva de la idea superior de causa. Pero si la física lleva forzosamente nuestro juicio a tal conclusión, hemos conservado, sin embargo, en el uso, el prejuicio de San Agustín, y cuando decimos que una cosa se ha caído, no entendemos simplemente y en general que se trata de un efecto de la ley de gravedad, sino que especialmente y en particular imaginamos que ese movimiento se ha dirigido hacia la tierra y de arriba abajo. Nuestra razón se ha esclarecido, la imaginación la corrobora, y sin embargo, nuestro lenguaje es incorregible. Descender del cielo no es, en realidad, una expresión más cierta que subir al cielo, y esto no obstante, esa expresión se conservará todo el tiempo que los hombres se sirvan del lenguaje.

Todas estas expresiones arriba, abajo, descender del cielo, caer de las nubes, no ofrecen de aquí en adelante peligro alguno, porque sabemos rectificarlas en la práctica. Pero conviene tener en cuenta cuánto han hecho retrasar los progresos de la ciencia. Poco importa, en efecto, en la estadística, en la mecánica, en la hidrodinámica, en la balística, que la verdadera causa de la caída de los cuerpos sea o no conocida, y que sean exactas las ideas sobre la dirección general del espacio; pero ocurre lo contrario cuando se trata de explicar el sistema del mundo, la causa de las mareas, la figura de la tierra y su posición en el espacio. En todas estas cuestiones se precisa salir de la esfera de las apariencias. Desde la más remota antigüedad han existido ingenieros y mecánicos, arquitectos excelentes y hábiles; sus errores acerca de la redondez del planeta y de la gravedad de los cuerpos no impedían el progreso de su arte respectivo; la solidez de los edificios y la precisión de los disparos no eran menores por esa causa. Pero más o menos pronto habían de presentarse fenómenos que el supuesto paralelismo de todas las perpendiculares levantadas sobre la superficie de la tierra no podía explicar; entonces debía comenzar una lucha entre los prejuicios que por espacio de los siglos bastaban a la práctica diaria y las novísimas opiniones que el testimonio de los sentidos parecía contradecir.

Hay que observar cómo los juicios más falsos, cuando tienen por fundamento hechos aislados o simples apariencias, contienen siempre un conjunto de realidades que permite razonar un determinado número de inducciones, sobrepasado el cual se llega al absurdo. En las ideas de San Agustín, por ejemplo, era cierto que los cuerpos caen hacia la tierra, que su caída se verifica en línea recta, que el sol o la tierra se pone, que el cielo o la tierra se mueve, etc. Estos hechos generales siempre han sido verdaderos; nuestra ciencia no ha inventado nada. Pero, por otra parte, la necesidad de encontrar las causas de las cosas nos obliga a descubrir principios cada vez más generales. Por esto ha habido que abandonar sucesivamente, primero la opinión de que la tierra es plana, después la teoría que la supone inmóvil en el sentir del universo, etc.

Si de, la naturaleza física pasamos al mundo moral, nos encontramos sujetos en él a las mismas decepciones de la apariencia, a las mismas influencias de la espontaneidad y de la costumbre. Pero lo que distingue esta segunda parte del sistema de nuestros conocimientos es, de un lado, el bien o el mal que de nuestras propias opiniones nos resulta, y, de otro, la obstinación con que defendemos el prejuicio que nos atormenta y nos mata.

Cualquiera que sea el sistema que aceptemos sobre la gravedad de los cuerpos y la figura de la tierra, la física del globo no se altera; y en cuanto a nosotros, la economía social no puede recibir con ello daño ni perjuicio. En cambio, las leyes de nuestra naturaleza moral se cumplen en nosotros y por nosotros mismos; y, por lo tanto, estas leyes no pueden realizarse sin nuestra reflexiva colaboración, y de consiguiente, sin que las conozcamos. De aquí se deduce que, si nuestra ciencia de leyes morales es falsa, es evidente que al desear nuestro bien, realizamos nuestro mal. Si es completa, podrá bastar por algún tiempo nuestro progreso social, pero a la larga nos hará emprender derroteros equivocados, y, finalmente, nos precipitará en un abismo de desdichas.

En ese momento se hacen indispensables nuevos conocimientos, los cuales, preciso es decirlo para gloria nuestra, no han faltado jamás, pero también comienza una lucha encarnizada entre los vicios prejuicios y las nuevas ideas. ¡Días de conflagración y de angustia! Se recuerdan los tiempos en que con las mismas creencias e instituciones que se impugnan, todo el mundo parecía dichoso; ¿cómo recusar las unas, cómo proscribir las otras? No se quiere comprender que ese período feliz sirvió precisamente para desenvolver el principio del mal que la sociedad encubría, se acusa a los hombres y a los dioses, a los poderosos de la tierra y a las fuerzas de la Naturaleza. En vez de buscar la causa del mal en su inteligencia y su corazón, el hombre la imputa a sus maestros, a sus rivales, a sus vecinos, a él mismo. Las naciones se arman, se combaten, se exterminan hasta que, mediante una despoblación intensa, el equilibrio se restablece y la paz renace entre las cenizas de las víctimas. ¡Tanto repugna a la humanidad alterar las costumbres de los antepasados, cambiar las leyes establecidas por los fundadores de las ciudades y confirmadas por el transcurso de los siglos!

Nihil motum ex antiquo probabile est: "Desconfiad de toda innovación", escribía Tito Livio. Sin duda sería preferible para el hombre no tener necesidad nunca de alteraciones; pero si ha nacido ignorante, si su condición exige una instrucción progresiva, ¿habrá de renegar de su inteligencia, abdicar de su razón y abandonarse a la suerte? La salud completa es mejor que la convalecencia. ¿Pero es éste un motivo para que el enfermo no intente su curación? "¡Reforma, reforma!", exclamaron en otro tiempo Juan Bautista y Jesucristo. "¡Reforma, reforma!", pidieron nuestros padres hace cincuenta años, y nosotros seguiremos pidiendo por mucho tiempo todavía ¡reforma, reforma!

He sido testigo de los dolores de mi siglo, y he pensado que entre todos los principios en que la sociedad se asienta, hay uno que no comprende, que su ignorancia ha viciado y es causa de todo el mal. Este principio es el más antiguo de todos, porque las revoluciones sólo tienen eficacia para derogar los principios más modernos, mientras confirman los más antiguos. Por lo tanto, el mal que nos daña es anterior a todas las revoluciones. Este principio, tal como nuestra ignorancia lo ha establecido, es reverenciado y codiciado por todos, pues de no ser así, nadie abusaría de él y carecería de influencia.

Pero este principio, verdadero en su objeto, falso en cuanto a nuestra manera de comprenderlo, este principio tan antiguo como la humanidad, ¿cuál es? ¿Será la religión?

Todos los hombres creen en Dios; este dogma corresponde a la vez a la conciencia y a la razón. Dios es para la humanidad un hecho tan primitivo, una idea tan fatal, un principio tan necesario como para nuestro entendimiento lo son las ideas categóricas de causa, de sustancia, de tiempo y de espacio. A Dios nos lo muestra nuestra propia conciencia con anterioridad a toda inducción del entendimiento, de igual modo que el testimonio de los sentidos nos prueba la existencia del sol, anticipándose a todos los razonamientos de la física. La observación y la experiencia nos descubren los fenómenos y sus leyes. El sentido interno sólo nos revela el hecho de su existencia. La humanidad cree que Dios existe, pero ¿qué es lo que cree al decir Dios? En una palabra, ¿qué es Dios?

La noción de la divinidad, noción primitiva, unánime, innata en nuestra especie, no está determinada todavía por la razón humana. A cada paso que avanzamos en el conocimiento de la Naturaleza y de sus causas, la idea de Dios se agranda y eleva. Cuanto más progresa la ciencia del hombre, más grande y más alejado le parece Dios. El antropomorfismo y la idolatría fueron consecuencia necesaria de la juventud de las inteligencias, una teología de niños y de poetas. Error inocente, si no se hubiese querido hacer de él una norma obligatoria de conducta, en vez de respetar la libertad de creencias. Pero el hombre, después de haber creado un Dios a su imagen, quiso apropiárselo; no contento con desfigurar al Ser Supremo, lo trató como un patrimonio, su bien, su cosa. Dios, representado bajo formas monstruosas, vino a ser en todas partes propiedad del hombre y del Estado. Este fue el origen de la corrupción de las costumbres por la religión y la fuente de los odios religiosos y las guerras sagradas. Al fin, hemos sabido respetar las creencias de cada uno y buscar la regla de las costumbres fuera de todo culto religioso. Esperamos sabiamente, para determinar la naturaleza y los atributos de Dios, los dogmas de la teología, el destino del alma, etc., que la ciencia nos diga lo que debemos olvidar y lo que debemos creer. Dios, alma, religión, son materias constantes de nuestras infatigables meditaciones y nuestros funestos extravíos, problemas difíciles, cuya solución, siempre intentada, queda siempre incompleta. Sobre todas estas cosas todavía podemos equivocarnos, pero al menos nuestro error no tiene influencia. Con la libertad de cultos y la separación de lo espiritual y lo temporal, la influencia de las ideas religiosas en la evolución social es puramente negativa, mientras no dependan de la religión las leyes y las instituciones políticas y civiles. El olvido de los deberes religiosos puede favorecer la corrupción general, pero no es la causa eficiente de ella, sino un complemento o su derivado. Sobre todo, en la cuestión de que se trata (y esta observación es decisiva) la causa de desigualdad de condiciones entre los hombres, del pauperismo, del sufrimiento universal, de la confusión de los gobiernos no puede ser atribuida a la religión; es preciso remontarse más alto e investigar con mayor profundidad.

¿Qué hay, pues, en el hombre más antiguo y más arraigado que el sentimiento religioso? El hombre mismo, es decir, la voluntad y la conciencia, el libre albedrío y la ley, colocados en antagonismo perpetuo. El hombre vive en guerra consigo mismo. ¿Por qué? "El hombre —dicen los teólogos— ha pecado en su origen; su raza es culpable de una antigua prevaricación. Por esa falta, la humanidad ha degenerado; el error y la ignorancia han llegado a ser sus inevitables frutos. Leyendo la historia, encontraréis en todos los tiempos la prueba de esta necesidad del mal en la permanente miseria de las naciones. El hombre sufre y sufrirá siempre; su enfermedad es hereditaria y constitucional. Usad paliativos, emplead emolientes; no hoy remedio eficaz".

Este razonamiento no sólo es propio de los teólogos; se encuentra en términos semejantes en los escritos de los filósofos materialistas, partidarios de una indefinida perfectibilidad. Destutt de Tracy[39] asegura formalmente

---

39 **N. del E.**: Antoine-Louis-Claude Destutt, marqués de Tracy (París, 20 de julio de 1754 - 9 de marzo de 1836), acuñó el término "ideología" en 1801, durante la Revolución Francesa, para referirse a la "ciencia de las ideas" que engloba los estados de conciencia. Propuso estudiar las ideas como fenómenos naturales que expresan la relación entre el hombre y su entorno, creyendo que ello podría conducir al conocimiento de la verdadera naturaleza humana. Su obra generó conflictos con Napoleón, que prohibió la enseñanza de las Ciencias Morales y Políticas y acusó a De Tracy y a otros profesores de oponerse a su gobierno. De Tracy defendió la división de poderes, la libertad política y la libertad de prensa, influyó en el positivismo de Auguste Comte y tuvo discípulos como Stendhal y Charles Augustin Sainte-Beuve.

que el pauperismo, los crímenes, la guerra, son condición inevitable de nuestro estado social, un mal necesario contra el cual sería una locura rebelarse. De aquí que necesidad del mal y perversidad originaria sean el fondo de una misma filosofía.

"El primer hombre ha pecado". Si los creyentes interpretasen fielmente la Biblia, dirían: El hombre en un principio peca, es decir, se equivoca; porque pecar, engañarse, equivocarse, es una misma cosa. "Las consecuencias del pecado de Adán se transmiten a su descendencia". En efecto, la ignorancia es original en la especie como en el individuo; pero en muchas cuestiones, aún en el orden moral y político, esta ignorancia de la especie ha desaparecido. ¿Quién puede afirmar que no cesará en todas las demás? El género humano progresa de continuo hacia la verdad, y triunfa incesantemente la luz sobre las tinieblas. Nuestro mal no es, pues, absolutamente incurable, y la explicación de los teólogos se reduce a esta vacuidad: "El hombre se equivoca porque se equivoca". Es preciso decir, por el contrario: "El hombre se equivoca porque aprende". Por tanto, si el hombre puede llegar a saber todo lo necesario, hay posibilidad de creer que equivocándose más dejaría de sufrir.

Si preguntamos a los doctores de esta ley que, según se dice, está grabada en el corazón del hombre, pronto veríamos que disputan acerca de ella sin saber cuál sea. Sobre los más importantes problemas, hay casi tantas opiniones como autores. No hay dos que estén de acuerdo sobre la mejor forma de gobierno, sobre el principio de autoridad, sobre la naturaleza del derecho; todos navegan al azar en un mar sin fondo ni orillas, abandonados a la inspiración de su sentido particular que modestamente toman por la recta razón; y en vista de este caos de opiniones contradictorias, decimos: El objeto de nuestras investigaciones es la ley, la determinación del principio social; mas los políticos, es decir, los que se ocupan en la ciencia social, no llegan a entenderse; luego es en ellos donde está el error; y como todo error tiene una realidad por objeto, en sus propios libros debe encontrarse la verdad, consignada en sus páginas a pesar suyo.

Pero ¿de qué se ocupan los jurisconsultos y los publicistas? De justicia, de equidad, de libertad, de la ley natural, de las leyes civiles, etc. ¿Y qué es la justicia? ¿Cuál es su principio, su carácter, su fórmula? A esta pregunta, nuestros doctores no tienen nada que responder, pues si así no fuese, su ciencia, fundada en principio positivo y cierto, saldría de su eterno probabilismo y acabarían todos los debates.

¿Qué es la justicia? Los teólogos contestan: "Toda justicia viene de Dios". Esto es cierto, pero nada enseña.

Los filósofos deberían estar mejor enterados después de disputar tanto sobre lo justo y lo injusto. Desgraciadamente, la observación prueba que su saber se reduce a la nada; les sucede lo mismo que a los salvajes, que, por toda plegaria, saludan al sol gritando: ¡oh!, ¡oh! Esta es una exclamación de admiración, de amor, de entusiasmo; pero quien pretenda saber qué es el sol, obtendrá poca luz de la interjección "¡oh!". La justicia, dicen los filósofos, es hija del cielo, luz que ilumina a todo hombre al venir al mundo, la más hermosa prerrogativa de nuestra naturaleza, lo que nos distingue de las bestias y nos hace semejantes a Dios, y otras mil cosas parecidas. ¿Y a qué se reduce, pregunto, esta piadosa letanía? A la plegaria de los salvajes: "¡oh!".

Lo más razonable de lo que la sabiduría humana ha dicho respecto de la justicia, se contiene en este famoso principio: Haz a los demás lo que deseas para ti; no hagas a los demás lo que para ti no quieras. Pero esta regla de moral práctica nada vale para la ciencia; ¿cuál es mi derecho a los actos u omisiones ajenos? Decir que mi deber es igual a mi derecho, no es decir nada; hay que explicar al propio tiempo cuál es este derecho.

Intentemos averiguar algo más preciso y positivo. La justicia es el fundamento de las sociedades, el eje a cuyo alrededor gira el mundo político, el principio y la regla de todas las transacciones. Nada se realiza entre los hombre sino en virtud del derecho, sin la invocación de la justicia. La justicia no es obra de la ley; por el contrario, la ley no es más que una declaración y una aplicación de lo justo en todas las circunstancias en que los hombres pueden hallarse con relación a sus intereses. Por tanto, si la idea que concebimos de lo justo y del derecho está mal determinada, es evidente que todas nuestras aplicaciones legislativas serán desastrosas, nuestras instituciones viciosas, nuestra política equivocada, y, por tanto, que habrá por esa causa desorden y malestar social.

Esta hipótesis de la perversión de la idea de justicia en nuestro entendimiento y, por consecuencia, necesaria en nuestros actos, será un hecho evidente si las opiniones de los hombres, relativas al concepto de justicia y a sus aplicaciones, no han sido constantes, si en diversas épocas han sufrido modificaciones; en una palabra, si ha habido progresos en las ideas. Y a este propósito he aquí lo que la historia enseña con irrecusables testimonios.

Hace diez y ocho siglos, el mundo, bajo el imperio de los Césares, se consumía en la esclavitud, en la superstición y en la voluptuosidad. El pueblo, embriagado por continuas bacanales, había perdido hasta la noción del derecho y del deber; la guerra y la orgía le diezmaban sin interrupción; la usura y el trabajo de las máquinas, es decir, de los esclavos, arrebatándoles los medios de subsistencia, le impedían reproducirse. La barbarie renacía de esta inmensa corrupción, extendiéndose como lepra devoradora por las provincias despobladas. Los sabios predecían el fin del imperio, pero ignoraban los medios de evitarlo. ¿Qué podían pensar para esto? En aquella sociedad envejecida era necesario suprimir lo que era objeto de la estimación y de la veneración públicas, abolir los derechos consagrados por una justicia diez veces secular. Se decía: "Roma ha vencido por su política y por sus dioses; toda reforma, pues, en el culto y en la opinión pública, sería una locura y un sacrilegio. Roma, clemente para las naciones vencidas, al regalarles las cadenas, les hace gracia de la vida; los esclavos son la fuente más fecunda de sus riquezas; la manumisión de los pueblos sería la negación de sus derechos y la ruina de sus haciendas. Roma, en fin, entregada a los placeres y satisfecha hasta la hartura con los despojos del Universo, usa de la victoria y de la autoridad, su lujo y sus concupiscencias son el precio de sus conquistas: no puede abdicar ni desposeerse de ellas". Así comprendía Roma en su beneficio el hecho y el derecho. Sus pretensiones estaban justificadas por la costumbre y por el derecho de gentes. La idolatría en la religión, la esclavitud en el Estado, el materialismo en la vida privada, eran el fundamento de sus instituciones. Alterar esas bases equivalía a conmover la sociedad en sus propios cimientos, y según expresión moderna, a abrir el abismo de las revoluciones. Nadie concebía tal idea, y entretanto la humanidad se consumía en la guerra y en la lujuria.

Entonces apareció un hombre llamándose Palabra de Dios. Ignórase todavía quién era, de donde venía y quién le había inspirado sus ideas. Predicaba por todas partes que la sociedad estaba expirante; que el mundo iba a transformarse; que los maestros eran falaces, los jurisconsultos ignorantes, los filósofos hipócritas embusteros; que el señor y el esclavo eran iguales; que la usura y cuanto se le asemeja era un robo; que los propietarios y concupiscentes serían atormentados algún día con fuego eterno, mientras los pobres de espíritu y los virtuosos habitarían en un lugar de descanso. Afirmaba, además, otras muchas cosas no menos extraordinarias.

Este hombre, Palabra de Dios, fue denunciado y preso como enemigo del orden social por los sacerdotes y los doctores de la ley, quienes tuvieron la habilidad de hacer que el pueblo pidiese su muerte. Pero este asesinato jurídico no acabó con la doctrina que Jesucristo había predicado. A su muerte, sus primeros discípulos se repartieron por todo el mundo, predicando la buena nueva, formando a su vez millones de propagandistas, que morían degollados por la espada de la justicia romana, cuando ya estaba cumplida su misión. Esta propaganda obstinada, verdadera lucha entre verdugos y mártires, duró casi trescientos años, al cabo de los cuales se convirtió el mundo. La idolatría fue aniquilada, la esclavitud abolida, la disolución reemplazada por costumbres austeras; el desprecio de la riqueza llegó alguna vez hasta su absoluta renuncia. La sociedad se salvó por la negación de sus principios, por el cambio de la religión y la violación de los derechos más sagrados. La idea de lo justo adquirió en esta revolución una extensión hasta entonces no sospechada siquiera, que después ha sido olvidada. La justicia sólo había existido para los señores[40]; desde entonces comenzó a existir para los siervos.

Pero la nueva religión no dio todos sus frutos. Hubo alguna mejora en las costumbres públicas, alguna templanza en la tiranía; pero en los demás, la semilla del Hijo del hombre cayó en corazones idólatras, y sólo produjo una mitología semipoética e innumerables discordias. En vez de atenerse a las consecuencias prácticas de los principios de moral y de autoridad que Jesucristo había proclamado, se distrajo el ánimo en especulaciones sobre su nacimiento, su origen, su persona y sus actos. Se comentaron sus parábolas, y de la oposición de las opiniones más extravagantes sobre cuestiones irresolubles, sobre textos incomprensibles, nació la Teología, que se puede definir como la ciencia de lo infinitamente absurdo.

La verdad cristiana no traspasa la edad de los apóstoles. El Evangelio, comentado y simbolizado por los griegos y latinos, adicionado con fábulas paganas, llegó a ser, tomado a la letra, un conjunto de contradicciones, y hasta la fecha el reino de la Iglesia infalible ha sido el de las tinieblas. Dícese que las puertas del infierno no prevalecerán; que la Palabra de Dios se oirá nuevamente, y que, por fin, los hombres conocerán la verdad y la justicia; pero en el

---

40 La religión, las leyes, el matrimonio, eran privilegios en Roma de los hombres libres, y, en un principio, solamente de los nobles. Del majorum gentium, dioses de las familias patricias: sus gentium, derecho de gentes, es decir, de las familias o de los nobles. El esclavo y el plebeyo no constituían familia. Sus hijos eran considerados como cría de los animales. Bestias nacían y como bestias habían de vivir.

momento en que esto sucediera acabaría el catolicismo griego y romano, de igual modo que a la luz de la ciencia desaparecen las sombras del error.

Los monstruos que los sucesores de los apóstoles estaban encargados de exterminar, repuestos de su derrota, reaparecieron poco a poco, merced al fanatismo imbécil y a la conveniencia de los clérigos y de los teólogos. La historia de la emancipación de los municipios en Francia presenta constantemente la justicia y la libertad infiltrándose en el pueblo, a pesar de los esfuerzos combinados de los reyes, de la nobleza y del clero. En 1789 después de Jesucristo, la nación francesa, dividida en castas, pobre y oprimida, vivía sujeta por la triple red del absolutismo real, de la tiranía de los señores y de los parlamentos y de la intolerancia sacerdotal. Existían el derecho del rey y el derecho del clérigo, el derecho del noble y el derecho del siervo; había privilegios de sangre, de provincia, de municipios, de corporaciones y de oficios. En el fondo de todo esto imperaban la violencia, la inmoralidad, la miseria. Ya hacía algún tiempo que se hablaba de reforma; los que la deseaban sólo en apariencia, no la invocaban, sino en provecho personal, y el pueblo, que debía ganarlo todo, desconfiaba de tales proyectos y callaba. Por largo tiempo, el pobre pueblo, ya por recelo, va por incredulidad, ya por desesperación, dudó de sus derechos. El hábito de servidumbre parecía haber acabado con el valor de las antiguas municipalidades, tan soberbias en la Edad Media.

Un libro apareció al fin, cuya síntesis se contiene en estas dos proposiciones: ¿Qué es el tercer estado? Nada. ¿Qué debe ser? Todo. Alguien añadió por vía de comentario: ¿Qué es el rey? Es el mandatario del pueblo.

Esto fue como una revelación súbita; rasgóse un tupido velo, y la venda cayó de todos los ojos. El pueblo se puso a razonar: "Si el rey es nuestro mandatario, debe rendir cuentas. Si debe rendir cuentas, está sujeto a intervención. Si puede ser intervenido, es responsable. Si es responsable, es justificable. Si es justificable, lo es según sus actos. Si debe ser castigado según sus actos, puede ser condenado a muerte".

Cinco años después de la publicación del folleto de Sieyes[41], el tercer estado lo era todo; el rey, la nobleza, el clero, no eran nada. En 1793, el pueblo, sin detenerse ante la ficción constitucional de la inviolabilidad del monarca llevó

---

41 N. del E.: *"Qu'est-ce que le tiers état?"* (¿Qué es el Tercer Estado?) es un panfleto escrito por Emmanuel Joseph Sieyès en enero de 1789. Este influyente texto sostenía que el Tercer Estado, que representaba a la inmensa mayoría de la población francesa, era la parte más esencial y productiva de la nación, a pesar de estar políticamente infrarrepresentado y económicamente explotado. Sieyès proclamaba: "El Tercer Estado lo es todo; ¿qué ha sido hasta ahora en el orden político? Nada. ¿Qué pide? Ser algo". Este

al cadalso a Luis XVI, y en 1830 acompañó a Cherburgo a Carlos X. En uno y otro caso pudo equivocarse en la apreciación del delito, lo cual constituiría un error de hecho; pero en derecho, la lógica que le impulsó fue irreprochable. Es ésta una aplicación del derecho común, una determinación solemne de la justicia penal[42].

El espíritu que animó el movimiento de 1789 fue un espíritu de contradicción. Esto basta para demostrar que el orden de cosas que sustituyó el antiguo no respondió a método alguno ni estuvo meditado. Nacido de la cólera y del odio, no podía ser efecto de una ciencia fundada en la observación y en el estudio, y las nuevas bases no fueron deducidas de un profundo conocimiento de las leyes de la Naturaleza y de la sociedad. Obsérvase también, en las llamadas instituciones nuevas, que la república conservó los mismos principios que había combatido y la influencia de todos los prejuicios que había intentado proscribir. Y aún se habla, con inconsciente entusiasmo, de la gloriosa Revolución francesa, de la regeneración de 1789, de las grandes reformas que se acometieron, de las instituciones... ¡Mentira! ¡Mentira!

Cuando, acerca de cualquier hecho físico, intelectual o social, nuestras ideas cambian radicalmente a consecuencia de observaciones propias, llamo a este movimiento del espíritu, revolución; si solamente ha habido extensión o modificación de nuestras ideas, progreso. Así, el sistema de Ptolomeo fue un progreso en astronomía, el de Copérnico una revolución. De igual modo en 1789 hubo lucha y progreso; pero no ha habido revolución. El examen de las reformas que se ensayaron lo demuestra.

El pueblo, víctima por tanto tiempo del egoísmo monárquico, creyó librarse de él para siempre declarándose a sí mismo soberano. Pero ¿qué era la monarquía? La soberanía de un hombre. Y ¿qué es la democracia? La soberanía del pueblo, o mejor dicho, de la mayoría nacional. Siempre la soberanía del hombre en lugar de la soberanía de la ley, la soberanía de la voluntad en vez de la soberanía de la razón; en una palabra, las pasiones en sustitución del derecho. Cuando un pueblo pasa de la monarquía a la democracia, es indudable que hay progreso, porque al multiplicarse el soberano, existen más

---

panfleto desempeñó un papel crucial en la inspiración de la Revolución Francesa y la formación de la Asamblea Nacional Constituyente.

42 **N. del A.:** Si el jefe del Poder Ejecutivo es responsable, los diputados deben serlo también. Es asombroso que esta idea no se le ocurriese jamás a nadie; sería tema para una tesis interesante. Pero declaro que, por nada del mundo, yo quisiera sostenerla: el pueblo es todavía demasiado gran típico para que yo le dé materia para extraer algunas consecuencias.

probabilidades de que la razón prevalezca sobre la voluntad: pero el caso es que no se realiza revolución en el gobierno y que subsiste el mismo principio. Ahora bien, nosotros tenemos la prueba hoy de que con la democracia más perfecta se puede no ser libre[43].

Y no es esto todo: el pueblo rey no puede ejercer la soberanía por sí mismo: está obligado a delegarla en los encargados del poder. Esto es lo que le repiten asiduamente aquellos que buscan su beneplácito. Que estos funcionarios sean cinco, diez, ciento, mil, ¿qué importa el número ni el nombre? Siempre será el gobierno del hombre, el imperio de la voluntad y del favor.

Se sabe, además, cómo fue ejercida esta soberanía, primero por la Convención, después por el Directorio, más tarde por el Cónsul. El Emperador, el gran hombre tan querido y llorado por el pueblo, no quiso arrebatársela jamás; pero como si hubiera querido burlarse de tal soberanía, se atrevió a pedirle su sufragio, es decir, su abdicación, la abdicación de esa soberanía inalienable, y lo consiguió.

Pero ¿qué es la soberanía? Dícese que es el poder de hacer las leyes. Otro absurdo, renovado por el despotismo. El pueblo, que había visto a los reyes fundar sus disposiciones en la fórmula porque tal es mi voluntad, quiso a su vez conocer el placer de hacer las leyes. En los cincuenta años que median desde la Revolución a la fecha ha promulgado millones de ellas, y siempre, no hay que olvidarlo, por obra de sus representantes. Y el juego no está aún cerca de su término.

Por lo demás, la definición de la soberanía se deducía de la definición de la ley. La ley, se decía, es la expresión de la voluntad del soberano, luego, en una monarquía, la ley es la expresión de la voluntad del rey; en una república, la ley es la expresión de la voluntad del pueblo. Aparte de la diferencia del número de voluntades, los dos sistemas son perfectamente idénticos; en uno y otro el error es el mismo: afirmar que la ley es expresión de una voluntad, debiendo ser la expresión de un hecho. Sin embargo, al frente de la opinión iban guías expertos: se había tomado al ciudadano de Ginebra, Rousseau, por profeta, y el Contrato social por Corán.

La preocupación y el prejuicio se descubren a cada paso en la retórica de los nuevos legisladores. El pueblo había sido víctima de una multitud de

---

43 N. del A.: Véase Tocqueville, De la Démocratie aux Etats-Unis, y Michel Chevallier, Lettres sur l'Amérique du Nord. Se ve en Plutarco, Vida de Pericles, que en Atenas las gentes honradas estaban obligadas a ocultarse para instruirse, por miedo a aparecer como aspirantes a la tiranía.

exclusiones y de privilegios; sus representantes hicieron en su obsequio la declaración siguiente: Todos los hombres son iguales por la Naturaleza y ante la ley; declaración ambigua y redundante. Los hombres son iguales por la Naturaleza: ¿quiere significarse que tienen todos una misma estatura, iguales facciones, idéntico genio y análogas virtudes? No; solamente se ha pretendido designar la igualdad política y civil. Pues en ese caso bastaba haber dicho: todos los hombres son iguales ante la ley.

Pero ¿qué es la igualdad ante la ley? Ni la Constitución de 1790, ni la del 93, ni las posteriores, han sabido definirla. Todas suponen una desigualdad de fortunas y de posición, a cuyo lado no puede haber posibilidad de una igualdad de derechos. En cuanto a este punto, puede afirmarse que todas nuestras Constituciones han sido la expresión fiel de la voluntad popular; y voy a probarlo.

En otro tiempo el pueblo estaba excluido de los empleos civiles y militares. Se creyó hacer una gran cosa insertando en la Declaración de los derechos del hombre este artículo altisonante: "Todos los ciudadanos son igualmente admisibles a los cargos públicos: los pueblos libres no reconocen más motivos de preferencia en sus individuos que la virtud y el talento".

Mucho se ha celebrado una frase tan hermosa, pero afirmo que no lo merece. Porque, o yo no la entiendo, o quiere decir que el pueblo soberano, legislador y reformista, sólo ve en los empleos públicos la remuneración consiguiente y las ventajas personales, y que sólo estimándoles como fuentes de ingresos, establece la libre admisión de los ciudadanos. Si así no fuese, si éstos nada fueran ganando, ¿a qué esa sabia precaución? En cambio, nadie se acuerda de establecer que para ser piloto sea preciso saber astronomía y geografía, ni de prohibir a los tartamudos que representen óperas. El pueblo siguió imitando en esto a los reyes. Como ellos, quiso distribuir empleos lucrativos entre sus amigos y aduladores. Desgraciadamente, y este último rasgo completa el parecido, el pueblo no disfruta tales beneficios; son éstos para sus mandatarios y representantes, los cuales, además, no temen contrariar la voluntad de su inocente soberano.

Este edificante artículo de la Declaración de derechos del hombre, conservado en las Cartas de 1814 y de 1830, supone variedad de desigualdades civiles, o lo que es lo mismo, de desigualdades ante la ley. Supone también desigualdad de jerarquías, puesto que las funciones públicas no son solicitadas sino por la consideración y los emolumentos que confieren: desigualdad de fortunas, puesto que si se hubiera querido nivelarlas, los empleos públicos habrían sido deberes y no derechos; desigualdad en el favor, porque la ley no determina qué se entiende por talentos y virtudes. En tiempos del Imperio, la virtud y el talento consistían únicamente en el valor militar y en la adhesión al Emperador; cuando Napoleón creó su nobleza, parecía que intentaba imitar a la antigua. Hoy día el hombre que satisface 200 francos de impuestos es virtuoso; el hombre hábil es un honrado acaparador de bolsillos ajenos; de hoy en adelante, estas afirmaciones serán verdades sin importancia alguna.

El pueblo, finalmente, consagró la propiedad... ¡Dios le perdone, porque no supo lo que hacía! Hace cincuenta años que expía ese desdichado error. Pero ¿cómo ha podido engañarse el pueblo, cuya voz, según se dice, es la de Dios y cuya conciencia no yerra? ¿Cómo buscando la libertad y la igualdad ha caído de nuevo en el privilegio y en la servidumbre? Por su constante afán de imitar el antiguo régimen.

Antiguamente la nobleza y el clero sólo contribuían a las cargas del Estado a título de socorros voluntarios y de donaciones espontáneas. Sus bienes eran inalienables aún por deudas. Entretanto, el plebeyo, recargado de tributos y de trabajo, era maltratado de continuo, tanto por los recaudadores del rey como por los de la nobleza y el clero. El siervo, colocado al nivel de las cosas, no podía testar ni ser heredero. Considerado como los animales, sus servicios y su descendencia pertenecían al dueño por derecho de acción. El pueblo quiso que la condición de propietario fuese igual para todos; que cada uno pudiera gozar y disponer libremente de sus bienes, de sus rentas, del producto de su trabajo y de su industria. El pueblo no inventó la propiedad; pero como no existía para él del mismo modo que para los nobles y los clérigos, decretó la uniformidad de este derecho. Las odiosas formas de la propiedad, la servidumbre personal, la mano muerta, los vínculos, la exclusión de los empleos, han desaparecido; el modo de disfrutarla ha sido modificado, pero la esencia de la institución subsiste. Hubo progreso en la atribución, en el reconocimiento del derecho, pero no hubo revolución en el derecho mismo.

Los tres principios fundamentales de la sociedad moderna, que el movimiento de 1789 y el de 1830 han consagrado reiteradamente, son éstos: 1.º) La Soberanía de la voluntad del hombre, o sea, concretando la expresión, despotismo. 2.º) Desigualdad de fortunas y de posición social. 3.º) Propiedad.

Y sobre todos estos principios el de Justicia, en todo y por todos invocada como el genio tutelar de los soberanos, de los nobles y de los propietarios; la Justicia, ley general, primitiva, categórica, de toda sociedad.

¿Es justa la autoridad del hombre sobre el hombre?

Todo el mundo contesta: no, la autoridad del hombre no es más que la autoridad de la ley, la cual debe ser expresión de justicia y de verdad. La voluntad privada no influye para nada en la autoridad, debiendo limitarse aquélla, de una parte, a descubrir lo verdadero y lo justo, para acomodar la ley a estos principios, y, de otra, a procurar el cumplimiento de esta ley.

No estudio en este momento si nuestra forma de gobierno constitucional reúne esas condiciones; si la voluntad de los ministros interviene, o no en la declaración y en la interpretación de la ley; si nuestros diputados, en sus debates, se preocupan más de convencer por la razón que de vencer por el número. Me basta que el expresado concepto de un buen gobierno sea como lo he definido. Sin embargo, de ser exacta esa idea, vemos que los pueblos orientales estiman justo, por excelencia, el despotismo de sus soberanos; que entre los antiguos, y según la opinión de sus mismos filósofos, la esclavitud era justa; que en la Edad Media los nobles, los curas y los obispos consideraban justo tener siervos; que Luis XIV creía estar en lo cierto cuando afirmaba. El Estado soy yo, que Napoleón reputaba como crimen de Estado la desobediencia a su voluntad. La idea de lo justo, aplicada al soberano y a su autoridad, no ha sido, pues, siempre la misma que hoy tenemos; incesantemente ha ido desenvolviéndose y determinándose más y más hasta llegar al estado en que hoy la concebimos. ¿Pero puede decirse que ha llegado a su última fase? No lo creo; y como el obstáculo final que se opone a su desarrollo procede únicamente de la institución de la propiedad que hemos conservado, es evidente que para realizar la forma del Poder público y consumar la revolución debemos atacar esa misma institución.

¿Es justa la desigualdad política y civil? Unos responden, sí; otros, no. A los primeros contestaría que, cuando el pueblo abolió todos los privilegios de nacimiento y de casta, les pareció bien la reforma, probablemente porque les beneficiaba. ¿Por qué razón, pues, no quieren hoy que los privilegios de la fortuna desaparezcan como los privilegios de la jerarquía y de la sangre? A esto replican que la desigualdad política es inherente a la propiedad, y que sin la propiedad no hay sociedad posible. Por ello la cuestión planteada se resuelve en la de la propiedad. A los segundos me limito a hacer esta observación:

Si queréis implantar la igualdad política, abolid la propiedad; si no lo hacéis, ¿por qué os quejáis?

¿Es justa la propiedad? Todo el mundo responde sin vacilación: "Sí, la propiedad es justa".

Digo todo el mundo, porque hasta el presente creo que nadie ha respondido con pleno convencimiento: "No". También es verdad que dar una respuesta bien fundada no era antes cosa fácil; sólo el tiempo y la experiencia podían traer una solución exacta. En la actualidad esta solución existe: falta que nosotros la comprendamos. Yo voy a intentar demostrarla.

He aquí cómo he de proceder a esta demostración:

I. No disputo, no refuto a nadie, no replico nada; acepto como buenas todas las razones alegadas en favor de la propiedad y me limito a investigar el principio, a fin de comprobar seguidamente si ese principio está fielmente expresado por la propiedad. Defendiéndose como justa la propiedad, la idea, o por lo menos el propósito de justicia, debe hallarse en el fondo de todos los argumentos alegados en su favor; y como, por otra parte, la propiedad sólo se ejercita sobre cosas materialmente apreciables, la justicia, debe aparecer bajo una fórmula algebraica. Por este método de examen llegaremos bien pronto a reconocer que todos los razonamientos imaginados para defender la propiedad, cualesquiera que sean, concluyen siempre necesariamente en la igualdad, o lo que es lo mismo, en la negación de la propiedad. Esta primera parte comprende dos capítulos: el primero referente a la ocupación, fundamento de nuestro derecho; el otro relativo al trabajo y a la capacidad como causas de propiedad y de desigualdad social. La conclusión de los dos capítulos será, de un lado, que el derecho de ocupación impide la propiedad, y, de otro, que el derecho del trabajo la destruye.

II. Concebida, pues, la propiedad necesariamente bajo la razón categórica de igualdad, he de investigar por qué, a pesar de la lógica, la igualdad no existe. Esta nueva labor comprende también dos capítulos: en el primero, considerando el hecho de la propiedad en sí mismo, investigaré si ese hecho es real, si existe, si es posible; porque implicaría contradicción que dos formas sociales contrarias, la igualdad y la desigualdad, fuesen posibles una y otra conjuntamente. Entonces comprobará el fenómeno singular de que la propiedad puede manifestarse como accidente, mientras como institución y principio es imposible matemáticamente. De suerte que el axioma *ab actu ad posse valet consecutio*, del hecho a la posibilidad, la consecuencia es buena, se encuentra desmentido en lo que a la propiedad se refiere.

Finalmente, en el último capítulo, llamando en nuestra ayuda a la psicología y penetrando a fondo en la naturaleza del hombre, expondré el principio de lo justo, su fórmula, su carácter: determinaré la ley orgánica de la sociedad; explicaré el origen de la propiedad, las causas de su establecimiento, de su larga duración y de su próxima desaparición; estableceré definitivamente su identidad con el robo; y después de haber demostrado que estos tres prejuicios, soberanía del hombre, desigualdad de condiciones, propiedad, no son más que uno solo, que se pueden tomar uno por otro y son recíprocamente convertibles, no habrá necesidad de esfuerzo alguno para deducir, por el principio de contradicción, la base de la autoridad y del derecho. Terminará ahí mi trabajo, que proseguiré en sucesivas publicaciones.

La importancia del objeto que nos ocupa embarga todos los ánimos. "La propiedad —dice Ennequin— es el principio creador y conservador de la sociedad civil... La propiedad es una de esas tesis fundamentales a las que no conviene aplicar sin maduro examen las nuevas tendencias. Porque no conviene olvidar nunca, e importa mucho que el publicista y el hombre de Estado estén de ello bien convencidos, que de la solución del problema sobre si la propiedad es el principio o el resultado del orden social, si debe ser considerada como causa o como efecto, depende toda la moralidad, y por esta misma razón, toda la autoridad de las instituciones humanas".

Estas palabras son una provocación a todos los hombres que tengan esperanza y fe en el progreso de la humanidad. Pero aunque la causa de, la igualdad es hermosa, nadie ha recogido todavía el guante lanzado por los abogados de la propiedad, nadie se ha sentido con valor bastante para aceptar el combate. La falsa sabiduría de una jurisprudencia hipócrita y los aforismos absurdos de la economía política, tal cómo la propiedad la ha formulado, han oscurecido las inteligencias más potentes. Es ya una frase convenida entre los titulados amigos de la libertad y de los intereses del pueblo ¡que la igualdad es una quimera! ¡A tanto llega el poder que las más falsas teorías y las más mentidas analogías ejercen sobre ciertos espíritus, excelentes bajo otros conceptos, pero subyugados involuntariamente por el prejuicio general! La igualdad nace todos los días, *fit cequalitas*. Soldados de la libertad, ¿desertaremos de nuestra bandera en la víspera del triunfo?

Defensor de la igualdad, hablaré sin odio y sin ira, con la independencia del filósofo, con la calma y la convicción del hombre libre. ¿Podré, en esta lucha solemne, llevar a todos los corazones la luz de que está penetrado el mío, y demostrar, por la virtud de mis argumentos, que si la igualdad no ha podido vencer con el concurso de la espada es porque debía triunfar con el de la razón?

II

De la propiedad considerada como derecho natural – de la ocupación y de la ley civil como causas eficientes del derecho de propiedad

Definiciones

El derecho romano definía la propiedad como el derecho de usar y de abusar de las cosas en cuanto lo autorice la razón del derecho. Se ha pretendido justificar la palabra abusar, diciendo que significa, no el abuso insensato e inmoral, sino solamente el dominio absoluto. Distinción vana, imaginada para la santificación de la propiedad, sin eficacia contra los excesos de su disfrute, los cuales no previene ni reprime. El propietario es dueño de dejar pudrir los frutos en su árbol, de sembrar sal en su campo, de ordeñar sus vacas en la arena, de convertir una viña en erial y de transformar una huerta en monte. ¿Todo esto es abuso, sí o no? En materia de propiedad el uso y el abuso se confunden necesariamente.

Según la Declaración de los derechos del hombre, publicada al frente de la Constitución de 1793, la propiedad es "el derecho que tiene todo hombre de disfrutar y disponer a su voluntad de sus bienes, de sus rentas, del fruto de su trabajo y de su industria".

El Código de Napoleón, en su artículo 544, consigna que "la propiedad es el derecho de disfrutar y disponer de las cosas de la manera más absoluta, en tanto no se haga de ellos un uso prohibido por las leyes y los reglamentos".

Ambas definiciones reproducen la del derecho romano: todas reconocen al propietario un derecho absoluto sobre las cosas. Y en cuanto a la restricción determinada por el Código, al decir en tanto que no se haga de ellas un uso prohibido por las leyes y los reglamentos, dicha restricción tiene por objeto no limitar la propiedad, sino impedir que el dominio de un propietario sea obstáculo al dominio de los demás. Es una configuración del principio, no una limitación.

En la propiedad se distingue: 1.º La propiedad pura y simple, el derecho señorial sobre la cosa, y 2.º La posesión. "La posesión —dice Duranton— es una cuestión de hecho, no de derecho". Y Toullier: "La propiedad es un derecho, una facultad legal; la posesión es un hecho". El arrendatario, el colono, el mandatario, el usufructuario, son poseedores; el señor que arrienda, que cede el uso, el heredero que sólo espera gozar la cosa al fallecimiento de un usufructuario, son propietarios. Si me fuera permitida una comparación, diría que el amante es poseedor, el marido es propietario.

Esta doble definición de la propiedad como dominio y como posesión es de la mayor importancia, y es necesario no olvidarla si se quiere entender cuanto voy a decir.

De la distinción de la posesión y de la propiedad nacen dos especies de derechos: el derecho en la cosa, por el cual puedo reclamar la propiedad que me pertenece de cualquiera en cuyo poder la encuentre; y el derecho a la cosa, por el cual solicito que se me declare propietario. En el caso, la posesión y la propiedad están reunidas; en ello, sólo existe la nuda propiedad.

Esta distinción es el fundamento de la conocida división del juicio en posesorio y petitorio, verdaderas categorías de la jurisprudencia, pues la comprenden totalmente en su inmensa jurisdicción. Petitorio se denomina el juicio que hace relación a su propiedad; posesorio el relativo a la posesión. Al escribir estas páginas contra la propiedad, insto en favor de toda la sociedad una acción petitoria y pruebo que los que hoy nada poseen son propietarios por el mismo titulo que los que todo lo poseen, pero en vez de pedir que la propiedad sea repartida entre todos, solicito que, como medida de orden público, sea abolida para todos. Si pierdo el pleito, sólo nos queda a los propietarios y a mí el recurso de quitarnos de en medio, puesto que ya nada podemos reclamar de la justicia de las naciones, porque, según enseña en su conciso estilo el Código de procedimientos, artículo 26, el demandante cuyas pretensiones hayan sido desestimadas en el juicio petitorio no podrá entablar el posesorio. Si, por el contrario, gano el pleito, ejercitaremos entonces una acción posesoria, a fin de obtener nuestra reintegración en el disfrute de los bienes, que el actual derecho de propiedad nos arrebata. Espero que no tendremos necesidad de llegar a este extremo: pero estas dos acciones no pueden ejercitarse a un tiempo, porque, según el mismo Código de procedimientos, la acción posesoria y la petitoria nunca podrán acumularse.

Antes de entrar en el fondo del asunto, no será inútil presentar aquí algunas cuestiones perjudiciales.

I - De la propiedad como derecho natural

La Declaración de los derechos del hombre ha colocado el de propiedad entre los llamados naturales e imprescriptibles, que son, por este orden, los cuatro siguientes: libertad, igualdad, propiedad y seguridad individual. ¿Qué método han seguido los legisladores del 93 para hacer esta enumeración? Ninguno; fijaron esos principios y disertaron sobre la soberanía y las leyes de un modo general y según su particular opinión. Todo lo hicieron a tientas, ligeramente.

A creer a Toullier, "los derechos absolutos pueden reducirse a tres: seguridad, libertad, propiedad". ¿Por qué ha eliminado la igualdad? ¿Será porque la libertad la supone, o porque la propiedad la rechaza? El autor del Derecho civil comentado nada dice sobre ello; no ha sospechado siquiera que ahí está el punto de discusión.

Pero si se comparan entre sí estos tres o cuatro derechos, se observa que la propiedad en nada se parece a los otros; que para la mayor parte de los ciudadanos sólo existe en potencia como facultad dormida y sin ejercicio; que para los que la disfrutan es susceptible de determinadas transacciones y modificaciones que repugnan a la cualidad de derecho natural que a la propiedad se atribuye; que en la práctica los gobiernos, los tribunales y las leyes no la respetan; y, en fin, que todo el mundo, espontánea y unánimemente, la juzga quimérica.

La libertad es inviolable. Yo no puedo vender ni enajenar mi libertad. Todo contrato, toda estipulación que tenga por objeto la enajenación o la suspensión de la libertad es nulo; el esclavo que pisa tierra de libertad es en el mismo instante libre. Cuando la sociedad detiene a un malhechor y le quita su libertad, obra en legítima defensa; quien quebrante el pacto social cometiendo un crimen, se declara enemigo público, y al atentar a la libertad de los demás, les obliga a que le priven de la suya. La libertad es la condición primera del estado del hombre; renunciar a la libertad equivaldría a renunciar a la cualidad de hombre. ¿Cómo sin libertad podría el hombre realizar sus actos?

Del mismo modo, la igualdad ante la ley no admite restricción ni excepción. Todos los ciudadanos son igualmente admisibles a los cargos públicos; y he aquí por qué, en razón de esta igualdad, la suerte o la edad deciden, en muchos casos, la preferencia. El ciudadano más humilde puede demandar judicialmente al personaje más elevado y obtener un fallo favorable. Si un millonario construyese un palacio en la viña de un pobre labrador, los tribunales podrían condenar al intruso a la demolición del palacio, aunque le hubiese costado millones, al replanteo de la viña y al pago de daños y perjuicios. La ley quiere que toda propiedad legítimamente adquirida sea respetada sin distinción de valor y sin preferencia de personas.

Cierto es que para el ejercicio de algunos derechos políticos suele exigir la ley determinadas condiciones de fortuna y de capacidad. Pero todos los publicistas saben que la intención del legislador no ha sido establecer un privilegio, sino adoptar garantías. Una vez cumplidas las condiciones exigidas por la ley, todo ciudadano puede ser elector y elegible: el derecho, una vez adquirido, es igual para todos, y la ley no distingue entre las personas y los sufragios. No examino en este momento si este sistema es el mejor; basta a mi propósito que en el espíritu de la Constitución y a los ojos de todo el mundo la igualdad ante la ley sea absoluta y que, como la libertad, no pueda ser materia de transacción alguna.

Lo mismo puede afirmarse respecto al derecho de seguridad personal, la sociedad no ofrece a sus miembros una semiprotección, una defensa incompleta; la presta íntegramente a sus individuos, obligados a su vez con la sociedad. No les dice: "Os garantizaré vuestra vida, si el hacerlo nada me cuesta; os protegeré, si en ello no corro peligro", sino que les dice: "Os defenderé de todo y contra todos; os salvaré y os vengaré o pereceré con vosotros". El Estado pone todo su poder al servicio de cada ciudadano obligación que recíprocamente les une es absoluta.

¡Cuánta diferencia en la propiedad! Codiciada por todos, no está reconocida por ninguno. Leyes, usos, costumbres, conciencia pública y privada, todo conspira para su muerte y para su ruina. Para subvenir a las necesidades del Gobierno, que tiene ejércitos que mantener, obras que realizar, funcionarios que pagar, son necesarios los impuestos. Nada más razonable que todo el mundo contribuya a estos gastos. Pero ¿por qué el rico ha de pagar más que el pobre? Esto es lo justo, se dice, porque posee más. Confieso que no comprendo esta justicia.

¿Por qué se pagan los impuestos? Para asegurar a cada uno el ejercicio de sus derechos naturales, libertad, igualdad, seguridad, propiedad; para mantener el orden en el Estado; para realizar obras públicas de utilidad y de esparcimiento.

¿Pero es que la vida y la libertad del rico son más costosas de defender que las del pobre? ¿Es que en las invasiones, las hambres y las pestes representa para el Estado mayor número de dificultades el gran propietario que huye del peligro sin acudir a su remedio, que el labriego que continúa en su choza abierta a todos los azotes?

¿Es que el orden está más amenazado para el burgués que para el artesano o el obrero? No, pues al contrario, la policía tiene más trabajo con dos centenares de obreros en huelga que con 200 000 propietarios.

¿Es que el capitalista disfruta de las fiestas nacionales, de la propiedad de las calles, de la contemplación de los monumentos, más que el pobre...? No; el pobre prefiere su campo a todos los esplendores de la ciudad, y cuando quiere distraerse se contenta con subir a las cucañas.

Una de dos: o el impuesto proporcional garantiza y consagra un privilegio en favor de los grandes contribuyentes, o significa en sí mismo una iniquidad. Porque si la propiedad es de derecho natural, como afirma la Declaración de los derechos del hombre, todo lo que me pertenece en virtud de ese derecho es tan sagrado como mi propia persona; es mi sangre, es mi vida, soy yo mismo. Quien perturbe mi propiedad atenta a mi vida. Mis 100 000 francos de renta son tan inviolables como el jornal de 75 céntimos de la obrera, y mis confortables salones como su pobre buhardilla. El impuesto no se reparte en razón de la fuerza, de la estatura, ni del talento; no puede serlo tampoco en razón de la propiedad. Si el Estado me cobra más, debe darme más, o cesar de hablarme de igualdad de derechos; porque en otro caso, la sociedad no está instituida para defender la propiedad, sino para organizar su destrucción. El Estado, por el impuesto proporcional, se erige en jefe de bandidos; él mismo da el ejemplo del pillaje reglamentado; es preciso sentarse en el banco de los acusados, al lado de esos ladrones, de esa canalla execrada que él hace asesinar por envidias del oficio.

Pero se arguye que precisamente para contener esa canalla son precisos los tribunales y los soldados. El Gobierno es una sociedad, pero no de seguros, porque nada asegura, sino constituida para la venganza y la represión. La prima que esta sociedad hace pagar, el impuesto, se reparte a prorrata entre las propiedades, es decir, en proporción de las molestias que cada una proporciona a los proporciona a los vengadores y represores asalariados por el Gobierno.

Nos encontramos en este punto muy lejos del derecho de propiedad absoluto e inalienable. ¡Así están el pobre y el rico en constante situación de desconfianza y de guerra! ¿Y por qué se hacen la guerra? Por la propiedad: ¡de suerte que la propiedad tiene por consecuencia necesaria la guerra a la propiedad...! ¡La libertad y la seguridad del rico no estorban a la libertad y a la seguridad del pobre; lejos de ello, pueden fortalecerse recíprocamente! Pero el derecho de propiedad del primero tiene que estar incesantemente defendido contra el instinto de propiedad del segundo. ¡Qué contradicción!

En Inglaterra existe un impuesto en beneficio de los Pobres. Se pretende que yo, como rico, pague este impuesto. Pero ¿qué relación hay entre mi derecho natural e imprescriptible de propiedad y el hambre que atormenta a diez millones de desgraciados? Cuando la religión nos manda ayudar a nuestros hermanos, establece un precepto para la caridad; pero no un principio de legislación. El deber de beneficencia que me impone la moral cristiana, no puede crear en mi perjuicio un derecho político a favor de nadie, y mucho menos un instituto de mendigos. Practicaré la caridad, si ése es mi gusto, si experimento por el dolor ajeno esa simpatía de que hablan los filósofos y en la que yo no creo, pero no puedo consentir que a ello se me obligue. Nadie está obligado a ser justo más allá de esta máxima: Gozar de su derecho, mientras no perjudique el de los demás; cuya máxima es la definición misma de la libertad. Y como mi bien reside en mí y no debo nada a nadie, me opongo a que la tercera de las virtudes teologales esté a la orden del día.

Cuando hay que hacer una conversión de la deuda pública, se exige el sacrificio de todos los acreedores del Estado. Hay derecho a imponerlo si lo exige el bien público; pero ¿en qué consiste la justa y prudente indemnización ofrecida a los tenedores de esa deuda? No sólo no existe tal indemnización sino que es imposible concederla; porque si es igual a la propiedad sacrificada, la conversión es inútil.

El Estado se encuentra hoy, con relación a sus acreedores, en la misma situación que la villa de Calais, sitiada por Eduardo III, estaba con sus patricios. El inglés vencedor consentía en perdonar a sus habitantes a cambio de que se le entregasen a discreción los más significados de la ciudad. Eustache, y algunos otros, se sacrificaron; acto heroico, cuyo ejemplo debían proponer los ministros a los rentistas del Estado para que lo imitasen. ¿Pero tenía la villa de

Calais derecho a entregarlos? No, indudablemente. El derecho a la seguridad es absoluto; la patria no puede exigir a nadie que se sacrifique. El soldado está de centinela en la proximidad del enemigo, no significa excepción de ese principio; allí donde un ciudadano expone su vida, está la patria con él; hoy le toca a uno, mañana a otro; cuando el peligro y la abnegación son comunes, la fuga es un parricidio. Nadie tiene el derecho de sustraerse al peligro, pero nadie está obligado a servir de cabeza de turco. La máxima de Caifás, bueno es que un hombre muera por todo el pueblo, es la del populacho y la de los tiranos, los dos extremos de la degradación social.

Afírmase que toda renta perpetua es esencialmente redimible. Esta máxima de derecho civil aplicada al Estado, es buena para los que pretenden llegar a la igualdad natural del trabajo y del capital; pero desde el punto de vista del propietario y según la opinión de los obligados a dar su asentimiento, ese lenguaje es el de los tramposos. El Estado no es solamente un deudor común, sino asegurador y guardián de la propiedad de los ciudadanos, y como ofrece la mayor garantía, hay derecho a esperar de él una renta segura e inviolable. ¿Cómo, pues, podrá obligar a la conversión a sus acreedores, que le confiaron sus intereses, y hablarles luego de orden público y de garantía de la propiedad? El Estado, en semejante operación, no es un deudor que paga, es una empresa anónima que lleva a sus acciones a una emboscada y que, violando su formal promesa, les obliga a perder el 20, 30 o 40 por 100 de los intereses de sus capitales.

Y no es esto todo. El Estado es también la universalidad de los ciudadanos reunidos bajo una ley común para vivir en sociedad. Esta ley garantiza a todos sus respectivas propiedades: al uno su tierra, al otro su viña, a aquél sus frutos, al capitalista, que podría adquirir fincas, pero prefiere aumentar su capital, sus rentas. El Estado no puede exigir, sin una justa indemnización, el sacrificio de un palmo de tierra, de un trozo de viña, y menos aún disminuir el precio de arriendo. ¿Cómo va, pues, a tener el derecho de rebajar el interés del capital? Sería preciso, para que este derecho fuera ejercido sin daño de nadie, que el capitalista pudiera hallar en otra parte una colocación igualmente ventajosa para su dinero; pero no pudiendo romper su relación con el Estado, ¿dónde encontraría esa colocación, si la causa de la conversión, es decir, el derecho de tomar dinero a menor interés reside en el mismo Estado? He aquí por qué un Gobierno, fundado en el principio de la propiedad, jamás puede menoscabar las rentas sin la voluntad de sus acreedores. El dinero prestado a la nación es una propiedad, a la que no hay derecho a tocar mientras las demás sean respetadas: obligar a hacer la conversión equivale, con relación a los capitalistas, a romper el pacto social, a colocarlos fuera de la ley. Toda la contienda sobre la conversión de las rentas se reduce a esto.

Pregunta. ¿Es justo reducir a la miseria a 45 000 familias poseedoras de títulos de la deuda pública?

Respuesta. ¿Es justo que siete u ocho millones de contribuyentes paguen cinco francos de impuesto cuando podrían pagar tres solamente?

Desde luego se observa que la respuesta no se contrae a la cuestión, para resolver la cual hay que exponerla de este modo: ¿Es justo exponer la vida de 100 000 hombres cuando se les puede salvar entregando cien cabezas al enemigo? Decide tú, lector.

Concretando: la libertad es un derecho absoluto, porque, es al hombre, como la impenetrabilidad a la materia, una condición *sine qua non* de su existencia. La igualdad es un derecho absoluto, porque sin igualdad no hay sociedad. La seguridad personal es un derecho absoluto, porque, a juicio de todo hombre, su libertad y su existencia son tan preciosas como las de cualquiera otro. Estos tres derechos son absolutos, es decir, no susceptibles de aumento ni disminución, porque en la sociedad cada asociado recibe tanto como da, libertad por libertad, igualdad por igualdad, seguridad por seguridad, cuerpo por cuerpo, alma por alma, a vida y a muerte.

Pero la propiedad, según su razón etimológica y la doctrina de la jurisprudencia, es un derecho que vive fuera de la sociedad, pues es evidente que si los bienes de propiedad particular fuesen bienes sociales, las condiciones serán iguales para todos, y supondría una contradicción decir: La propiedad es el derecho que tiene el hombre de disponer de la manera más absoluta de unos bienes que son sociales.

Por consiguiente, si estamos asociados para la libertad, la igualdad y la seguridad, no lo estamos para la propiedad.

Luego si la propiedad es un derecho natural, este derecho natural no es social, sino antisocial. Propiedad y sociedad son conceptos que se rechazan recíprocamente; es tan difícil asociarlos como unir dos imanes por sus polos semejantes.

Por eso, o la sociedad mata a la propiedad o ésta a aquélla.

Si la propiedad es un derecho natural, absoluto, imprescriptible e inalienable, ¿por qué en todos los tiempos ha preocupado tanto su origen? Este es todavía uno de los caracteres que la distinguen. ¡El origen de un derecho natural! ¿Y quién ha investigado jamás el origen de los derechos de libertad, de seguridad y de igualdad? Existen por la misma razón que nosotros mismos, nacen, viven y mueren con nosotros. Otra cosa sucede, ciertamente, con la propiedad. Por imperio de la ley, la propiedad existe aún sin propietario, como facultad sin sujeto; lo mismo existe para el que aún no ha nacido que para el octogenario. Y entretanto, a pesar de estas maravillosas prerrogativas que parecen derivar de lo eterno, no ha podido esclarecerse jamás de dónde procede la propiedad. Los doctores están contradiciéndose todavía. Sólo acerca de un punto están de acuerdo: en que la justificación del derecho de propiedad depende de la autenticidad de su origen. Pero esta mutua conformidad a todos perjudica, porque ¿cómo han acogido tal derecho sin haber dilucidado antes la cuestión de su origen?

Aún hay quienes se oponen a que se esclarezca lo que haya de cierto en los pretendidos títulos del derecho de propiedad y a que se investigue su fantástica y quizá escandalosa historia: quieren que se atenga uno a la afirmación de que la propiedad es un hecho, y como tal ha existido y existirá siempre.

Los títulos en que se pretende fundar el derecho de propiedad se reducen a dos: la ocupación y el trabajo. Los examinaré sucesivamente bajo todos sus aspectos y en todos sus detalles, y prometo al lector que cualquiera que sea el título invocado, haré surgir la prueba irrefragable de que la propiedad, para ser justa y posible, debe tener por condición necesaria la igualdad.

II - De la ocupación como fundamento de la propiedad

Bonaparte, que tanto dio que hacer a sus legisladores en otras cuestiones, no objetó nada sobre la propiedad. No es de extrañar su silencio: a los ojos de ese hombre, personal y autoritario como ningún otro, la propiedad debía ser el primero de los derechos, de igual modo que la sumisión a su voluntad era el más santo de los deberes.

El derecho de ocupación o del primer ocupante es el que nace de la posesión actual, física, efectiva de la cosa. Si yo ocupo un terreno, se presume que soy su dueño en tanto que no se demuestre lo contrario. Obsérvese que originariamente tal derecho no puede ser legítimo, sino en cuanto es recíproco. En esto están conformes los jurisconsultos.

Cicerón compara la tierra a un amplio teatro: *Quemadmodum theatrum cum commune sit, rente tamen dici potest ejus esse eum locum quem quisque occuparit.* En este pasaje se encierra toda la filosofía que la antigüedad nos ha dejado acerca del origen de la propiedad. El teatro —dice Cicerón— es común a todos; y, sin embargo, cada uno llama suyo al lugar que ocupa; lo que equivale a decir que cada sitio se tiene en posesión, no en propiedad. Esta comparación destruye la propiedad y supone por otra parte la igualdad. ¿Puede ocupar simultáneamente en un teatro un lugar en la sala, otro en los palcos y otro en el paraíso? En modo alguno, a no tener tres cuerpos como Géryen, o existir al mismo tiempo en tres distintos lugares, como se cuenta del mago Apolonio.

Nadie tiene derecho más que a lo necesario, según Cicerón: tal es la interpretación exacta de su famoso axioma "a cada uno lo que le corresponde", axioma que se ha aplicado con indebida amplitud. Lo que a cada uno corresponde no es lo que cada uno puede poseer, sino lo que tiene derecho a poseer. ¿Pero qué es lo que tenemos derecho a poseer? Lo que baste a nuestro trabajo y a nuestro consumo. Lo demuestra la comparación que Cicerón hacía entre la tierra y un teatro. Bien está que cada uno se coloque en su sitio como quiera, que lo embellezca y mejore, si puede; pero su actividad no debe traspasar nunca el límite que le separa del vecino. La doctrina de Cicerón va derecha a la igualdad; porque siendo la ocupación una mera tolerancia, si la tolerancia es mutua (y no puede menos de serlo), las posesiones han de ser iguales.

Grotius acude a la historia; pero desde luego es extraño su modo de razonar, porque ¿a qué buscar el origen de un derecho que se llama natural fuera de la Naturaleza? Ese es el método de los antiguos. El hecho existe, luego es necesario; siendo necesario, es justo, y, por tanto, sus antecedentes son justos también. Examinemos, sin embargo, la cuestión según la plantea Grotius: "Primitivamente, todas las cosas eran comunes e indivisas: constituían el patrimonio de todos...". No leamos más: Grotius refiere cómo esta comunidad primitiva acabó por la ambición y la concupiscencia, cómo a la edad de oro sucedió la de hierro, etc. De modo que la propiedad tendría su origen primero en la guerra y la conquista, después en los tratados y en los contratos. Pero o estos pactos distribuyeron los bienes por partes iguales, conforme a la comunidad primitiva, única regla de distribución que los primeros hombres podían conocer, y entonces la cuestión del origen de la propiedad se presenta en estos términos: ¿cómo ha desaparecido la igualdad algún tiempo después? O esos tratados y contratos fueron impuestos por violencia y aceptados por debilidad, y en este caso son nulos, no habiéndoles podido convalidar el consentimiento tácito de la posteridad, y entonces vivimos, por consiguiente, en un estado permanente de iniquidad y de fraude.

No puede comprenderse cómo habiendo existido en un principio la igualdad de condiciones, ha llegado a ser con el tiempo esta igualdad un estado extranatural. ¿Cómo ha podido efectuarlo tal depravación? Los instintos en los animales son inalterables, manteniéndose así la distinción de las especies. Suponer en la sociedad humana una igualdad natural primitiva es admitir que la actual desigualdad es una derogación de la Naturaleza de la sociedad, cuyo cambio no pueden explicar satisfactoriamente los defensores de la propiedad. De esto deduzco que si la Providencia puso a los primeros hombres en una condición de igualdad, debe estimarse este hecho como un precepto por ella misma promulgado, para que practicasen dicha igualdad con mayor amplitud; de la misma manera que se ha desarrollado y entendido en múltiples formas el sentimiento religioso que la misma Providencia inspiró en su alma. El hombre no tiene más que una naturaleza, constante e inalienable; la sigue por instinto, la abandona por reflexión y vuelve a aceptarla por necesidad. ¿Quién se atreverá a decir que no hemos de tomar a ella? Según Grotius, el hombre ha salido de la igualdad. ¿Cómo salió de ella? ¿Cómo volverá a conseguirla? Más adelante lo veremos.

Reid dice: "El derecho de propiedad no es natural, sino adquirido: no procede de la constitución del hombre, sino de sus actos. Los jurisconsultos han explicado su origen de manera satisfactoria para todo hombre de buen sentido. La tierra es un bien común que la bondad del cielo ha concedido a todos los hombres para las necesidades de la vida: pero la distribución de este bien y de sus productos es obra de ellos mismos; cada uno ha recibido del cielo todo el poder y toda la inteligencia necesarios para apropiarse una parte sin perjudicar a nadie.

"Los antiguos moralistas han comparado con exactitud el derecho común de todo hombre a los productos de la tierra, antes de que fuese objeto de ocupación y propiedad de otro, al que se disfruta en un teatro: cada cual puede ocupar, según va llegando, un sitio libre, y adquirir por este hecho el derecho de estar en él mientras dura el espectáculo, pero nadie tiene facultad para echar de sus localidades a los espectadores que estén ya colocados. La tierra es un vasto teatro que el Todopoderoso ha destinado con sabiduría y bondad infinitas a los placeres y penalidades de la humanidad entera. Cada uno tiene derecho a colocarse como espectador y de representar su papel como actor, pero a condición de que no inquiete a los demás".

Consecuencias de la doctrina de Reid: 1.º. Para que la porción que cada uno pueda apropiarse no signifique perjuicio para nadie, es preciso que sea igual al cociente de la suma de los bienes reparables, dividida por el número de los copartícipes. 2.º. Debiendo ser siempre igual el número de localidades y el de espectadores, no puede admitirse que un espectador ocupe dos puestos ni que un mismo actor desempeñe varios papeles. 3.º. A medida que un espectador entre o salga, las localidades deben reducirse o ampliarse para todo el mundo en la debida proporción, porque, como dice Reid, el derecho de la propiedad no es natural, sino adquirido y, por consiguiente, no tienen nada absoluto, y de aquí que, siendo la ocupación en que se funda un hecho contingente, claro está que no puede comunicar a tal derecho condiciones de inmutabilidad. Esto mismo parece que es lo que cree el profesor de Edimburgo cuando añade: "El derecho a la vida presume el derecho a los medios para sostenerla, y la misma regla de justicia que ordena que la vida del inocente debe ser respetada, exige también que no se le prive de los medios para conservarla; ambas cosas son igualmente sagradas... Entorpecer el trabajo de otro es cometer con él una injusticia tan grande como sería sujetarle con cadenas o encerrarle en una prisión; el resultado y la ofensa en uno y otro caso son iguales".

Así, el jefe de la escuela escocesa, sin tener en consideración las desigualdades del talento o de la industria, establece *a priori* la igualdad de los medios del trabajo, encomendando a cada trabajador el cuidado de su bienestar individual, con arregló al eterno axioma: Quien siembra, recoge.

Lo que ha faltado al filósofo Reid no es el conocimiento del principio, sino el valor de deducir sus consecuencias. Si el derecho a la vida es igual, el derecho al trabajo también es igual y el derecho de ocupación lo será asimismo. ¿Podrían ampararse en el derecho de propiedad los pobladores de una isla para rechazar violentamente a unos pobres náufragos que intentasen arribar a la orilla? Sólo ante la idea de semejante barbarie se subleva la razón. El propietario, como un Robinson en su isla, aleja a tiros y a sablazos al proletario, a quien la ola de la civilización ha hecho naufragar, cuando pretende salvarse asiéndose a las rocas de la propiedad. "¡Dadme trabajo! —grita con toda su fuerza al propietario— no me rechacéis, trabajaré por el precio que queráis". "No tengo en qué emplear tus servicios", responde el propietario presentándole la punta de su espada o el cañón de su fusil. "Al menos, rebajad las rentas". "Tengo necesidad de ellas para vivir". "¿Y cómo podré pagarlas si no trabajo?". "Eso es cosa tuya".

Y el infortunado proletario se deja llevar por la corriente o, si intenta penetrar en la propiedad, el propietario apunta y lo mata.

Acabamos de oír a un espiritualista; ahora preguntaremos a un materialista y luego a un ecléctico, y recorrido el círculo de la filosofía, estudiaremos la jurisprudencia. Según Destutt de Tracy, la propiedad es una necesidad de nuestra naturaleza. Que esta necesidad ocasiona horrorosas consecuencias, no puede negarse, a no estar ciego. Pero son un mal inevitable que nada prueba contra el principio. "De modo —añade— que tan poco razonable sería rebelarse contra la propiedad a causa de los abusos que origina, como quejarse de la vida, porque su resultado inevitable es la muerte. Esta brutal y odiosa filosofía promete, al menos, una lógica franca y severa; veamos si cumple esta promesa. "Se ha instruido solemnemente el proceso de la propiedad... como si nosotros pudiésemos hacer que haya o que no haya propiedad en este mundo... Oyendo a algunos filósofos y legisladores, no parece sino que en un determinado momento decidieron los hombres, espontáneamente y sin causa alguna, hablar de lo tuyo y de lo mío, y que de ello habrían podido y aún debido excusarse. Pero lo cierto es que lo tuyo y lo mío no han sido inventados jamás"".

Esta filosofía es demasiado realista. Tuyo y mío no expresan necesariamente asimilación, y así decimos tu filosofía y mi igualdad; porque tu filosofía eres tú mismo filosofando y mi igualdad soy yo profesando la igualdad. Tú, yo y mío indican casi siempre una relación: tu país, tú parroquiano, tu sastre; mi habitación, mi butaca, mi compañía y mi batallón. En la primera acepción puede decirse algunas veces mi talento, mi trabajo, mi virtud; pero jamás mi grandeza ni mi majestad; solamente en el sentido de relación podemos decir mi casa, mi campo, mi viña, mis capitales, de igual modo que el criado de un banquero dice mi caja. En una palabra, tuyo y mío son expresiones de derechos personales idénticos, y aplicados a las cosas que están fuera de nosotros, indican posesión, función, uso, pero no propiedad.

Nadie creería, si yo no lo probase con textos auténticos, que toda la teoría de este error se funda en este inocente equívoco: "Con anterioridad a toda convención, los hombres se encontraban, no precisamente, como asegura Hobbes, en un estado de hospitalidad, sino de indiferencia. En este estado no había propiamente nada justo ni injusto; los derechos del uno en nada obstaban a los del otro. Cada cual tenía tantos derechos como necesidades y el deber de satisfacerlas sin consideración de ningún género".

Aceptamos este sistema, sea verdadero o falso. Destutt de Tracy no rehusaría la igualdad. Según dicha hipótesis, los hombres, mientras están en el estado de indiferencia, nada se deben. Todos tienen el derecho de satisfacer sus necesidades sin inquietar a los demás, y, por tanto, la facultad de ejercitar su Poder sobre la Naturaleza, según la intensidad de sus fuerzas y de sus facultades. De ahí, como consecuencia necesaria, la mayor desigualdad de bienes entre los hombres. La desigualdad de condiciones es, pues, aquí el carácter propio de la indiferencia o del salvajismo, precisamente lo contrario que en el sistema de Rousseau. Ahora prosigamos: "Las restricciones de estos derechos y de ese deber no comienzan a indicarse hasta el momento en que se establecen convenciones tácitas o expresas. Entonces surge la idea de la justicia y de la injusticia, es decir, del equilibrio entre los derechos del uno y los del otro, iguales necesariamente hasta ese instante".

Detengámonos un momento. Dice Reid que los derechos eran iguales hasta ese momento, lo que significa que cada cual tenía el derecho de satisfacer sus necesidades sin consideración alguna a las necesidades de otro; o en otros términos, que todos tenían por igual el derecho de alimentarse; que no había más derecho que el engaño o la fuerza. Al lado de la guerra y del pillaje, coexistía, pues, como medio de vida, la apropiación. Para abolir este derecho a emplear la violencia y el engaño, este derecho a causarse mutuos perjuicios, única fuente de la desigualdad de los bienes y de los daños, se celebraron convenciones tácitas o expresas y se inventó la balanza de la justicia. Luego estas convenciones y esta balanza tenían por objeto asegurar a todos la igualdad en el bienestar, y si el estado de indiferencia es el principio de la desigualdad, la sociedad debe tener por consecuencia necesaria la igualdad. La balanza social es la igualación del fuerte y del débil, los cuales, en tanto no son iguales, son extraños, viven aislados, son enemigos. Por tanto, si la desigualdad de condiciones es un mal necesario, lo será en ese estado primitivo, ya que sociedad y desigualdad implican contradicción. Luego si el hombre está formado para vivir en sociedad, lo está también para la igualdad: esta consecuencia es inconcusa.

Y siendo así, ¿cómo se explica que, después de haberse establecido la balanza de la justicia, aumente la desigualdad de modo incesante? ¿Cómo sigue siendo desconocido para el hombre el imperio de la justicia? ¿Qué contesta a esto Destutt de Tracy? "Necesidades y medios, derechos y deberes —dice— derivan de la facultad de querer. Si el hombre careciese de voluntad, estas cuestiones no existirían. Pero tener necesidades y medios, derechos y deberes, es tener, es poseer algo. Son éstas otras tantas especies de propiedades, tomando esta palabra en su más amplia acepción; esas cosas nos pertenecen".

Este es un equívoco indigno que no puede justificarse por el afán de generalizar. La palabra propiedad tiene dos sentidos: 1.º. Designa la cualidad, por la cual una cosa es lo que es, las condiciones que la individualizan, que la distinguen especialmente de las demás cosas. En este sentido, se dice: las propiedades del triángulo o de los números, la propiedad del imán, etcétera. 2.º. Expresa el derecho dominical de un ser inteligente y libre sobre una cosa; en este sentido la emplean los jurisconsultos. Así en esta frase: el hierro adquiere la propiedad del imán, la palabra propiedad no expresa la misma idea que en esta otra: Adquiero la propiedad de este imán. Decir a un desgraciado que es propietario porque tiene brazos y piernas, que el hambre que le atormenta y la posibilidad de dormir al aire libre son propiedades suyas, es jugar con el vocablo y añadir la burla a la inhumanidad.

"La idea de propiedad es inseparable de la de personalidad. Y es de notar cómo surge aquélla en toda su plenitud necesaria e inevitablemente. Desde el momento en que un individuo se da cuenta de su yo, de su persona moral, de su capacidad para gozar, sufrir y obrar, sabe necesariamente que ese yo es propietario exclusivo del cuerpo que anima, de sus órganos, de sus fuerzas y facultades, etc. Era preciso que hubiese una propiedad natural y necesaria, como antecedente de las que son artificiales y convencionales, porque nada puede haber en el arte que no tenga su origen y principio en la misma Naturaleza".

Admiremos la buena fe de los filósofos. El hombre tiene propiedades naturales, es decir, facultades, en la primera acepción de la palabra. Sobre ellas le corresponde la propiedad, es decir, el dominio en el segundo sentido del vocablo. Tiene, por consiguiente, la propiedad de ser propietario. ¡Cuánto me avergonzaría ocuparme de semejantes tonterías, si sólo considerase la autoridad de Destutt de Tracy! Pero esta pueril confusión es propia de todo el género humano, desde el origen de las sociedades y de las lenguas, desde que con las primeras ideas y las primeras palabras nacieron la metafísica y la dialéctica. Todo lo que el hombre pudo llamar mío, fue en su entendimiento identificado a su persona, lo consideró como su propiedad, como su bien, como parte de sí mismo miembro de su cuerpo, facultad de su alma. La posesión de las cosas fue asimilada a la propiedad de las facultades del cuerpo y del espíritu. Sobre tan falsa analogía se fundó el derecho de propiedad, imitación de la naturaleza por el arte, como con tanta elegancia dice Destutt de Tracy.

Pero ¿cómo este ideólogo tan sutil no ha observado que el hombre no es ni aún siquiera propietario de sus facultades? El hombre posee potencias, virtudes, capacidades que le han sido dadas por la Naturaleza para vivir, aprender, amar; pero no tiene sobre ellas un dominio absoluto; no es más que su usufructuario; y no puede gozar de ese usufructo, sino conformándose a las prescripciones de la Naturaleza. Si fuese dueño y señor de sus facultades, se abstendría de tener hambre y frío; levantaría montañas, andaría cien leguas en un minuto, se curaría sin medicinas por la fuerza de su propia voluntad y sería inmortal. Diría: "Quiero producir", y sus obras, ajustadas a su ideal, serían perfectas. Diría: "Quiero saber", y sería sabio; "quiero gozar", y gozaría. Por el contrario, el hombre no es dueño de sí mismo, ¡y se pretende que lo sea de lo que está fuera de él! Bueno que use de las cosas de la Naturaleza, puesto que vive a condición de disfrutarlas; pero debe renunciar a sus pretensiones de proletariado, recordando que este nombre sólo es aplicable por metáfora.

En resumen: Destutt de Tracy confunde, en una expresión común, los bienes exteriores de la Naturaleza y del arte con el poder o facultad del hombre, llamando propiedades a unos y otros, y amparándose en este equívoco, intenta establecer de modo inquebrantable el derecho de propiedad. Pero de estas propiedades, unas son innatas, como la memoria, la imaginación, la fuerza, la belleza. Y otras adquiridas, como la tierra, las aguas, los bosques. En el estado primitivo o de indiferencia, los hombres más valerosos y más fuertes, es decir, los más aventajados en razón de las propiedades innatas, gozarían el privilegio de obtener exclusivamente las propiedades adquiridas. Para evitar este monopolio y la lucha que, por consecuencia, originase, se inventó una balanza, una justicia. El objeto de los pactos tácitos o expresos sobre ese Particular no fue otro que el de corregir, en cuanto fuera posible, la desigualdad de las propiedades innatas mediante la igualdad de las propiedades adquiridas. Mientras el reparto de éstas no es igual, los copartícipes siguen siendo enemigos y la distribución no es definitiva. Así, de un lado, tenemos: indiferencia, desigualdad, antagonismo, guerra, pillaje, matanzas; y de otro: sociedad, igualdad, fraternidad, paz y amor. La elección no es dudosa.

José Dutens, autor de una Filosofía de la economía política, se ha creído obligado en dicha obra a romper lanzas en honor de la propiedad. Su metafísica parece prestada por Destutt de Tracy. Comienza por esta definición de la propiedad, que es una perogrullada: "La propiedad es el derecho por el cual una cosa pertenece como propia a alguno". Traducción literal: "La propiedad es el derecho de propiedad". Después de varias disquisiciones confusas sobre la voluntad, la libertad y la personalidad, y de distinguir unas propiedades inmateriales naturales de otras materiales naturales, cuya división recuerda la de Destutt de Tracy en innatas y adquiridas, José Dutens concluye por sentar estas dos proposiciones: 1.º. La propiedad es en todo hombre un derecho natural e inalienable. 2.º. La desigualdad de las proposiciones es resultado necesario de la Naturaleza, cuyas proposiciones se reducen a esta otra aún más sencilla: todos los hombres tienen un derecho igual de propiedad desigual.

Censura Dutens a Sismondi por haber afirmado que la propiedad territorial no tiene más fundamento que la ley y los contratos; y él mismo dice, hablando del pueblo, que "su buen sentido le revela la existencia del contrato primitivo celebrado entre la sociedad y los propietarios".

Confunde la propiedad con la posesión, la comunidad con la igualdad, lo justo con lo natural, lo natural con lo posible. Tan pronto toma por equivalentes estos supuestos conceptos, como parece diferenciarlos, manteniendo la confusión en tales términos, que costaría menos refutarlo que comprenderlo. Atraído por el título del libro, Filosofía de la economía política, sólo he hallado en él, fuera de las tinieblas del autor ideas vulgares; por esto renuncio a seguir ocupándome de su contenido.

Cousin, en la Filosofía moral, nos enseña que toda moral, toda ley, todo derecho, están contenidos en este precepto: ser libre, consérvate libre. ¡Bravo, maestro! No quiero continuar siendo libre; sólo falta que pueda serlo. Y continúa diciendo: "Nuestro principio es verdadero; es bueno, es social; no temamos deducir de él todas sus consecuencias.

1.º. "Si el ser humano es santo, lo es en toda su naturaleza, y particularmente en sus actos interiores, en sus sentimientos, en sus ideas, en las determinaciones de su voluntad. De ahí el respeto debido a la filosofía, a la religión, a las artes, a la industria, al comercio, a todas las producciones de la libertad. Digo respeto y no tolerancia porque al derecho no se le tolera, se le respeta".

Me posterno humildemente ante la filosofía.

2.º. "Mi libertad, que es sagrada, tiene necesidad para exteriorizarse de un instrumento que se llama cuerpo: el cuerpo participa, por tanto, de la santidad de la libertad; es inviolable como ella. De aquí el principio de la libertad individual.

3.º. "Mi libertad, para exteriorizarse, tiene necesidad de una propiedad o una cosa. Esta cosa o esta propiedad participan, por tanto, de la inviolabilidad de mi persona. Por ejemplo, me apodero de un objeto que es necesario y útil para el desenvolvimiento exterior de mi libertad, y digo: este objeto es mío, porque no es de nadie; pues desde entonces lo poseo legítimamente. Así la legitimidad de la posesión se funda en dos condiciones. En primer término, yo no poseo sino en cuanto soy libre: suprimid mi actividad libre y habréis destruido en mí el principio del trabajo; luego sólo por el trabajo puedo asimilarme la propiedad o la cosa y sólo asimilándomela la poseo. La actividad libre es, pues, el principio del derecho de propiedad. Pero esto no basta para legitimar la posesión. Todos los hombres son libres, todos pueden asimilarse una propiedad por el trabajo; pero ¿es esto decir que todos tienen derecho sobre toda propiedad? No, pues para que posea legítimamente no sólo es necesario que, por condición de ser libre, pueda trabajar y producir, sino que es preciso que ocupe la propiedad antes que cualquier otro. En resumen: si el trabajo y la producción son el principio del derecho de propiedad, el hecho de la ocupación primitiva es su condición indispensable.

4.º. "Poseo legítimamente; tengo, pues, el derecho de usar como me plazca de mi propiedad. Me corresponde, por tanto, el derecho de donarla y el de transmitirla por cualquier concepto, porque desde el momento en que un acto de libertad ha consagrado mi donación, ésta es eficaz tanto después de mi muerte como durante mi vida".

En definitiva, para llegar a ser propietario, según Cousin, es preciso adquirir la posesión por la ocupación y el trabajo. A mi juicio, es preciso además llegar a tiempo, porque si sus primeros ocupantes se han apoderado de todo, ¿de qué se van a apoderar los últimos? ¿De qué les servirán sus facultades de apropiación? ¿Habrán de devorarse unos a otros? Terrible conclusión que la prudencia filosófica no se ha dignado prever, sin duda porque los grandes genios desprecian los asuntos triviales.

Fijémonos también en que Cousin no concede al trabajo ni a la ocupación, aisladamente considerados, la virtud de producir el derecho de propiedad. Este, según él, nace de la unión de esos dos elementos en extraño matrimonio.

Es éste uno de tantos rasgos de eclecticismo tan familiares a M. Cousin, de los que él, más que nadie, debiera abstenerse. En vez de proceder por análisis, por comparación, por eliminación y por reducción (únicos medios de descubrir la verdad a través de las formas del pensamiento, y de las fantasías de la opinión), hace con todos los sistemas una amalgama, y dando y quitando la razón a cada cual simultáneamente, dice: "He aquí la verdad".

Pero ya he dicho que no refutaría a nadie y que de todas las hipótesis imaginadas en favor de la propiedad deduciría el principio de igualdad que la destruye. He afirmado también que toda mi argumentación sólo ha de consistir en esto: descubrir en el fondo de todos los razonamientos la igualdad, de igual modo que habré de demostrar algún día que el principio de propiedad falsea las ciencias de la economía, del derecho y del poder, y las separa de su verdadero camino.

Ahora bien, ¿no es cierto, volviendo a M. Cousin, que si la libertad del hombre es santa, es santa por el mismo título en todos los individuos; que si necesita de la propiedad para exteriorizarse, es decir, para vivir, esta apropiación de la materia es a todos igualmente precisa; que si quiero ser respetado en mi derecho de apropiación, debo respetar a los demás en el suyo, y, por consecuencia, que si en el concepto de lo infinito el poder de apropiación de la libertad no tiene más límites que ella misma, en la esfera de lo finito ese mismo poder se halla limitado por la relación matemática entre el número de las libertades y el espacio que ocupen? ¿No se sigue de aquí que si una libertad no puede estorbar a otra libertad coetánea en el hecho de apropiarse una materia igual a la suya, tampoco podrá menoscabar esa facultad a las libertades futuras, porque mientras que el individuo pasa, la universalidad persiste, y la ley de un organismo perdurable no puede depender de simples y pasajeros accidentes? Y de todo esto, ¿no se desprende en conclusión que siempre que nazca un ser dotado de libertad es necesario que los demás reduzcan su esfera de acción haciendo puesto al nuevo semejante, y por deber recíproco, que si el recién llegado es designado heredero de otro individuo ya existente, el derecho de sucesión no constituye para él un derecho de acumulación, sino solamente un derecho de opción?

He seguido a Cousin hasta en su propio estilo, y lo siento. ¿Acaso es preciso emplear términos tan pomposos, frases tan sonoras, para decir cosas tan sencillas? El hombre tiene necesidad de trabajar para vivir; por consiguiente, tiene necesidad de instrumentos y de materias de producción. Esta necesidad de producir constituye un derecho; pero este derecho es garantizado por sus semejantes, a cuyo favor contrae él a su vez idéntica obligación. Cien mil hombres se establecen en un territorio despoblado, tan grande como Francia. El derecho de cada uno al capital territorial es de una cienmilésima parte. Si el número de poseedores aumenta, la parte de cada uno disminuye en proporción a ese aumento. De modo que si el número de habitantes asciende a 34 millones, el derecho de cada uno será de una 34 millonésima parte. Estableced entonces la policía, el gobierno, el trabajo, los cambios, las sucesiones, etc., para que los medios de trabajo permanezcan siempre iguales y para que cada uno sea libre, y tendréis una sociedad perfecta.

De todos los defensores de la propiedad, es Cousin el que mejor la ha fundado. Sostiene, en contra de los economistas, que el trabajo no puede dar un derecho de propiedad si no está precedido de la ocupación; y en contra de los legistas, que la ley civil puede determinar y aplicar un derecho natural, pero no crearlo. No basta decir: "El derecho de propiedad está justificado por el hecho de la propiedad, y en cuanto a este particular, la ley civil es puramente declaratoria", esto es confesar que nada se puede refutar a quienes impugnan la legitimidad del hecho mismo. Todo derecho debe justificarse por sí mismo o por otro derecho anterior: la propiedad no puede escapar a esta alternativa. He aquí por qué Cousin la ha fundado en lo que se llama la santidad de la persona humana, y en el acto por el cual la voluntad se asimila una cosa. "Una vez tocadas por el hombre —dice un discípulo de Cousin—, las cosas reciben de él una cualidad que las transforma y las humaniza". Confieso, por mi parte, que yo no creo en la magia y que no conozco nada que sea menos santo que la voluntad del hombre. Pero esta teoría, por endeble que sea, tanto, en psicología como en derecho, tiene al menos un carácter más filosófico y profundo que las que fundan la propiedad solamente en el trabajo o en la autoridad de la ley: por eso, según acabamos de ver, la técnica de Cousin conduce a la igualdad, la cual está latente en todos sus términos.

Pero quizá la filosofía vea las cosas desde muy alto, sin percibir por ello su lado práctico. Quizá desde la elevada altura de la especulación, los hombres parezcan muy pequeños para que el metafísico tenga presentes las diferencias que los separan; quizá, en fin, la igualdad de condiciones sea uno de esos aforismos verdaderos en su sublime generalidad, pero que sería ridículo y aún peligroso aplicar rigurosamente en el uso corriente de la vida y de las transacciones sociales. Sin duda, es de imitar en este caso la sabia reserva de los moralistas y jurisconsultos que aconsejan no extremar ninguna conclusión y previenen contra toda definición, porque según dicen, no hay ninguna que no pueda repugnarse, deduciendo de ella consecuencias absurdas. La igualdad de condiciones, este dogma terrible para los oídos del propietario, verdad consoladora en el lecho del pobre que desfallece, imponente realidad bajo el escalpelo del anatomista, la igualdad de condiciones, repito, llevada al orden político, civil e industrial, es, a juicio de los filósofos, una seductora imposibilidad, una satánica mentira.

Jamás creeré bueno el sistema de sorprender la buena fe de mis lectores. Odio tanto como a la muerte a quien emplea subterfugios en sus palabras y en su conducta. Desde la primera página de este libro me he expresado en forma clara y terminante, para que todos sepan desde luego a qué atenerse respecto a mis pensamientos y de mis propósitos, y considero difícil hallar en nadie ni más franqueza ni más osadía. Pues bien; no temo afirmar que no está muy lejos el tiempo en que la reserva tan admirada en los filósofos, el justo medio tan recomendado por los doctores en ciencias morales y políticas, han de estimarse como el carácter de una ciencia sin principios, como el estigma de su reprobación. En legislación y en moral, como en geometría, los axiomas son absolutos, las definiciones ciertas y las consecuencias más extremas, siempre que sean rigurosamente deducidas, verdaderas leyes. ¡Deplorable orgullo! No sabemos nada de nuestra naturaleza y le atribuimos nuestras contradicciones y, en el entusiasmo de nuestra estúpida ignorancia, nos atrevemos a decir: La verdad está en la duda, la mejor definición consiste en no definir nada. Algún día sabremos si esta desoladora incertidumbre de la jurisprudencia procede de su objeto o de nuestros perjuicios, si para explicar los hechos sociales sólo es preciso cambiar de hipótesis, como hizo Copérnico cuando rebatió el sistema de Ptolomeo.

Pero ¿qué se dirá si demuestro que en todo momento esta misma jurisprudencia argumenta con la igualdad para legitimar el derecho de propiedad? ¿Qué se me contestará entonces?

III - De la ley civil como fundamento y sanción de la propiedad

Pothier parece creer que la propiedad, al igual de la realeza, es de derecho divino y hace remontar su origen hasta el mismo Dios. He aquí sus palabras: "Dios tiene el supremo dominio del Universo y de todas las cosas que en él existen. Para el género humano ha creado la tierra y los seres que la habitan, concediéndole un dominio subordinado al suyo: Tú lo has establecido sobre tus propias obras, tú has puesto la Naturaleza bajo sus pies, dice el Salmista. Dios hizo esta donación al género humano con estas palabras que dirigió a nuestros primeros padres después de la creación: Creced y multiplicaos, y ocupad la tierra", etc.

Leyendo este magnífico exordio, ¿quien no cree que el género humano es como una gran familia que vive en fraternal unión, bajo la autoridad de un padre venerable? Pero ¡cuántos hermanos enemigos, cuántos padres desnaturalizados, cuántos hijos pródigos!

¿Dios ha hecho donación de la tierra al género humano? Entonces, ¿por qué no he recibido yo nada? Él ha puesto la Naturaleza bajo mis pies, ¡y, sin embargo, no tengo donde reclinar mi cabeza! Multiplicaos, nos dice por boca de su intérprete Pothier. ¡Ah!, sabio Poihier, esto se hace mejor que se dice; pero antes es necesario que facilitéis al pájaro ramas para tejer su nido.

"Una vez multiplicado el género humano, los hombres repartieron entre sí la tierra y las cosas que sobre ella había; lo que correspondió a cada uno comenzó a pertenecerle con exclusión de los demás; éste es el origen del derecho de propiedad".

Decid del derecho de posesión. Los hombres vivían en una comunidad, positiva o negativa, que esto importa poco; Pero no había propiedad, puesto que ni aún había exclusivismo en la posesión. El aumento de población obligó al hombre a trabajar para aumentar las subsistencias, y entonces se convino, solemne o tácitamente, en que el trabajador era único propietario del producto de su trabajo; esto quiere decir que se estableció una convención, declarando que nadie podría vivir sin trabajar. De aquí se sigue necesariamente que para obtener igualdad de subsistencias era menester facilitar igualdad de trabajo, y que para que el trabajo fuese igual, eran precisos medios iguales para realizarlo. Quien, sin trabajar, se apoderase por fuerza o por engaño de la subsistencia de otro, rompía la igualdad y estaba fuera de la ley. Quien acaparase los medios de producción, bajo pretexto de una mayor actividad, destruía también la igualdad. Siendo, pues, en esa época la igualdad la expresión del derecho, lo que atentase a la igualdad era injusto.

De este modo nació con el trabajo la posesión privada, el derecho en la cosa, ¿pero en qué cosa? Evidentemente en el producto, no en el suelo; así es como lo han entendido siempre los árabes y como, según las relaciones de

César y de Tácito, lo comprendían los germanos. "Los árabes —dice M. de Sismondi—, que reconocen la propiedad del hombre sobre los rebaños que apacienta, jamás disputan la recolección a quien sembró un campo, pero no ven la razón de negar a cualquier otro el derecho de sembrarlo a su vez. La desigualdad que resulta del pretendido derecho del primer ocupante no les parece fundada en ningún principio de justicia; y si el terreno está distribuido entre determinado número de habitantes, les parece un monopolio de éstos en perjuicio del resto de la nación, con el que no quieren conformarse...".

En otras partes la tierra fue distribuida entre sus pobladores. Admito que de este reparto resultase una mejor organización entre los trabajadores, y que este sistema de repartición, fijo y duradero, ofreciera más ventajas. Pero ¿cómo ha podido constituir esta adjudicación a favor de cada partícipe un derecho transmisible de propiedad sobre una cosa a la que todos tenían un derecho inalterable de posesión? Según la jurisprudencia, esta transformación del poseedor en propietario es legalmente imposible: implica en el derecho procesal primitivo la acumulación de la acción posesoria y de la petitoria, y admitida la existencia de una mutua concesión entre los partícipes, supone una transacción sobre un derecho natural. Cierto que los primeros agricultores, que fueron también los primeros autores de las leyes, no eran tan sabios como nuestros legistas, y aún cuando lo hubieran sido, no lo hubiesen hecho peor que ellos. Por eso no previeron las consecuencias de la transformación del derecho de posesión individual en propiedad absoluta.

Refuto a los jurisconsultos con sus propias máximas.

El derecho de propiedad, si pudiese tener alguna causa, no podría tener más que una sólo: *Dominium non potest nisi ex una causa contingere*. Se puede poseer por varios títulos, pero no se puede ser propietario sino por uno solo. El campo que he desbrozado, que cultivo, sobre el que he construido mi casa, que me proporciona con sus frutos el alimento, que me permite sostener mi rebaño, puede estar en mi posesión: 1.º. A título de primer ocupante; 2.º. A título de trabajador; 3.º. En virtud del contrato social que me lo asignó como partícipe. Pero ninguno de estos títulos me concede el derecho de dominio o de propiedad. Porque si invoco el derecho de ocupación, la sociedad puede contestarme: "Estoy antes que tú". Si hago valer mi trabajo, me diría: "Sólo con esa condición lo posees". Si me fundo en las convenciones, me replicaría: "Esas convenciones establecen precisamente la cualidad de usufructuario". Tales son, sin embargo, los únicos títulos que los propietarios presentan; jamás han podido encontrar otros mejores. En efecto, todo derecho, según nos enseña Pothier, supone una causa que lo produce en beneficio de la persona que lo ejercita. Pero en el hombre que nace y que muere, en ese hijo de la tierra que pasa rápidamente como un fantasma, sólo existen, en cuanto a las cosas exteriores, títulos de posesión y no de propiedad. ¿Cómo ha podido reconocer la sociedad un derecho contra sí misma, a pesar de no existir causa que lo produjese? ¿Cómo, estableciendo la posesión, ha podido conceder la propiedad? ¿Cómo ha sancionado la ley este abuso de poder?

El alemán Aucillón responde a esto: "Algunos filósofos pretenden que el hombre, al aplicar su esfuerzo a un objeto de la Naturaleza, a un campo, a un árbol, sólo adquiere derecho sobre las alteraciones que haga, sobre la forma que dé al objeto y no sobre el objeto mismo. ¡Vana distinción! Si la forma pudiera separarse del objeto, quizá cupiese duda; pero como eso es casi siempre imposible, la aplicación del esfuerzo humano a las distintas partes del mundo exterior es el primer fundamento del derecho de propiedad y el primer origen de los bienes".

¡Ridículo pretexto! Si la forma no puede ser separada del objeto, ni la propiedad de la posesión, es preciso distribuir la posesión. A la sociedad corresponden en todo caso el derecho de fijar condiciones a la propiedad. Supongamos que una finca rústica rinde anualmente 10 000 francos de productos líquidos, y que (esto sería verdaderamente extraordinario) esa finca no puede dividirse. Supongamos también que, según cálculos Prudentes, el gasto medio anual de cada familia es de 3000 francos. Con arreglo a mi criterio, el poseedor de esa propiedad debe estor obligado a abonar a la sociedad un valor equivalente a 10 000 francos anuales, previa deducción de todos los gastos de explotación y de los 3000 necesarios al sostenimiento de su familia. Este pago anual no es el de un arrendamiento, sino el de una indemnización.

La justicia hoy en uso expondría su opinión en la siguiente forma: "Considerando que el trabajo altera la forma de las cosas, y como la forma y la materia no pueden separarse sin destruir el objeto mismo, es necesario optar por que la sociedad sea desheredada, o por que el trabajador pierda el fruto de su trabajo: Considerando que en cualquier otro caso la propiedad de la materia supondría la de lo que por accesión se le hubiera incorporado, pero en el de que se trata, la propiedad de lo accesorio implica la de lo principal. Se declara que el derecho de apropiación, por razón del trabajo, no es admisible contra los particulares, y en cambio tendrá lugar contra la sociedad".

Tal es el constante modo de razonar de los jurisconsultos sobre la propiedad. La ley se ha establecido para determinar los derechos de los hombres entre sí, es decir, del individuo para con el individuo y del individuo para con la sociedad. Y como si una proporción pudiese subsistir con menos de cuatro términos, los jurisconsultos prescinden siempre del último. Mientras el hombre se halla en oposición con el hombre, la propiedad sirve de peso a la propiedad, y ambas fuerzas contrarias se equilibran. Pero cuando el hombre se encuentra aislado, es decir, en oposición a la sociedad que él mismo representa, la jurisprudencia enmudece, Themis pierde un platillo de su balanza.

Oigamos al profesor de Rennes, al sabio Touiller: "¿Cómo la preferencia originada por la ocupación se ha convertido después en una propiedad estable y permanente, a pesar de poder ser impugnada desde el momento en que el primer ocupante cesase en su posesión? La agricultura fue una consecuencia natural de la multiplicación del género humano, y la agricultura, a su vez, favoreció la población e hizo necesario el reconocimiento de una propiedad permanente, porque ¿quién se habría tomado el trabajo de labrar y sembrar, si no tuviera la seguridad de recolectar los frutos?".

Para tranquilizar al labrador bastaría asegurarle la posesión de los frutos. Concedamos además que se le mantuviera en su ocupación territorial mientras continuase su cultivo. Todo esto era cuanto tenía derecho a esperar, cuanto exigía el progreso de la civilización. Pero ¿la propiedad?, ¡el derecho sobre un suelo que no se ocupa ni se cultiva! ¿Quién le ha autorizado para otorgárselo? ¿Cómo podrá legitimarse?

"La agricultura no fue por sí sola bastante para establecer la propiedad permanente; se necesitaron leyes positivas, magistrados para aplicarlas; en una palabra, el Estado político. La multiplicación del género humano hizo precisa la agricultura; la necesidad de asegurar al cultivador los frutos de su trabajo exigió una propiedad permanente y leyes para protegerla. Así, pues, a la propiedad debemos la creación del Estado".

Es verdad, del Estado político, tal como está establecido, Estado que primero fue despotismo, luego monarquía, después aristocracia, hoy democracia y siempre tiranía.

"Sin el lazo de la propiedad no hubiera sido posible someter a los hombres al yugo saludable de la ley, y sin la propiedad permanente la tierra hubiera continuado siendo un inmenso bosque. Afirmamos, pues, con los autores más respetables, que si la propiedad transitoria, o sea, el derecho de preferencia que se funda en la ocupación, es anterior a la existencia de la sociedad civil, la propiedad permanente, tal como hoy la conocemos, es obra del derecho civil. Este es el que ha sancionado la máxima de que la propiedad, una vez adquirida, no se pierde sino por acto del propietario, y que se conserva después de pérdida la posesión de la cosa, aunque ésta se encuentre en poder de un tercero. Así la propiedad y la posesión, que en el estado primitivo estaban confundidas, llegan a ser, por el derecho civil, dos conceptos distintos e independientes; conceptos que, según la expresión de las leyes, nada tienen entre sí de común. Obsérvese por esto qué prodigioso cambio se ha realizado en la propiedad y cómo las leyes civiles han alterado la Naturaleza".

En efecto; la ley, al constituir la propiedad, no ha sido la expresión de un hecho psicológico, el desarrollo de una ley natural, la aplicación de un principio moral. La ley, por el contrario, ha creado un derecho fuera del círculo de sus atribuciones; ha dado forma a una abstracción, a una metáfora, a una ficción; y todo esto sin dignarse prever las consecuencias, sin ocuparse de sus inconvenientes, sin investigar si obraba bien o mal. Ha sancionado el egoísmo, ha amparado pretensiones monstruosas, ha accedido a torpes estímulos, como si estuviera en su poder abrir un abismo sin fondo y dar satisfacción al mal. Ley ciega, ley del hombre ignorante, ley que no es ley; palabra de discordia, de mentira y de guerra. Ley surgiendo siempre rejuvenecida y restaurada, como la salvaguardia de las sociedades, es la que ha turbado la conciencia de los pueblos, obscurecido la razón de los sabios y originado las catástrofes de las naciones. Condenada por el cristianismo, defiéndanla hoy sus ignorantes ministros, tan poco celosos de estudiar la Naturaleza y el hombre como incapaces de leer sus Sagradas Escrituras.

Pero, en definitiva, ¿qué norma siguió la ley al crear la propiedad? ¿Qué principio la inspiró? ¿Cuál era su regla? En esto no hay duda posible: ese principio fue la igualdad.

La agricultura fue el fundamento de la propiedad territorial y la causa ocasional de la propiedad. No bastaba asegurar al cultivador el fruto de su trabajo; era, además, preciso garantizarle el medio de producir. Para amparar al débil contra las expoliaciones del fuerte, para suprimir las violencias y los fraudes, se sintió la necesidad de establecer entre los poseedores límites de demarcación permanentes, obstáculos infranqueables. Cada año veíase aumentar la población y crecer la codicia de los colonos. Se creyó poner un freno a la ambición, señalando límites que la contuviesen. El suelo fue, pues, apropiado en razón de una igualdad indispensable a la seguridad pública y al pacífico disfrute de cada poseedor. No cabe duda de que el reparto no fue geográficamente igual. Múltiples derechos, algunos fundados en la Naturaleza, pero mal interpretados y peor aplicados, como las sucesiones, las donaciones, los cambios, y otros, como los privilegios de nacimiento y de dignidad, creaciones ilegítimas de la ignorancia y de la fuerza bruta, fueron otras tantas causas que impidieron la igualdad absoluta. Pero el principio no se altera por esto. La igualdad había consagrado la posesión, y la igualdad consagró la propiedad.

Necesitaba el agricultor un campo que sembrar todos los años: ¿qué sistema más cómodo y más sencillo podía seguirse que el de asignar a cada habitante un patrimonio fijo e inalienable, en vez de comenzar cada año a disputarse las propiedades y a transportar de territorio en territorio la casa, los muebles y la familia?

Era necesario que el guerrero, al regresar de una campaña, no se viese desposeído por los servicios que había prestado a la patria y que recobrase su heredad. Para esto la costumbre admitió que para conservar la propiedad bastaba únicamente la intención, nudo ánimo, y que no se perdía aquélla sino en virtud del consentimiento del mismo propietario.

Era necesaria también que la igualdad de las participaciones territoriales se mantuviese de generación en generación, sin obligación de renovar la distribución de las tierras a la desaparición de cada familia. Pareció, por tanto, natural y justo que los ascendientes y los descendientes, según el grado de consanguinidad o de afinidad que les unía con el difunto, le sucediesen en sus bienes. De ahí procede, en primer término, la costumbre feudal y patriarcal de no reconocer más que un heredero. Después, por el principio de igualdad, fue la admisión de todos los hijos a la sucesión del padre; y más recientemente, en nuestro tiempo, la abolición definitiva del derecho de primogenitura.

Pero ¿qué hay de común entre estos groseros bosquejos de organización instintiva y la verdadera ciencia social? ¿Cómo esos hombres, que no tenían la menor idea de estadística, de catastro ni de economía política, pudieron imponernos los principios de nuestra legislación?

La ley, dice un jurisconsulto moderno, es la expresión de una necesidad social, la declaración de un hecho: el legislador no la hace, la escribe. Esta definición no es del todo exacta. La ley es la regla por la cual deben satisfacerse las necesidades sociales. El pueblo no la vota, el legislador no la inventa; es el sabio quien la descubre y la formula. De todos modos, la ley, tal como Comte la ha definido en un extenso trabajo consagrado casi por completo a ese objeto, no podría ser en su origen más qué la expresión de una necesidad y la indicación de los medios para remediarla; y hasta el presente no ha sido tampoco otra cosa. Los legistas, con una exactitud mecánica, llenos de obstinación, enemigos de toda filosofía, esclavos del sentido literal, han considerado siempre como la última palabra de la ciencia lo que sólo fue el voto irreflexivo de hombres de buena fe, pero faltos de previsión.

No preveían, en efecto, estos primitivos fundadores del dominio que el derecho perpetuo y absoluto a conservar un patrimonio, derecho que les parecía equitativo, porque entonces era común, supone el derecho de enajenar, de vender, de donar, de adquirir y de perder, y que, por consecuencia, tal derecho conduce nada menos que a la destrucción de la misma igualdad en cuyo honor lo establecieron. Además, aún cuando lo hubieran podido prever, no lo hubieran tenido en cuenta por impedirlo la necesidad inmediata que les estimulaba. Esto, aparte de que, como ocurre de ordinario, los inconvenientes son en un principio muy pequeños y pasan casi inadvertidas.

No previeron esos cándidos legisladores que el principio de que la propiedad se conserva solamente por la intención implica el derecho de arrendar, de prestar con interés, de lucrarse en cambio, de crearse rentas, de imponer un tributo sobre la posesión de la tierra, cuya propiedad está reservada por la intención, mientras su dueño vive alejado de ella. No previeron esos patriarcas de nuestra jurisprudencia que si el derecho de sucesión no era el modo natural de conservar la igualdad de las primitivas porciones, bien pronto las familias serían víctimas de las más injustas exclusiones, y la sociedad, herida de muerte por uno de sus más sagrados principios, se destruiría a sí misma entre la opulencia y la miseria.

No previeron tampoco... Pero no hay necesidad de insistir en ello. Las consecuencias se perciben demasiado por sí mismas y no es éste el momento de hacer una crítica del Código civil.

La historia de la propiedad en los tiempos antiguos no es para nosotros más que un motivo de erudición y de curiosidad. Es regla de jurisprudencia que el hecho no produce el derecho; la propiedad no puede sustraerse a esta regla. Por tanto, el reconocimiento universal del derecho de propiedad no legitima el derecho de propiedad. El hombre se ha equivocado sobre la constitución de las sociedades, sobre la naturaleza del derecho, sobre la aplicación de lo justo, de igual modo que sobre la causa de los meteoros y sobre el movimiento de los cuerpos celestes; sus antiguas opiniones no pueden ser tomadas por artículos de fe. ¿Qué nos importa que la raza india estuviese dividida en cuatro castas; ni que en las orillas del Nilo y del Ganges se distribuyese la tierra entre los nobles y los sacerdotes; ni que los griegos y los romanos colocaran la propiedad bajo el amparo de los dioses; ni que las operaciones de deslinde y medición de fincas se celebraran entre ellos con solemnidades y ceremonias religiosas? La variedad de las formas del privilegio no le salva de la injusticia, el culto de Júpiter propietario (Zeus Klesios) nada pueda contra la igualdad de los ciudadanos, de igual modo que los misterios de Venus, la impúdica, nada demuestran contra la castidad conyugal.

La autoridad del género humano afirmando el derecho de propiedad es nula, porque este derecho, originado necesariamente por la igualdad, está en contradicción con su principio. El voto favorable de las religiones que le han consagrado es también nulo, porque en todos los tiempos el sacerdote se ha puesto al servicio del poderoso y los dioses han hablado siempre como convenía a los políticos. Las utilidades sociales que se atribuyen a la propiedad no pueden citarse en su descargo, porque todas provienen del principio de igualdad en la posesión, que le es inherente.

¿Qué valor tiene, después de lo dicho, el siguiente ditirambo en honor a la propiedad, compuesto por Giraud en su libro sobre La propiedad entre los romanos?

"La institución del derecho de propiedad es la más importante de las instituciones humanas...". Ya lo creo; como la monarquía es la más gloriosa.

"Causa primera de la prosperidad del hombre sobre la tierra". Porque entonces suponía la justicia.

"La propiedad llegó a ser el objeto legítimo de su ambición, el anhelo de su existencia, el asilo de su familia, en una palabra, la piedra fundamental del hogar doméstico, de la ciudad y del Estado político". Sólo la posesión ha producido todo eso.

"Principio eterno...". La propiedad es eterna como toda negación.

"De toda institución social y de toda institución civil...". He ahí por qué toda institución y toda ley fundada en la propiedad perecerá.

"Es un bien tan precioso como la libertad". Para el propietario enriquecido.

"En efecto, el cultivo de la tierra laborable...". Si el cultivador dejase de ser arrendatario, ¿estaría la tierra por eso peor cultivada?

"La garantía y la moralidad del trabajo...". Por causa de la propiedad, el trabajo no es una condición, es un privilegio.

"La aplicación de la justicia...". ¿Qué es la justicia sin la igualdad económica? Una balanza... con pesos falsos.

"Toda moral...". Vientre famélico no conoce la moral. "Todo orden público...". Sí, la conservación de la propiedad.

"Se funda en el derecho de propiedad". Piedra angular de todo lo que existe, falso cimiento de todo lo que debe existir: ésa es la propiedad.

Resumo y concluyo:

La ocupación no sólo conduce a la igualdad, sino que impide la propiedad. Porque si todo hombre tiene derecho de ocupación en cuanto existe y no puede vivir sin tener una materia de explotación y de trabajo, y si, por otra parte, el número de ocupantes varía continuamente por los nacimientos y las defunciones, fuerza es deducir que la porción que a cada trabajador corresponde es tan variable como el número de ocupantes, y, por consecuencia, que la ocupación está siempre subordinada a la población, y, finalmente, que no pudiendo en derecho ser fija la posesión, es imposible en hecho que llegue a convertirse en propiedad.

Todo ocupante es, pues, necesariamente poseedor o usufructuario, carácter que excluye el de propietario. El derecho del usufructuario impone las obligaciones siguientes: Ser responsable de la cosa que le fue confiada; usar de ella conforme a la utilidad general, atendiendo a su conservación y a su producción; no poder transformarla, menoscabaría, desnaturalizarla, ni dividir el usufructo de manera que otro la explote, mientras él recoge el producto. En una palabra, el usufructuario está bajo la inspección de la sociedad, y sometido a la condición del trabajo y a la ley de igualdad.

En este concepto queda destruida la definición romana de la propiedad: derecho de usar y de abusar, inmoralidad nacida de la violencia, la más monstruosa pretensión que las leyes civiles han sancionado jamás. El hombre recibe el usufructo de manos de la sociedad, que es la única que posee de un modo permanente. El individuo pasa, la sociedad no muere jamás.

¡Qué profundo disgusto se apodera de mí al discutir tan triviales verdades! ¿Son éstas las cosas de que aún dudamos? ¿Será necesario rebelarse una vez más para el triunfo de estas ideas? ¿Podrá la violencia, en defecto de la razón, traducirlas en leyes?

El derecho de ocupación es igual para todos. No dependiendo de la voluntad, sino de las condiciones variables del espacio y del número de extensión de ese derecho, no pudo constituirse la propiedad.

¡Esto es lo que ningún Código ha expresado, lo que ninguna Constitución puede admitir! ¡Esos son los axiomas que rechazan el derecho civil y el derecho de gentes!...

Llegan hasta mí las protestas de los partidarios del tercer sistema, que dice: "El trabajo, el trabajo es el que origina la propiedad".

No hagas caso, lector. Te aseguro que este nuevo fundamento de la propiedad es peor que el primero.

III - Del trabajo como causa eficiente del derecho de propiedad

Casi todos los jurisconsultos, siguiendo a los economistas, han abandonado la teoría de la ocupación primitiva, que consideraban demasiado ruinosa, para defender exclusivamente la que funda la propiedad en el trabajo. Pero, a pesar de haber cambiado de criterio, continúan forjándose ilusiones y dando vueltas dentro de un círculo de hierro. "Para trabajar es necesario ocupar", ha dicho Cousin. Por consiguiente, digo yo a mi vez: siendo igual para todos el derecho de ocupación, es preciso para trabajar someterse a la igualdad. "Los ricos —escribe Juan Jacobo Rousseau— suelen decir: yo he construido ese muro, yo he adquirido este terreno por mi trabajo. ¿Y quién os ha concedido los linderos? —Podemos replicarles—. ¿Y por qué razón pretendéis ser compensados a nuestra costa de un trabajo al que no os hemos obligado?". Todos los sofismas se estrellan ante este razonamiento.

Pero los partidarios del trabajo no advierten que su sistema está en abierta contradicción con el Código, cuyos artículos y disposiciones suponen a la propiedad fundada en el hecho de la ocupación primitiva. Si el trabajo, por la apropiación que de él resulta, es por sí solo la causa de la propiedad, el Código civil miente: la Constitución es una antítesis de la verdad; todo nuestro sistema social una violación del derecho. Esto es lo que resultará demostrado hasta la evidencia de la discusión que entablaremos en este capítulo y en el siguiente, tanto sobre el derecho del trabajo como sobre el hecho mismo de la propiedad. Al propio tiempo veremos, de un lado, que nuestra legislación está en oposición consigo misma, y de otro, que la jurisprudencia contradice sus principios y los de la legislación.

He afirmado anteriormente que el sistema que funda la propiedad en el trabajo presupone la igualdad de bienes, y el lector debe estar impaciente por ver cómo de la desigualdad de las aptitudes y de las facultades humanas ha de surgir esta ley de igualdad: en seguida será satisfecho. Pero conviene que fije un momento su atención en un incidente interesantísimo del proceso, a saber la sustitución del trabajo a la ocupación, como principio de la propiedad, y que pase rápidamente revista a ciertos prejuicios que los propietarios tienen costumbre de invocar, que las leyes consagran y el sistema del trabajo destroza por completo.

¿Has presenciado alguna vez, lector, el interrogatorio de un acusado? ¿Has observado sus engaños, sus rectificaciones, sus huidas, sus distinciones, sus equívocos? Vencido, confundido en todas sus alegaciones, perseguido como fiera salvaje por el juez inexorable, abandona un supuesto por otro, afirma, niega, se reprende, se rectifica; acude a todas las estratagemas de la dialéctica más sutil, con un ingenio mil veces mayor que el inventor de las setenta y dos formas de silogismos. Eso mismo hace el propietario obligado a la justificación de su derecho. Al principio, rehúsa contestar, protesta, amenaza, desafía; después, forzado a aceptar el debate, se parapeta en el sofisma, se rodea de una formidable artillería, excita su acometividad y presenta como justificantes, uno a otro y todos juntos, la ocupación, la posesión, la prescripción, las convenciones, la costumbre inmemorial, el consentimiento universal. Vencido en este terreno, el propietario se rehace. "He hecho algo más que ocupar —exclama con terrible emoción—, he trabajado, he producido, he mejorado, transformado, creado. Esta casa, estos árboles, estos campos son obra de mis manos; yo he sido quien ha puesto la vid en el lugar de la planta silvestre, la higuera en el del arbusto salvaje; yo soy quien hoy siembra en tierras ayer yermas. He regado el suelo con mi sudor, he pagado los obreros que, a no ser por los jornales que conmigo ganaban, hubieran muerto de hambre. Nadie me ha ayudado en el trabajo ni en el gasto; nadie participará de sus productos".

¡Has trabajado, propietario! ¿A qué hablas entonces de ocupación primitiva? ¿Es que no estás seguro de tu derecho y crees poder engañar a los hombres y sorprender a la justicia? Apresúrate a formular tus alegaciones de defensa, porque la sentencia será inapelable, y ya sabes que se trata de una reivindicación.

¡Conque has trabajado! Pero ¿qué hay de común entre el trabajo impuesto por deber natural y la apropiación de las cosas comunes? ¿Ignoras que el dominio de la tierra, como el del aire y de la luz, no puede prescribir nunca?

¡Has trabajado! ¿No habrás hecho jamás trabajar a otros? ¿Cómo, entonces, han perdido ellos trabajando por ti lo que tú has sabido adquirir sin trabajar por ellos? ¡Has trabajado! En hora buena; pero veamos tu hora. Vamos a contarla, a pesarla, a medirla. Este será el juicio de Baltasar, porque juro por la balanza, por el nivel y por la escuadra, signos de tu justicia, que si te has apropiado el trabajo de otro, de cualquier manera que haya sido, devolverás hasta el último adarme.

El principio de la ocupación primitiva ha sido, pues, abandonado. Ya no se dice: "La tierra es del primero que la ocupa". La propiedad, rechazada en su primera trinchera, tira el arma de su antiguo adagio. La justicia, recelosa, reflexiona sobre sus máximas, y la venda que cubría su frente cae sobre sus mejillas avergonzadas. ¡Y fue ayer cuando se inició el progreso de la filosofía social! ¡Cincuenta siglos para disipar una mentira! Durante ese lamentable período, ¡cuántas usurpaciones sancionadas, cuántas invasiones glorificadas, cuántas conquistas bendecidas! ¡Cuántos ausentes desposeídos, cuántos pobres expatriados, cuántos hambrientos, víctimas de la riqueza rápida y osada! ¡Cuántas intranquilidades y luchas! ¡Qué de estragos y de guerras entre las naciones! Al fin, gracias al tiempo y a la razón, hoy se reconoce que la tierra no es el premio de la piratería, que hay lugar en su suelo para todos. Cada uno puede llevar su cabra al prado y su vaca al valle, sembrar una parcela de tierra y cocer su pan al fuego tranquilo del hogar.

Pero no; no todos pueden hacerlo. Oigo gritar por todas partes: "¡Gloria al trabajo y a la industria! A cada uno según su capacidad, a cada capacidad según sus obras". Y veo de nuevo desposeídas a las tres cuartas partes del género humano; diríase que el trabajo de los unos fecundiza, como agua del cielo, el de los demás.

"El problema está resuelto —afirma M. Hennequin—. La propiedad, hija del trabajo, no goza del presente ni del porvenir, sino bajo la égida de las leyes. Su origen viene del derecho natural; su poder del derecho civil, y en la combinación de estas dos ideas, trabajo y protección, se han inspirado las legislaciones positivas".

¡Ah! ¡El problema está resuelto! ¡La propiedad es hija del trabajo! ¿Qué es, en tal caso, el derecho de accesión, el de sucesión, el de donación, etc., sino el derecho de convertirse en propietario por la simple ocupación? ¿Qué son vuestras leyes sobre la mayoría de edad, la emancipación, la tutela, la interdicción, sino condiciones diversas por las cuales el que ya es trabajador adquiere o pierde el derecho de ocupar, es decir, la propiedad...?

No pudiendo en este momento dedicarme a una discusión detallada del Código, me limitaré a examinar los tres prejuicios más frecuentemente alegados en favor de la propiedad: 1.º. La apropiación o formación de la propiedad por la posesión; 2.º. Al consentimiento de los hombres; 3.º. A prescripción. Investigaré a continuación cuáles son los efectos del trabajo, ya con relación a la condición respectiva de los trabajadores, ya con relación a la propiedad.

I

La tierra no puede ser aprobada

"Las tierras laborables parece que debieran ser incluidas entre las riquezas naturales, puesto que no son creación humana, y la Naturaleza las da gratuitamente al hombre; pero como esta riqueza no es fugitiva como el aire y el agua, como un campo es un espacio fijo y circunscrito del que algunos hombres han podido apropiarse con exclusión de los demás, los cuales han prestado su consentimiento a esta apropiación, la tierra, que era un bien natural y gratuito, se ha convertido en una riqueza social, cuyo uso ha debido pagarse". (Say, Economía política).

¿Tendré yo la culpa de afirmar que los economistas son la peor clase de autoridades en materia de legislación y de filosofía? Véase, si no, cómo el más significado de la secta, después de plantear la cuestión de si pueden ser propiedad privada los bienes de la Naturaleza, las riquezas creadas por la Providencia, la contesta con un equívoco tan grosero que no se sabe a qué imputarlo, si a falta de inteligencia o a exceso de mala fe. ¿Qué importa la condición inmueble del terreno para el derecho de apropiación? Comprendo que una cosa circunscrita y no fugitiva como la tierra se preste mejor a la apropiación que el agua y la luz, que sea más factible ejercitar un derecho de dominio sobre el suelo que sobre la atmósfera, pero no se trata de saber qué es más o menos fácil, y Say toma esa relativa facilidad por el derecho mismo. No se pregunta por qué la tierra ha sido apropiada antes que el mar y el aire;

se trata de averiguar en virtud de qué derecho se ha apropiado el hombre esta riqueza que no ha creado y que la Naturaleza te ofrece gratuitamente.

No resuelve, pues, Say la cuestión que él mismo plantea. Pero aún cuando la resolviese, aún cuando su explicación fuera tan satisfactoria como falta de lógica, quedaría por saber quién tiene derecho a hacer pagar el uso del suelo que no ha sido creado por el hombre. ¿A quién se debe el fruto de la tierra? Al productor de ella, indudablemente. ¿Quién ha hecho la tierra? Dios. En este caso, señores propietarios, podéis retiraros.

Pero el Creador de la tierra no la vende, la regala, y al donarla no hace expresión nominal de los favorecidos. ¿Cómo, pues, entre todos sus hijos unos tienen la consideración de legítimos y otros la de bastardos? Si la igualdad de lotes fue de derecho primitivo, ¿cómo puede sancionarse la desigualdad de condiciones por un derecho posterior?

Say da a entender que si el aire y el agua no fuesen de naturaleza fugitiva, también habrían sido apropiados. Observaré de paso que esto, más que una hipótesis, es una realidad. El aire y el agua han sido apropiadas en cuanto es posible.

Habiendo descubierto los portugueses el paso a las Indias por el Cabo de Buena Esperanza, pretendieron que sólo a ellos correspondía la propiedad del itinerario; y Grotius, consultado sobre esta cuestión por los holandeses, que se negaban a reconocer tal derecho, escribió expresamente su tratado De mar libero, para probar que el mar no puede ser objeto de apropiación.

El derecho de caza y de pesca ha estado en todo tiempo reservado a los señores y a los propietarios. Hoy está reconocido por el Estado y los Municipios a todos los que puedan pagar el impuesto correspondiente. Justo es que se reglamente la caza y la pesca, pero que se la repartan los favorecidos por la fortuna es crear un monopolio sobre el aire y sobre el agua.

¿Qué es el pasaporte? Una recomendación en favor de la persona del viajero, un certificado de seguridad para él y para lo que le pertenece. El fisco, cuyo afán consiste en desnaturalizar todas las buenas cosas, ha convertido el pasaporte en un medio de espionaje y en una gabela. ¿No es esto vender el derecho de andar y de moverse libremente? Finalmente tampoco se permite sacar agua de una fuente enclavada en el terreno particular sin permiso del propietario, porque en virtud del derecho de accesión, la fuente pertenece al poseedor del suelo, a no haber posesión contraria, ni tener vistas a un patio, jardín, huerta, sin consentimiento de su propietario; ni pasearse por parque ajeno contra la voluntad de su dueño; pero, en cambio, a éste se le permite cercarlo. Pues bien, todas esas prohibiciones son otras tantas limitaciones sagradas, no sólo del uso de la tierra, sino del aire y del agua. ¡Proletarios: a todos nosotros nos excomulga la propiedad!

La apropiación del más consistente de los elementos no ha podido realizarse sin la de los otros tres, puesto que, según el derecho francés y el romano, la propiedad del suelo implica la de lo que está encima y debajo, del subsuelo y del cielo.

Un hombre a quien se le impidiese andar por los caminos, detenerse en los campos, ponerse al abrigo de las inclemencias, encender lumbre, recoger los frutos y hierbas silvestres y hervirlos en un trozo de tierra cocida, ese hombre no podría vivir. La tierra, como el agua, el aire y la luz, es una materia de primera necesidad, de la que cada uno debe usar libremente sin perjudicar al disfrute ajeno; ¿por qué, entonces, está apropiada la tierra? La contestación de Ch. Comte es curiosa: Say decía que por no ser fugitiva; Ch. Comte afirma que por no ser infinita. La tierra es cosa limitada, luego, según Comte, debe ser cosa apropiada. Lo lógico sería lo contrario, y así debiera decir que por ser finita no debe ser apropiada. Porque si uno se apropia determinada cantidad de aire o de luz, no puede resultar de ello daño a nadie; pero en cuanto al suelo, sucede lo contrario. Apodérese quien quiera o quien pueda de los rayos del sol, de la brisa que pasa, de las olas del mar; se lo permito, y, además le perdono su mala voluntad de privarme de ello; pero al hombre que pretenda transformar su derecho de posesión territorial en derecho de propiedad, le declaro la guerra y lo combato a todo trance.

La argumentación de Ch. Comte va contra su propia tesis. "Entre las cosas necesarias a nuestra conservación —dice— hay algunas en tan gran cantidad, que son inagotables; otras que existen en cantidad menos considerable y sólo pueden satisfacer las necesidades de un determinado número de personas. Las primeras se llaman comunes, las segundas particulares".

No es exacto este razonamiento: el agua, el aire y la luz son cosas comunes, no porque sean inagotables, sino porque son indispensables; tan indispensables, que por ello la Naturaleza parece haberlas creado en cantidad casi ilimitada, a fin de que su inmensidad les preservara de toda apropiación. Del mismo modo, la tierra es indispensable a nuestra conservación, y, por tanto, cosa común, no susceptible de apropiación. Pero la tierra es mucho más limitada que los otros elementos, y su uso debe ser regulado, no en beneficio de algunos, sino en interés y para la seguridad de todos. En dos palabras: la igualdad de derechos se justifica por la igualdad de necesidad: pero la igualdad de derechos, si la cosa es limitada, sólo puede realizarse mediante la igualdad en la posesión. Es una ley agraria lo que late en el fondo de los argumentos de Ch. Comte.

Bajo cualquier aspecto que se mire esta cuestión de la propiedad, cuando se quiere profundizar se llega a la igualdad. No insistiré más sobre la división de las cosas que pueden o no ser apropiadas; en este particular, economistas y jurisconsultos rivalizan en decir tonterías. El Código civil, después de haber definido la propiedad, guarda silencio sobre las cosas susceptibles o no susceptibles de apropiación, y si habla de las que están en el comercio, es siempre sin determinar ni definir nada. Y, sin embargo, no han faltado luminosos principios, como son los contenidos en estas triviales máximas: *ad reges potestas omnium pertinet, ad singulos propietas; omnia rex imperio possidet, singuli dominio*. ¡La soberanía social opuesta a la propiedad individual! ¿No parece esto una profecía de la igualdad, un oráculo republicano? Los ejemplos se ofrecen en gran número. En otro tiempo, los bienes de la Iglesia, los dominios de la corona, los estados de la nobleza eran inalienables e imprescindibles. Si la Constitución, en vez de abolir ese privilegio, lo hubiera reconocido a todo ciudadano, si hubiese declarado que el derecho al trabajo, como la libertad, no puede perderse jamás, desde ese momento la revolución estaría consumada, y sólo faltaría procurar su perfeccionamiento.

II

El consentimiento universal no justifica la propiedad

En las palabras de Say, antes copiadas, no se percibe claramente si ese autor hace depender el derecho de propiedad de la cualidad no fugitiva del suelo o del consentimiento que asegura han prestado todos los hombres a esa apropiación. Tal es la construcción de su frase, que permite igualmente interpretarla en uno u otro sentido, y aún en los dos a la vez. De suerte que pudiera sostenerse que el autor ha querido decir: el derecho de propiedad nació primitivamente del ejercicio de la voluntad: la fijeza del suelo le dio ocasión de ser aplicado a la tierra, y el consentimiento universal ha sancionado después esa aplicación.

Sea de eso lo que quiera, ¿han podido legitimar las hombres la propiedad por su mutuo asentimiento? Lo niego. Tal contrato, aún teniendo por redactores a Grotius, a Montesquieu y a J. J. Rousseau, aún estando autorizado por la firma y rúbrica de todo el género humano, sería nulo de pleno derecho, y el acto en él contenido Ilegal. El hombre no puede renunciar al trabajo ni a la libertad; reconocer el derecho de propiedad territorial es renunciar al trabajo, puesto que es abdicar el medio para realizarle, es transigir sobre un derecho natural y despojarse de la cualidad de hombre.

Pero quiero suponer que haya existido tal consentimiento tácito o expreso: ¿cuál sería su resultado? Las renuncias debieron ser recíprocas: reparación no se abandona un derecho sin obtener, en cambio, otro equivalente. Caemos otra vez en la igualdad, condición *sine qua non* de toda apropiación. De modo que después de haber justificado la propiedad por el consentimiento universal, es decir, por la igualdad, hay necesidad de justificar la desigualdad de condiciones por la propiedad. Es imposible salir de este dilema.

En efecto, si según los términos del pacto social la propiedad tiene por condición la igualdad, desde el momento en que esta igualdad no existe, el pacto queda infringido y toda propiedad es una usurpación. Nada se va ganando, pues, con acudir a este pretendido consentimiento de todos los hombres.

III

La propiedad no puede adquirirse por prescripción

El derecho de propiedad ha sido el principio del mal sobre la tierra, el primer eslabón de la larga cadena de crímenes y de miserias que el género humano arrastra desde su nacimiento. La mentira de la prescripción es el hechizo con que se ha sugestionado el pensamiento de los hombres, la palabra de muerte con que se ha amenazado a las conciencias para detener el progreso del hombre hacia la verdad y mantener la idolatría del error.

El Código francés define la prescripción como "un medio de adquirir los derechos y de librarse de las obligaciones por el transcurso del tiempo".

Aplicando esta definición a las ideas, se puede emplear la palabra prescripción para designar el favor constante de que gozan las antiguas tradiciones, cualquiera que sea su objeto; la oposición, muchas veces airada y sangrienta, que en todas las épocas hallan las nuevas creencias, haciendo del sabio un mártir. No hay descubrimiento ni pensamiento generoso que, a su entrada en el mundo, no haya encontrado una barrera formidable de opiniones, a modo de conjuración de todos los principios existentes. Prescripciones contra la razón, prescripciones contra los hechos, prescripciones contra toda verdad antes desconocida, han sido el sumario de la filosofía del *statu quo* y el símbolo de los conservadores de todos los tiempos.

Cuando la reforma evangélica vino al mundo, existía la prescripción en favor de la violencia, del vicio y del egoísmo. Cuando Galileo, Descartes, Pascal y sus discípulos transformaron la filosofía y las ciencias, la prescripción amparaba la doctrina de Aristóteles. Cuando nuestros antepasados de 1789 reclamaron la libertad y la igualdad, existía la prescripción para la tiranía y el privilegio. "Hay y ha habido siempre propietarios, luego siempre los habrá". Y con esta profunda máxima, último esfuerzo del egoísmo expirante, los doctores de la desigualdad social creen contestar a los ataques de sus adversarios, imaginando, sin duda, que las ideas prescriben como la propiedad.

Alentados por la marcha triunfal de las ciencias a no desconfiar de nuestras opiniones, acogemos hoy con aplauso al observador de la Naturaleza que, después de mil experiencias, fundado en un análisis profundo, persigue un principio nuevo, una ley ignorada. No rechazamos ya ninguna idea con el pretexto de que han existido hombres más sabios que nosotros y no han observado los mismos fenómenos ni deducido las mismas consecuencias. ¿Porqué razón no hemos de seguir igual conducta en las cuestiones políticas y filosóficas? ¿Por qué la ridícula manía de afirmar que ya se ha dicho todo, lo que equivale a decir que nada hay ignorado por la inteligencia humana? ¿Por qué razón la máxima nada nuevo hay bajo el sol se ha reservado exclusivamente para las investigaciones metafísicas? Pues sencillamente porque todavía estamos acostumbrados a filosofar con la imaginación en lugar de hacerlo con la observación y el método; porque imperando la fantasía y la voluntad en lugar del razonamiento y de los hechos, ha sido imposible hasta el presente distinguir al charlatán del filósofo, al sabio del impostor. Desde Salomón y Pitágoras, la imaginación se ha agotado en el estéril trabajo de inventar, no descubrir las leyes sociales y políticas. Se han propuesto ya todos los sistemas posibles. Bajo este punto de vista, es probable, que todo esté dicho, pero no es menos cierto que todo queda por saber. En política (para no citar aquí más que esta rama de la filosofía), en política, cada cual toma partido según su pasión y su interés; el espíritu se somete a lo que la voluntad le impone; no hay ciencia, no hay ni siquiera un indicio de certidumbre. Así, la ignorancia general produce la tiranía general, y mientras la libertad del pensamiento está escrita en la Constitución, la servidumbre del pensamiento, bajo el nombre de preponderancia de las mayorías, se halla decretada igualmente en la Constitución.

Para impugnar la prescripción de que habla el Código no entablaré una discusión sobre el ánimo de no adquirir invocado por los propietarios. Sería esto muy enojoso y declamatorio. Todos saben que hay derechos que no pueden prescribir; y en cuanto a las cosas que se adquieren por el tiempo, nadie ignora que la prescripción exige ciertas condiciones, y que basta la omisión de una sola para que aquélla no exista. Si es cierto, por ejemplo, que la posesión de los propietarios ha sido civil, pública, pacífica y no interrumpida, lo es también que carece de justo título, puesto que los únicos que presentan la ocupación y el trabajo, favorecen tanto al proletario demandante como al propietario demandado. Además, esa misma posesión carece de buena fe, porque tiene por fundamento un error de derecho, y el error de derecho impide la prescripción. Aquí el error de derecho consiste ya en que el detentador posee a título de propiedad, no pudiendo poseer más que a título de usufructo, ya que ha comprado una cosa que nadie tiene derecho a enajenar ni a vender.

Otra razón por la cual no puede ser invocada le prescripción en favor de la propiedad, razón deducida de la misma jurisprudencia, es que el derecho de posesión inmobiliaria forma parte de un derecho universal que ni aún en las más desastrosas épocas de la humanidad ha llegado a extinguirse; y bastaría a los proletarios probar que han ejercitado siempre alguna parte de ese derecho para ser reintegrado en la totalidad. El individuo que tiene, por ejemplo, el derecho universal de poseer, donar, cambiar, prestar, arrendar, vender, transformar o destruir la cosa, lo conserva íntegro por la realización de cualquiera de esos actos, el de prestar, verbigracia, aunque no manifieste nunca en otra forma su dominio. Del mismo modo, la igualdad de bienes, la igualdad de derechos, la libertad, la voluntad, la personalidad son otras tantas expresiones de una misma cosa, del derecho de conservación y de reproducción; en una palabra, del derecho a vivir, contra el cual la prescripción no puede comenzar a correr sino desde el día de la exterminación del género humano.

Finalmente, en cuanto al tiempo requerido para la prescripción, estimo superfluo demostrar que el derecho de propiedad en general, no puede adquiriese por ninguna posesión de diez, veinte, ciento, mil, ni cien mil años, y que mientras haya un hombre capaz de comprender e impugnar el derecho de propiedad, tal derecho no habrá prescrito. Porque no es lo mismo un principio de la jurisprudencia, un axioma de la razón, que un hecho accidental y contingente. La posesión de un hombre puede prescribir contra la posesión de otro hombre, pero así como el poseedor no puede ganar la prescripción contra sí mismo, la razón conserva siempre la facultad de rectificarse y mortificarse: el error presente no la obliga para el porvenir. La razón es eterna e inmutable; la institución de la propiedad, obra de la razón ignorante, puede ser derogada por la razón instruida: por tanto, la propiedad no puede fundarse en la prescripción. Tan sólido y tan cierto es todo esto, que precisamente en estos mismos fundamentos se halla basada la máxima de que en materia de prescripción el error de derecho no beneficia a nadie.

Pero faltaría a mi propósito, y el lector tendría derecho a acusarme de charlatanismo, si no tuviese más que decir sobre la prescripción. He demostrado anteriormente que la apropiación de la tierra es ilegal, y que aún suponiendo que no lo fuese, sólo se conseguiría de ella una cosa, a saber: la igualdad de la propiedad. He demostrado en segundo lugar que el consentimiento universal no prueba nada en favor de la propiedad, y que, de probar algo, sería también la igualdad en la propiedad. Réstame demostrar que la prescripción, si pudiera admitirse, presupondría también la igualdad en la propiedad.

Según ciertos autores, la prescripción es una medida de orden público, una restauración, en ciertos casos, del modo primitivo de adquirir una ficción de la ley civil, la cual procura atender de este modo a la necesidad de terminar y resolver litigios que con otro criterio no podrían resolverse. Porque, como dice Grotius, el tiempo no tiene por sí mismo ninguna virtud efectiva; todo sucede en el tiempo, pero nada se hace por el tiempo. La prescripción o el derecho de adquirir por el lapso de tiempo es, por tanto, una ficción de la ley, convencionalmente admitida.

Pero toda propiedad ha comenzado necesariamente por la prescripción, o como decían los latinos, por la usurpación, es decir, por la posesión continua. Y en primer término, pregunto: ¿cómo pudo la posesión convertirse en propiedad por el lapso de tiempo? Haced la posesión tan antigua como queráis, acumulad años y siglos, y no conseguiréis que el tiempo, que por sí mismo no crea nada, no altera nada, no modifica nada, transforme al usufructuario en propietario. La ley civil, al reconocer a un poseedor de buena fe el derecho de no poder ser desposeído por un nuevo poseedor, no hace más que confirmar un derecho ya respetado, y la prescripción, así entendida, sólo significa que en la posesión, comenzada hace veinte, treinta o cien años, será mantenido el ocupante. Pero cuando la ley declara que el lapso de tiempo hace propietario al poseedor, supone que puede crearse un derecho sin causa que le produzca, altera la calidad del sujeto inmotivadamente, legisla lo que no se discute, sobrepasa sus atribuciones. El orden público y la seguridad de los ciudadanos sólo exigen la garantía de la posesión. ¿Por qué ha creado la ley la propiedad? La prescripción ofrecía una seguridad en el porvenir. ¿Por qué la ley la ha convertido en privilegio?

El origen de la prescripción es, pues, idéntico al de la propiedad misma; y puesto que ésta no puede legitimarse sino bajo la indispensable condición de la igualdad, la prescripción es asimismo una de las muchas formas con que se ha manifestado la necesidad de conservar esa preciosa igualdad. Y no es esto una vana inducción, una consecuencia deducida caprichosamente; la prueba de ello está consignada en todos los códigos.

En efecto, si todos los pueblos han reconocido, por instinto de justicia y de conservación, la utilidad y la necesidad de la prescripción, y si su propósito ha sido velar por ese medio por los intereses del poseedor, ¿pudieron dejar abandonados los del ciudadano ausente, obligado a vivir lejos de su familia y de su patria por el comercio, la guerra o la cautividad, sin posibilidad de ejercer ningún acto de posesión? No. Por eso al mismo tiempo que la prescripción se sancionaba por las leyes, se declaraba que la propiedad se conservaba por la simple voluntad. Mas si la propiedad se conserva por la simple voluntad, si no, puede perderse sino por acto del propietario, ¿cómo puede alegarse la prescripción? ¿Cómo se atreve la ley a presumir que el propietario, que por su simple voluntad lo sigue siendo, ha tenido intención de abandonar lo que ha dejado prescribir, cualquiera que sea el tiempo que se fije para deducir tal conjetura? ¿Con qué derecho castiga la ley la ausencia del propietario despojándole de sus bienes? ¿Cómo puede ser esto? Hemos visto antes que la propiedad y la prescripción eran cosas idénticas, y ahora nos encontramos, sin embargo, con que son conceptos antitéticos que se destruyen entre sí.

Grotius, que presentía la dificultad, la resuelve de manera tan singular, que bien merece ser conocida. "Hay algún hombre —dice— de alma tan poco cristiana que, por una miseria, quisiera eternizar el pecado de un poseedor, y esto sucedería infaliblemente si no tuviera por caducado su derecho". Pues bien; yo soy ese hombre. Por mi parte ya puede arder un millón de propietarios hasta el día del juicio; arrojo sobre su conciencia la porción que ellos me han arrebatado de los bienes de este mundo. A esa poderosa consideración, añade Grotius, la siguiente: "Es más beneficioso —dice— abandonar un derecho litigioso que pleitar, turbar la paz de las naciones y atizar el fuego de la guerra civil". Acepto, si se quiere, esta razón, en cuanto me indemnice del perjuicio, permitiéndome vivir tranquilo. Pero si no consigo tal indemnización, ¿qué me importa a mí, proletario, la tranquilidad y la seguridad de los ricos? Me es tan indiferente el orden público como el saludo de los propietarios. Reclamo, pues, que se me permita vivir trabajando, porque si no moriré combatiendo.

Cualesquiera que sean las sutilezas que se emplean, la prescripción es una contradicción de la propiedad, o mejor dicho, la propiedad y la prescripción son dos manifestaciones de un mismo principio, pero en forma que se contrarrestan recíprocamente, y no es uno de los menores errores de la jurisprudencia antigua y moderna haber pretendido armonizarlas.

Después de las primeras convenciones, después de los ensayos de leyes y de constituciones que fueron la expresión de las primeras necesidades sociales, la misión de los hombres de ley debía ser reformar la legislación en lo que tuviese de imperfecta, corregir lo defectuoso, conciliar, con mejores definiciones, lo que parecía contradictorio. En vez de esto, se atuvieron al sentido literal de las leyes, contentándose con el papel servil de comentaristas y glosadores. Tomando por axiomas de lo eterno y por indefectible verdad las inspiraciones de una razón necesariamente falible, arrastrados por la opinión general, subyugados por la religión de los textos, han establecido el principio a imitación de los teólogos, de que es infaliblemente verdadero lo que es admitido constante y universalmente, como si una creencia general, pero irreflexivo, probase algo más que la existencia de un error general. No nos engañemos hasta ese extremo. La opinión de todos los pueblos puede servir para comprobar la percepción de un hecho, el sentimiento vago de una ley; pero nada puede enseñamos, ni sobre el hecho ni sobre la ley. El consentimiento del género humano es una indicación de la Naturaleza; no, como ha dicho Cicerón, una ley de la Naturaleza. Bajo la apariencia se oculta la verdad, que la fe puede creer, pero sólo la reflexión puede descubrir. Este ha sido el objeto del progreso constante del espíritu humano en todo lo concerniente a los fenómenos físicos y a las creaciones del genio; ¿para qué nos servirían si no los actos de nuestra conciencia y las reglas de nuestras acciones?

IV

Del trabajo - el trabajo no tiene por si mismo ninguna facultad de apropiación sobre las cosas de la naturaleza.

Vamos a demostrar, por los propios aforismos de la economía política y del derecho, es decir, por todo lo más especioso que los defensores de la propiedad pueden oponer: 1.º. Que el trabajo no tiene por sí mismo, sobre las cosas de la Naturaleza, ninguna facultad de apropiación. 2.º. Que aún reconociendo al trabajo esta facultad, se llega a la igualdad de propiedades, cualesquiera que sean, por otra parte, la clase del trabajo, la rareza del producto y la desigualdad de las facultades productivas. 3.º. Que en orden a la justicia, el trabajo destruye la propiedad.

A imitación de nuestros adversarios, y con objeto de no omitir cosa ninguna, tomamos la cuestión remontándonos a sus principios todo lo posible.

Dice Ch. Comte en su Tratado de la propiedad: "Francia, considerada como nación, tiene un territorio que le es propio". Francia, como un solo hombre, posee un territorio que explota, pero no es propietaria de él. Sucede a las naciones lo mismo que a los individuos entre sí; les corresponde simplemente el uso y el trabajo sobre el territorio, y sólo por un vicio del lenguaje se les atribuye el dominio del suelo. El derecho de usar y abusar no pertenece al pueblo ni al hombre. Tiempo vendrá en que la guerra contra un Estado para reprimir el abuso en la posesión será una guerra sagrada.

Ch. Comte, que trata de explicar cómo se forma la propiedad, comienza por suponer que una nación es propietaria. Cae en el sofisma llamado petición de principio. Desde ese momento, toda su argumentación carece de solidez.

Sí el lector cree que es ir demasiado lejos el negar a una nación la propiedad de su territorio, me limitaré a recordar que del derecho ficticio de propiedad nacional han nacido en todas las épocas las pretensiones señoriales, los tributos, la servidumbre, los impuestos de sangre y de dinero, las exacciones en especies, etc., y, por consecuencia, la negativa a abonar los impuestos, las insurrecciones, la guerra y la despoblación.

"Existen en ese territorio grandes extensiones de terreno que no han sido convertidas en propiedades individuales. Estas tierras, que consisten generalmente en montes, pertenecen a la masa de la población, y el gobierno que percibe los impuestos las emplea, o debe emplearlas, en interés común". Debe emplearlas está bien dicho: así no hay peligro de mentir.

"Si fueran puestas a la venta...". ¿Por qué razón han de venderse? ¿Quién tiene derecho a hacerlo? Aun cuando la nación fuera propietaria, ¿puede la presente generación desposeer a la generación de mañana? El pueblo posee a título de usufructo; el gobierno rige, inspecciona, protege, ejerce la justicia distributivo; si otorga también concesiones de terreno, sólo puede conceder el uso; no tiene derecho de vender ni enajenar cosa alguna. No teniendo la cualidad de propietario, ¿cómo ha de poder transmitir la propiedad?

"... Si un hombre industrioso comprase una parte de dichos terrenos, una vasta marisma, por ejemplo, claro es que nada habría usurpado, puesto que el público recibe su precio justo por mano de su gobierno, y tan rico es después de la venta como antes".

Esto se irrisorio. ¿De modo que porque un ministro pródigo, impudente o inhábil, venda los bienes de Estado, sin que yo pueda hacer oposición a la venta (yo, tutelado del Poder público, yo, que no tengo voto consultivo ni deliberativo en el Consejo de Estado), dicha venta ha de ser valedera y legal? ¡Los tutores del pueblo disipan su patrimonio, y no le queda a aquél recurso alguno! "He recibido —decís— por mano de mi gobierno mi parte en el precio de la venta": pero es que yo no he querido vender, y aún cuando lo hubiese querido, no puedo, no tengo ese derecho. Además, yo no sé si esta venta me beneficia. Mis tutores han uniformado algunos soldados, han restaurado una antigua ciudadela, han erigido a su vanidad algún costoso y antiartístico monumento, y quizá han quemado, además, unos fuegos artificiales y engrasado algunas cucañas. ¿Y qué es todo esto en comparación con lo que he perdido?

El comprador del Estado cerca su finca, se encierra en ella, y dice: "Esto es mío, cada uno en su casa y Dios en la de todos". Desde entonces, en ese espacio de terreno nadie tiene derecho de poner el pie, a no ser el propietario y sus servidores. Que estas ventas aumenten, y bien pronto el pueblo, que no ha podido ni querido vender, no tendrá dónde descansar, ni con qué abrigarse, ni con qué recolectar. Irá a morir de hambre a la puerta del propietario, en el lindero de esa propiedad que era todo su patrimonio; y el propietario, al verle expirar, le dirá: "¡Así mueren los holgazanes y los canallas!".

Para que se acepte de buen grado la usurpación del propietario, Ch. Comte intenta despreciar el valor de las tierras en el momento de la venta.

"Es preciso, dice, no exagerar la importancia de esas usurpaciones; se debe apreciarlas por el número de hombres que vivían a costa de las tierras ocupadas y por los medios de subsistencia que éstas les suministraban. Es evidente, por ejemplo, que si la tierra que hoy vale 1000 francos no valía más que cinco céntimos cuando fue usurpada, en realidad el perjuicio debe apreciarse en cinco céntimos. Una legua cuadrada de tierra apenas bastaba para la vida miserable de un salvaje; hoy, en cambio, asegura los medios de existencia a mil personas. Noventa y nueve partes de esa extensión son propiedad legítima de sus poseedores; la usurpación se reduce a una milésima de su valor actual".

Un labriego se acusaba en confesión de haber roto un documento en el que reconocía deber cien escudos. El confesor decía: "Es preciso devolver esos cien escudos". "Eso no —respondió el labriego—; sólo debo restituir dos cuartos que valía la hoja de papel en que constaba la deuda".

El razonamiento de Ch. Comte se parece a la buena fe del labriego. El suelo no tiene solamente un valor integrante y actual, sino también un valor de potencia y de futuro, cuyo valor depende de nuestra habilidad para mejorarle y cultivarle. Destruid una letra de cambio, un título de la Deuda pública; considerando solamente el valor del papel, destruís un valor insignificante; pero al romper el papel inutilizáis vuestro título, y al perder vuestro título os desposáis de vuestro bien. Destruid la tierra, o lo que es lo mismo para vosotros, venderla: no solamente enajenáis una, dos o varias cosechas, sino que renunciáis a todos los productos que de ella hubierais podido obtener, y que luego obtendrían vuestros hijos y vuestros nietos.

Decir que la propiedad es hija del trabajo y otorgar después al trabajo una propiedad como medio de ejercitarle es, si no me engaño, formar un círculo vicioso. Las contradicciones no tardarán en presentarse.

"Un espacio de tierra determinado sólo puede producir alimentos para el consumo de un hombre durante un día; si el poseedor, por su trabajo, encuentra medio de que produzca para dos días, duplica su valor. Este valor nuevo es obra suya, no perjudica a nadie, es su propiedad".

Sostengo a mi vez que el poseedor encuentra el pago de su trabajo y de su industria en esa doble producción, pero no adquiere ningún derecho sobre el suelo. Apruebo que el trabajador haga suyos los frutos; pero no comprendo cómo la propiedad de éstos puede implicar la de la tierra. El pescador que desde la orilla del río tiene la habilidad de coger más cantidad de peces que sus compañeros, ¿se convertirá, por esa circunstancia, en propietario de los parajes en que ha pescado? ¿La destreza de un cazador, ha sido nunca considerada como título de propiedad sobre toda la caza de un monte? La comparación es perfecta: el cultivador diligente encuentra en una cosecha abundante y de calidad excelente la recompensa de su industria; si mejoró el suelo, tendrá derecho a una preferencia como poseedor, pero de ningún modo podrá aceptarse su habilidad para el cultivo como un título a la propiedad del suelo que labra.

Para transformar la posesión en propiedad, sin que el hombre cese de ser propietario cuando cese de ser trabajador, es necesario algo más que el trabajo; pero lo que constituye la propiedad, según la ley, es la posesión inmemorial, pacífica; en una palabra, la prescripción; el trabajo no es más que el signo sensible, el acto material por el cual se manifiesta la posesión.

Por tanto, si el cultivador sigue siendo propietario aún después de trabajar y producir por sí mismo; si su posesión, al principio concedida y luego tolerada, llega al fin a ser inalienable, es esto al amparo de la ley civil y por el principio de ocupación. Esto es tan cierto, que no hay contrato de venta ni de arrendamiento, ni de constitución de renta, que no lo presuponga. Acudiré, para demostrarlo, a un ejemplo.

¿Cómo se valúa un inmueble? Por su producto. Si una tierra produce 1000 francos, se calcula que, al 5 por 100, vale 20 000; al 6 por 100, 25 000, etc.; esto significa, en otros términos, que pasados veinte o veinticinco años, el adquirente se habrá reintegrado del precio de esa tierra. Por tanto, si después de un lapso de tiempo está íntegramente pagado el precio de un inmueble, ¿por qué razón el adquirente sigue siendo propietario? Sencillamente en virtud del derecho de ocupación, sin el cual toda venta sería una retroventa.

El sistema de la apropiación por el trabajo está, pues, en contradicción con el Código, y cuando los partidarios de este sistema intentan servirse de él para explicar las leyes, incurren en contradicción con ellas mismas.

"Si los hombres llegan a fertilizar una tierra improductiva o perjudicial, como algunos pantanos, crean al hacerlo una propiedad integral".

¿Para qué exagerar la expresión y jugar a los equívocos, como si se pretendiera alterar el concepto? Al afirmar que crean una propiedad completa, queréis decir que crean una capacidad productiva que antes no existía. Pero esa capacidad no puede crearse sino mediando la materia que la produce. La sustancia del suelo sigue siendo la misma; lo único que ha sufrido alteración son sus cualidades. El hombre todo lo ha creado, menos la materia misma. Y respecto a esta materia, sostengo que no puede tenerse más que la posesión y el uso, con la condición permanente del trabajo, por el cual únicamente se adquiere la propiedad de los frutos.

Está pues, resuelto el primer punto: la propiedad del producto, aún cuando sea concedida, no supone la propiedad del medio; no creo que esto necesite demostración más amplia. Hay completa identidad entre el soldado poseedor de sus armas, el albañil poseedor de los materiales que se le confían, el pescador poseedor de las aguas, el cazador poseedor de las campos y los montes y el cultivador poseedor de la tierra. Todos ellos son, si se quiere, propietarios de los productos, pero ninguno es propietario de sus instrumentos. El derecho al producto es individual, exclusivo; el derecho al instrumento, al medio, es común.

V

El trabajo conduce a la igualdad en la propiedad

Aceptemos, sin embargo, la hipótesis de que el trabajo confiere un derecho de propiedad sobre la cosa. ¿Por qué no es universal este principio? ¿Por qué el beneficio de esta pretendida ley se otorga a un pequeño número de hombres y se niega a la multitud de trabajadores? A un filósofo que sostenía que todos los animales habían nacido primitivamente de la tierra, fecundizada por los rayos del sol, del mismo modo que los hongos, se le preguntaba en cierta ocasión por qué la tierra no seguía produciendo de la misma manera. A lo que él respondió: "Porque ya es vieja y ha perdido su fecundidad". ¿El trabajo, en otro tiempo tan fecundo, habrá llegado también a ser estéril? ¿Por qué el arrendatario no adquiere ya por el trabajo esa misma tierra que el trabajo transmitió ayer al propietario?

Dícese que porque ya está apropiada. Esto no es contestar. La aptitud y el trabajo del arrendatario elevan el producto de la tierra al doble; este exceso es creación del arrendatario. Supongamos que el dueño, por rara moderación, no se apropia esa nueva utilidad aumentando el precio del arriendo, y deja al cultivador el disfrute de su obra; pues aún así, no se da satisfacción a la justicia. El arrendatario, al mejorar el suelo, ha creado un nuevo valor en la propiedad, luego tiene derecho a una participación en ella. Si la tierra valía en un principio 190 000 francos, y por el trabajo del arrendatario llega a valer 150 000, el productor es, propietario legítimo de la tercera parte de la tierra. Ch. Comte no hubiera podido objetar nada contra esta doctrina, porque él mismo ha dicho: "Los hombres que dan a la tierra mayores condiciones de fertilidad prestan tanta utilidad a sus semejantes como si creasen una nueva".

¿Por qué razón esa regla no es aplicable lo mismo al que mejora las condiciones de una tierra que al que la ha roturado? Por el trabajo del primer trabajador la tierra vale 1; por el del segundo, vale 2; por parte de uno y otro se ha creado un valor igual: ¿por qué no reconocer a ambos igualdad en su propiedad? A menos que se invoque otra vez el derecho del primer ocupante, desafío a que se oponga a mi criterio ningún argumento eficaz.

Pero se me dirá: "De aceptar vuestra doctrina se llegaría a una mayor división de propiedad. Las tierras no aumentan indefinidamente de valor; a los dos o tres cultivos llegan al máximo de su fecundidad. Lo que la agronomía mejora, es consecuencia del progreso y difusión de las ciencias más que de la habilidad de los labradores. Así, pues, el hecho de que algunos trabajadores entrasen en la masa de propietarios ningún argumento ofrecería contra la propiedad".

Sería, en efecto, obtener en esta discusión un resultado muy desfavorable, si nuestros esfuerzos no lograsen más que ampliar el privilegio del suelo y el monopolio de la industria, emancipando algunos centenares de trabajadores con olvido de millones de proletarios. Pero esto sería interpretar muy torpemente nuestro pensamiento y dar escasas pruebas de inteligencia y de lógica.

Si el trabajador que multiplica el valor de la cosa tiene derecho a la propiedad, quien mantiene ese valor tiene el mismo derecho. Porque para mantenerlo es preciso aumentar incesantemente, crear de modo continuo. Para cultivar hay que dar al suelo su valor anual; y sólo mediante una creación de valor, renovada todos los años, se consigue que la tierra no se deprecie ni se inutilice. Admitiendo, pues, la propiedad como racional y legítima, admitiendo el arriendo como equitativo y justo, afirmo que quien cultiva la tierra adquiere su propiedad con el mismo título que quien la rotura y quien la mejora, y que cada vez que un arrendatario paga la renta, obtiene sobre el campo confiado a sus cuidados una fracción de propiedad cuyo denominador es igual a la cuantía de esa renta. Salid de ahí y caeréis irremisiblemente en lo arbitrario y en la tiranía; reconoceréis los privilegios de casta; sancionaréis la servidumbre.

Quien trabaja se convierte en propietario. Este hecho no puede negarse, con arreglo a los principios actuales de la economía política y del derecho. Y al decir proletario, no entiendo solamente, como nuestros hipócritas economistas, propietario de sus sueldos, de sus jornales, de su retribución, sino que quiero decir propietario del valor que crea, el cual sólo redunda en provecho del dueño.

Como todo esto se relaciona con la teoría de los salarios y de la distribución de los productos, y esta materia no ha sido aún razonablemente esclarecida, me permite insistir en ello; esta discusión no será del todo inútil a mi causa. Muchas gentes hablan de que se conceda a los obreros una participación en los productos y en los beneficios, pero esta participación que se reclama para ellos es pura caridad, simple favor. Jamás se ha demostrado, y nadie lo ha supuesto, que sea un derecho natural, necesario, inherente al trabajo, inseparable de la cualidad de productor hasta en el último de los operarios.

He aquí mi proposición: El trabajador conserva, aún después de haber recibido su salario, un derecho natural de propiedad sobre la cosa que ha producido.

Y continúo citando a Comte: "Los obreros están dedicados, por ejemplo, a desecar un pantano, a arrancar los árboles y las malezas, en una palabra, a preparar el cultivo del terreno, es indudable que al hacerlo aumentan su valor, crean una propiedad más considerable; pero el valor que adicionan al terreno les es pagado con los alimentos que reciben y con el precio de sus jornadas: el terreno sigue siendo, pues, propiedad del capitalista".

Este precio no basta. El trabajo de los obreros ha creado un valor; luego este valor es propiedad de ellos. Y como no han vendido ni permutado, el capitalista no ha podido adquirirlo. Nada más justo que el capitalista tenga un derecho parcial sobre el todo por los suministros que ha facilitado. Ha contribuido con ellos a la producción y debe tener parte en su disfrute. Pero su derecho no destruye el de los obreros, que han sido sus compañeros en la obra de la producción. ¿A qué hablar de salarios? El dinero invertido en jornales para los obreros apenas equivale a unos cuantos años de la posesión perpetua que ellos abandonan. El salario es el gasto necesario que exige el sostenimiento diario del trabajador. Es un grave error ver en él el precio de una venta. El obrero nada ha vendido; no conoce su derecho, ni el alcance de la cesión que hace al capitalista, ni el espíritu del contrato que se pretende haber otorgado con él. Por su parte, ignorancia completa; por la del capitalista, error e imprevisión, en el caso que no sea dolo y fraude.

Hagamos ver todo esto con más claridad y de modo más gráfico por medio de un ejemplo. Nadie ignora cuántas dificultades existen para convertir una tierra inculta en tierra laborable y productiva. Son tales, que la mayor parte de las veces un hombre solo moriría antes de haber podido poner el terreno en situación de procurar el menor fruto. Sé necesitan para ello los esfuerzos reunidos y combinados de la sociedad y todos los medios de la industria.

Supongamos que una colonia de 20 o 30 familias se establece en un territorio salvaje e inculto, el cual consienten los indígenas en abandonar por arreglo amistoso. Cada uno de esas familias dispone de un capital pequeño, pero suficiente: animales, semillas, útiles, algún dinero y víveres. Dividido el territorio, cada cual se acomoda como puede y comienza a desbrozar el lote que le ha correspondido. Pero después de algunas semanas de fatigas extraordinarias, de penas increíbles y trabajos ruinosos y casi sin resultado, los colonizadores comienzan a quejarse del oficio; la condición les parece dura y maldicen su triste existencia. Un día, uno de los más listos mata un cerdo, sala una parte de él, y resuelto a sacrificar el resto de sus provisiones, va a buscar a sus compañeros de miseria. "Amigos —les dice con afectuoso acento—, ¡cuánto sufrís trabajando sin fruto y viviendo de mala manera! ¡Quince días de trabajo os han reducido al último extremo!... Celebremos un pacto que será en todo beneficioso para vosotros: os daré la comida y el vino; ganaréis, además, tanto por día; trabajaremos juntos, y ya veréis amigos míos, como estamos todos contentos".

¿Puede creerse que hay estómagos necesitados capaces de resistir a semejante oferta? Los más hambrientos siguen al que formula la proposición, y ponen manos a la obra; el atractivo de la sociedad, la emulación, la alegría, el mutuo auxilio, multiplican las fuerzas; el trabajo avanza visiblemente; se vence a la Naturaleza entre alegres cantos y francas risas; en poco tiempo el suelo está transformado; la tierra, esponjada, sólo espera la semilla. Hecho esto, el propietario paga a sus obreros, que se marchan agradecidos recordando los días felices que pasaron a su lado. Otros siguen este ejemplo, siempre con el mismo éxito, y una vez obtenido, los auxiliares se dispersan, volviendo cada uno a su cabaña. Sienten entonces estos últimos la necesidad de vivir: Mientras trabajaban para el vecino, no trabajaban para sí, y ocupados en el cultivo ajeno, no han sembrado ni cosechado nada propio durante un año. Contaron con que al arrendar su esfuerzo personal sólo podían obtener beneficio, puesto que ahorrarían sus provisiones, y viviendo mejor, conservarían aún su dinero. ¡Falso cálculo! Crearon para otro un instrumento de producción, pero nada crearon para ellos. Las dificultades de la roturación siguen siendo las mismas, sus ropas se han deteriorado, sus provisiones están a punto de agotarse, pronto su bolsa quedará vacía en beneficio del particular para quien trabajaron, puesto que sólo él ha comenzado el cultivo. Poco tiempo después cuando el pobre bracero está falto de recursos, el favorecido, semejante al ogro de la fábula, que huele de lejos su víctima, le brinda un pedazo de pan. Al uno le ofrece ocuparle en sus trabajos, al otro comprarle mediante buen precio un pedazo de ese terreno perdido, del que ningún producto puede obtener; es decir, hace explotar por su cuenta el campo del uno por el otro. Al cabo de veinte años, de treinta individuos que primitivamente eran iguales en fortuna, cinco o seis han llegado a ser propietarios de todo el territorio, mientras los demás han sido desposeídos filantrópicamente.

En este siglo de moralidad burguesa en que he tenido la dicha de nacer, el sentido moral está de tal modo debilitado, que nada me extraña que muchos honrados propietarios me preguntasen por qué encuentro todo esto injusto e ilegítimo. Almas de cieno, cadáveres galvanizados, ¿cómo esperar convenceros si no queréis ver la evidencia de ese robo en acción? Un hombre, con atractivas e insinuantes palabras, halla el secreto de hacer contribuir a los demás a establecer su industria. Después, una vez enriquecido por el común esfuerzo, rehúsa procurar el bienestar de aquellos que hicieron su fortuna en las mismas condiciones que él tuvo a bien señalar. ¿Y aún preguntáis qué tiene de fraudulenta semejante conducta? Con el pretexto de que ha pagado a sus obreros, de que nada les debe, de que no tiene por qué ponerse al servicio de otro abandonando sus propias ocupaciones, rehúsa auxiliar a los demás en el cultivo de igual modo que ellos le ayudaron a él. Y cuando en la impotencia de su aislamiento estos trabajadores se ven en la necesidad de reducir a dinero su participación territorial, el propietario, ingrato y falaz, se encuentra dispuesto a consumar su expoliación y su ruina. ¡Y halláis esto justo! Disimulad mejor vuestra impresión, porque leo en vuestras miradas el reproche de una conciencia culpable más que la estúpida sorpresa de una involuntario ignorancia.

El capitalista, se dice, ha pagado los jornales a sus obreros. Para hablar con exactitud, había que decir que el capitalista había pagado tantos jornales como obreros ha empleado diariamente, lo cual no es lo mismo. Porque esa fuerza inmensa que resulta de la convergencia y de la simultaneidad de los esfuerzos de los trabajadores no la ha pagado. Doscientos operarios han levantado en unas cuantas horas el obelisco de Lupsor sobre su base. ¿Cabe imaginar que lo hubiera hecho un solo hombre en doscientos días? Pero según la cuenta del capitalista, el importe de los salarios hubiese sido el mismo. Pues bien; cultivar un erial, edificar una casa, explotar una manufactura, es erigir un obelisco, es cambiar de sitio una montaña. La más pequeña fortuna, la más reducida explotación, el planteamiento de la más insignificante industria, exige un concurso de trabajos y de aptitudes tan diversas que el hombre aislado no podría suplir jamás. Es muy extraño que los economistas no lo hayan observado. Hagamos, pues, el examen de lo que el capitalista ha recibido y de lo que ha pagado.

Necesita el trabajador un salario que le permita vivir mientras trabaja, porque sólo produce a condición de un determinado consumo. Quien ocupe a un hombre le debe, pues, alimento y demás gastos de conservación o un salario equivalente. Esto es lo primero que hay que satisfacer en toda producción. Concedo por el momento que el capitalista cumpla debidamente con esta obligación.

Es preciso que el trabajador, además de su subsistencia actual, encuentre en su producción una garantía de su subsistencia futura, so pena de ver agotarse la fuente de todo producto y de que se anule su capacidad productiva. En otros términos, es preciso que el trabajo por realizar renazca perpetuamente del trabajo realizado; tal es la ley universal de reproducción. Por esta misma ley, el cultivador propietario halla: 1.º. En sus cosechas, el medio no sólo de vivir él y su familia, sino de entretener y aumentar su capital, de mantener sus ganados y, en una palabra, de trabajar más y de reproducir siempre. 2.º. En la propiedad de un instrumento productivo, la garantía permanente de un fondo de explotación y de trabajo.

¿Cuál es el fondo de explotación del que arrienda sus servicios? La necesidad que el propietario tiene de ellos y su voluntad, gratuitamente supuesta, de dar ocupación al obrero. De igual modo que en otro tiempo el colono tenía el campo por la munificencia del señor, hoy debe el obrero su trabajo a la benevolencia y a las necesidades el propietario; es lo que se llama un poseedor a título precario. Pero esta condición precaria es una, injusticia, porque implica una desigualdad en la remuneración. El salario del trabajador no excede nunca de su consumo ordinario, y no le asegura el salario del mañana, mientras que el capitalista halla en el instrumento producido por el trabajador un elemento de independencia y de seguridad para el porvenir.

Este fermento reproductor, este germen eterno de vida, esta preparación de un fondo y de instrumentos de producción, es lo que el capitalista debe al productor, y lo que no le paga jamás, y esta detentación fraudulenta es la causa de la indigencia del trabajador, del lujo del ocioso y de la desigualdad de condiciones. En esto consiste, especialmente, lo que tan propiamente se ha llamado explotación del hombre por el hombre.

Una de tres: o el trabajador tiene parte en la cosa que ha producido, deducción hecha de todos los salarios, o el dueño devuelve al trabajador otros tantos servicios productivos, o se obliga a proporcionarle siempre trabajo. Distribución del producto, reciprocidad de servicios o garantía de un trabajo perpetuo: el capitalista no puede escapar a estas alternativas. Pero es evidente que no puede acceder a la segunda ni a la tercera de estas condiciones; no puede ponerse al servicio de los millones de obreros que directa o indirectamente han procurado su fortuna, ni dar a todos un trabajo constante. No queda más solución que el reparto de la propiedad. Pero si la propiedad se distribuyese, todas las condiciones serían iguales, y no habría ni grandes capitalistas ni grandes propietarios.

Divide et impera: divide y vencerás; divide y llegarás a ser rico; divide y engañarás a los hombres, y seducirás su razón, y te burlarás de la justicia. Aislad a los trabajadores, separadlos uno de otro, y es posible que el jornal de cada uno exceda del valor de su producción individual; pero no es esto de lo que se trata. El esfuerzo de mil hombres actuando durante veinte días se ha pagado igual que el de uno solo durante cincuenta y cinco años; pero este esfuerzo de mil ha hecho en veinte días lo que el esfuerzo de uno solo, durante un millón de siglos, no lograría hacer. ¿Es equitativo el trato? Hay que insistir en la negativa una vez más. Cuando habéis pagado todas las fuerzas individuales, dejáis de pagar la fuerza colectiva; por consiguiente, siempre existe un derecho de propiedad colectiva que no habéis adquirido y que defienden injustamente.

Voy a suponer que un salario de veinte días baste a esa multitud para alimentarse, alojarse y vestirse durante igual tiempo. Cuando una vez expirado ese término cese el trabajo, ¿qué puede quedar a esos hombres, si a medida que han creado han ido abandonando sus obras a los propietarios? Mientras el capitalista, bien asegurado, merced al concurso de todos los trabajadores, vive tranquilo sin temor de que le falte el pan ni el trabajo, el obrero sólo puede contar con la benevolencia de ese mismo propietario, al que ha vendido y esclavizado su libertad. Por tanto, si el propietario, fundándose en su sobra de producción y alegando su derecho, no quiere dar trabajo al obrero, ¿de qué va a vivir éste? Habrá preparado un excelente terreno y no lo sembrará; habrá construido una casa confortable y magnífica y no la habitará; habrá producido de todo y no disfrutará de nada.

Caminamos por el trabajo hacia la igualdad. Cada paso que damos nos aproxima más a ella, y si la fuerza, la diligencia, la industria de los trabajadores fuesen iguales, es evidente que las fortunas lo serían también. Si como se pretende, y yo creo haber demostrado, el trabajador es propietario del valor que crea, se deduce: 1.º. Que el trabajador adquiere a expensas del propietario ocioso. 2.º. Que siendo toda producción necesariamente colectiva, el obrero tiene derecho, en proporción de su trabajo, a una participación en los productos y en los beneficios. 3.º. Que siendo una verdadera propiedad social todo capital acumulado, nadie puede tener sobre él una propiedad exclusiva.

Estas consecuencias son irrebatibles. Sólo ellas bastarían para trastocar toda nuestra economía y cambiar nuestras instituciones y nuestras leyes. ¿Por qué los mismos que establecieron el principio rehúsan, sin embargo, aceptar sus consecuencias? ¿Por qué los Say, los Comte, los Hennequin y otros, después de haber dicho que la propiedad es efecto del trabajo, tratan a continuación de inmovilizarla por la ocupación y la prescripción?

Pero abandonemos estos sofistas a sus contradicciones y a su ceguedad. El buen sentido del pueblo hará justicia a sus equívocos. Apresurémonos a ilustrarle y a enseñar el camino. La igualdad se acerca; estamos ya a muy corta distancia de ella y no tardaremos en franquearla.

VI

Que en la sociedad todos son iguales

Cuando los saintsimonianos, los fourieristas, y en general todos los que en nuestros días se ocupan de economía social y de reforma, inscriben en su bandera: *A cada uno según su capacidad, a cada capacidad según sus obras* (Saint-Simón), *A cada uno según su capital, su trabajo y su capacidad* (Fourier), entienden, aunque no lo expresen de un modo terminante, que los productos de la Naturaleza, fecundada por el trabajo y por la industria, son una recompensa, un premio, concedidos a toda clase de preeminencias y superioridades. Consideran que la tierra es un inmenso campo de lucha, en el cual la victoria se alcanza no tanto por el manejo de la espada, o por la violencia y la traición, como por la riqueza adquirida, por la ciencia, por el talento, por la virtud misma. En una palabra, entienden, y con ellos todo el mundo, que a la mayor capacidad se debe la más alta retribución, y sirviéndose del estilo comercial, que tiene la ventaja de ser exacto, que los beneficios deben ser proporcionados a las obras y a las capacidades.

Los discípulos de los supuestos reformadores no pueden negar que tal es su pensamiento, porque si lo intentasen se pondrían en contradicción con sus textos oficiales y romperían la unidad de sus sistemas.

Por lo demás, semejante negación por su parte no es de temer: las dos sectas se atribuyen la gloria de plantear en principio la desigualdad de las condiciones, de acuerdo con las analogías de la naturaleza que, dicen, ha querido ella misma la desigualdad de las capacidades; no se jactan más que de una cosa, de hacer de tal modo, por su organización política, que las desigualdades sociales estén siempre de acuerdo con las desigualdades naturales. En cuanto a la cuestión de saber si la desigualdad de las condiciones, quiero decir de los salarios, es posible, ellas no se inquietan tampoco por fijar la métrica de las capacidades[44].

A cada uno según su capacidad, a cada capacidad según sus obras. A cada uno según su capital, su trabajo y su talento.

---

44 **N. del A.:** Según Saint-Simon, el sacerdote saintsimoniano debía determinar la capacidad de cada uno en virtud de su infalibilidad pontifical, a imitación de la Iglesia romana; según Fourier, los rangos y los méritos serían designados por el voto y la elección del régimen constitucional. Evidentemente el gran hombre se ha burlado del lector; no ha querido decir su secreto.

Después de la muerte de Saint Simón y del silencio de Fourier, ninguno de sus numerosos adeptos ha intentado dar al público una demostración científica de esta gran máxima; y me atrevo a apostar ciento contra uno a que ningún fourierista sospecha siquiera que ese aforismo biforme es susceptible de dos interpretaciones diferentes.

A cada uno según su capacidad, a cada capacidad según sus obras. A cada uno según su capital, su trabajo y su talento.

Esta proposición, pretencioso y vulgar, tomada, como suele decirse, *in sensu obvio*, es falsa, absurda, injusta, contradictoria, hostil a la libertad, fautora de tiranía, antisocial, y ha sido concebida necesariamente bajo la influencia categórica del prejuicio capitalista.

Desde luego, hay que eliminar el capital como elemento de la retribución que se reclama. Los fourieristas, según he podido apreciar estudiando algunas de sus obras, niegan el derecho de ocupación y no reconocen más principio de propiedad que el trabajo. Sentada esta premisa, hubieran comprendido, si fuesen lógicos, que un capital sólo produce a su propietario en virtud del derecho de ocupación, y, por consiguiente, que tal producción es ilegítima. En efecto, si el trabajo es el único fundamento de la propiedad, dejo de ser propietario de mi campo en cuanto haya un arrendatario que lo explote, aunque me abone la renta. Lo he demostrado ya hasta la saciedad. Esto mismo sucede con todos los capitales, porque emplear un capital en una empresa es, con arreglo a estricto derecho, cambiar ese capital por una suma equivalente de productos. No entraré en tal discusión, por demás inútil en este lugar, por proponerme tratar a fondo en el capítulo siguiente de lo que se llama la producción de un capital.

El capital, pues, es susceptible de cambio; pero no puede ser, en ningún caso, fuente de utilidades. Quedan simplemente el trabajo y el talento, o como dice Saint Simón, las obras y las capacidades. Voy a examinar ambos elementos uno tras otro.

¿Deben ser las utilidades proporcionadas al trabajo? En otros términos, ¿es justo que quien más haga más gane? Ruego al lector que ponga en este punto toda su atención.

Para resolver de una vez el problema, basta enunciar la cuestión en esta forma: ¿es el trabajo una condición o una guerra? La respuesta no parece dudosa. Dios dijo al hombre: ganarás el pan con el sudor de tu rostro, es decir, tú mismo producirás tu pan; trabajarás con esfuerzo mayor o menor, según sepas dirigir y combinar tus facultades. Dios no ha dicho: disputarás el pan a tu prójimo, sino: trabajarás a su lado y juntos viviréis en paz. Fijemos el sentido de esta ley, cuya extremada sencillez puede prestarse al equívoco.

Preciso es distinguir en el trabajo dos cosas: la asociación y la materia exportable. Los trabajadores, en cuanto están asociados, son iguales, e implica una contradicción el que a uno se le pague más que a otro, porque no pudiendo pagarse el producto de un trabajador sino con el producto de otro trabajador, si ambos productos son desiguales, el exceso, o sea, la diferencia del mayor al menor, no es adquirido por la sociedad, y, por consiguiente, no habiendo cambio, en nada afecta esta diferencia a la igualdad de los salarios. Resultará, si se quiere, una igualdad natural para el trabajador más fuerte, pero una desigualdad social en cuanto no hay para nadie perjuicio de su fuerza ni de su energía productiva. En una palabra, la sociedad sólo cambia productos iguales, es decir, paga únicamente los trabajos realizados en su beneficio; por consiguiente, retribuye lo mismo a todos los trabajadores. Que uno pueda producir más que otro fuera de la sociedad importa tanto a ésta como la diferencia del tono de su voz y la del color de su pelo.

Quizá parezca que acabo de establecer yo mismo el principio de la desigualdad: todo lo contrario. Siendo la suma de los trabajos realizados para la sociedad tanto mayor cuanto más numerosos son los trabajadores y cuanto más limitada esté la labor de cada uno, síguese de ahí que la desigualdad natural se neutraliza a medida que la asociación se extiende, produciéndose socialmente una mayor cantidad de productos. De manera que en la sociedad lo único que podría mantener la desigualdad del trabajo es el derecho de ocupación, el derecho de propiedad.

Supongamos que esta labor social diaria, ya consista en sembrar, cavar, segar, etc., es de dos decámetros cuadrados, y que el término medio de tiempo necesario para realizarla es de siete horas. Algún trabajador la terminará en seis, otro en ocho, la mayor parte empleará siete; pero con tal que cada uno preste la cantidad de trabajo exigido, cualquiera que sea el tiempo que emplee, tendrá derecho a la igualdad de salario.

El trabajador capaz de hacer su labor en seis horas, ¿tendrá derecho, bajo pretexto de su mayor fuerza y de su superior aptitud, a usurpar la tarea al trabajador menos hábil, y de arrebatarle así el trabajo y el pan? ¿Quién se atreverá a sostenerlo? Quien acabe antes que los otros podrá descansar, si quiere; podrá entregarse, para entretener sus fuerzas y cultivar su espíritu, a ejercicios y trabajos útiles, pero deberá abstenerse de prestar sus servicios a los débiles con miras interesadas. El vigor, el genio, la actividad y todas las ventajas personales que esas circunstancias originan, son obra de la Naturaleza y hasta cierto punto del individuo. La sociedad hace de ellas el aprecio que merecen, pero la retribución debe ser proporcionada no a lo que puedan hacer, sino a lo que produzcan. El producto de cada uno está limitado por el derecho de todos.

Aun en el caso de que la extensión del suelo fuese infinita y la cantidad de materias de explotación inagotable, tampoco se podría practicar la máxima de a cada uno según su trabajo. ¿Por qué? Porque aún en tal supuesto la sociedad, cualquiera que sea el número de los individuos que la componen, sólo puede dar a todos el mismo salario, puesto que les paga con sus propios productos. Lo que sí ocurriría es que no habiendo posibilidad de impedir a los más vigorosos el ejercicio de su actividad, serían mayores, aún dentro de la igualdad social, los inconvenientes de la desigualdad natural. Pero la tierra, teniendo en cuenta la fuerza productiva de sus habitantes y de su progresiva multiplicación, es muy limitada, Por otra parte, el trabajo social es fácil de realizar en razón a la inmensa variedad de productos y a la extremada división del trabajo. Pues bien: la limitación de la producción y al propio tiempo la facilidad de producir, imponen la ley de igualdad absoluta.

La vida es, en efecto, un combate; pero no del hombre contra el hombre, sino del hombre contra la Naturaleza, y cada uno de nosotros debe arriesgarse en él. Si en la lucha acude el fuerte en socorro del débil, su esfuerzo merecerá aplausos y amor, pero tal auxilio debe ser libremente prestado, no exigido por la fuerza ni puesto a precio. Para todos, el camino es el mismo, ni demasiado largo ni demasiado difícil; quien le sigue encuentra su recompensa a su terminación; pero no es necesario, no es indispensable llegar el primero.

En la imprenta, donde los trabajadores están de ordinario atendiendo a su ocupación respectiva, el obrero cajista recibe un tanto por cada millar de letras compuestas, el obrero maquinista un tanto por igual cantidad de pliegos impresos. En ese oficio, como en todos, se observan las desigualdades del talento y de la habilidad. Cada cual es libre de desarrollar su actividad y de ejercitar sus facultades: quien más hace más gana; quien hace menos gana menos. Si el trabajo disminuye, cajistas y maquinistas se lo distribuyen equitativamente. Quien pretenda acapararlo todo es rechazado como si se tratara de un ladrón o de un negrero.

Hay en esta conducta de los tipógrafos una filosofía que no alcanzan a comprender economistas ni junsperitos. Si nuestros legisladores hubieran inspirado sus códigos en el principio de justicia distributivo que se practica en las imprentas, si hubieran observado los instintos populares, no para imitarlos servilmente, sino para reformarlos y generalizarlos, hace tiempo que la libertad y la igualdad estarían aseguradas sobre bases indestructibles y no se discutiría más acerca del derecho de propiedad y de la necesidad de las diferencias sociales.

Se ha calculado que si el trabajo estuviera repartido entre el número de individuos útiles, la duración media de la labor diaria no excedería en Francia de cinco horas. ¿Y hay quien se atreva a hablar de esto, de la desigualdad de los trabajadores? El principio de a cada uno según su trabajo, interpretado en el sentido de quien más trabaje más debe recibir, supone, por tanto, dos hechos evidentemente falsos; el uno de economía, a saber: que en un trabajo social las labores pueden ser desiguales; el segundo de física, a saber: que la cuantía de la producción es ilimitada.

Pero se dirá: ¿y si alguno no quisiera hacer más que la mitad de su trabajo? ¿Cómo resolver tal dificultad? La mitad del salario habría de bastarle, y estando retribuido según el trabajo realizado, ¿de qué podría quejarse? ¿Qué perjuicio causaría a los demás? En este sentido sería justo aplicar el proverbio a cada uno según sus obras; es la ley de la igualdad misma.

Por lo demás, pueden presentarse numerosas dificultades, todas ellas relativas a la policía y organización de la industria. Para resolverlas no hay norma más segura que aplicar el principio de igualdad. Así, podría preguntarse, tratándose de un trabajo que no pudiese demorarse sin peligro de la producción: ¿debe tolerar la sociedad la negligencia de algunos, y por respeto al derecho al trabajo dejar de realizar por sí misma el producto que necesita? En este caso, ¿a quién pertenecerá el salario? A la sociedad mediante haber realizado el trabajo, ya por sí misma, ya por delegación, pero siempre de forma que la igualdad general no sea violada y que únicamente el perezoso sufra las consecuencias de su holgazanería. Además, si la sociedad no puede emplear una severidad excesiva con los perezosos, tiene derecho, en interés de su propia existencia, a corregir los abusos.

Serán precisos —se dirá— en todas las industrias directores, maestros, vigilantes, etc. ¿Estarán éstos obligados a realizar el trabajo? No, porque su trabajo consiste en dirigir, en enseñar y en vigilar. Pero deben ser elegidos entre los trabajadores por los trabajadores mismos y cumplir las condiciones de sus cargos. Es esto comparable a toda función pública, ya de administración, ya de enseñanza.

Formularíamos, pues, el artículo primero del reglamento universal en estos términos: La cuantía limitada de la materia explotable demuestra la necesidad de dividir el trabajo por el número de trabajadores. La capacidad que todos tienen para realizar una labor social útil, es decir, una labor igual, y la imposibilidad de pagar a un trabajador de otro modo que con el producto de otro trabajador, justifican la igualdad en la retribución.

VII

La desigualdad de facultades es la condición necesaria de la igualdad de fortunas

Se objeta lo siguiente, y esta objeción constituye la segunda parte del *adagio saintsimoniano* y la tercera del fourierista:

Todos los trabajos no son igualmente fáciles. Algunos exigen una gran superioridad de talento e inteligencia, superioridad que determina un mayor precio. El artista, el sabio, el poeta, el hombre de Estado, son apreciados en razón de su mérito superior, y este mérito destruye toda igualdad entre ellos y los demás hombres. Ante las manifestaciones elevadas de la ciencia y del genio, desaparece la ley de igualdad. Y si la igualdad no es absoluta, no hay tal igualdad. Del poeta descendemos al escritor insignificante; del escultor, al cantero; del arquitecto, al albañil; del químico, al cocinero, etcétera. Las capacidades se dividen y subdividen en órdenes, en géneros y en especies. Los talentos superiores se relacionan con los inferiores por otros intermedios. La humanidad ofrece una extensa jerarquía, en la que se aprecia al individuo por comparación y se determina su valor por la opinión que alcanza lo que produce.

Esta objeción ha parecido siempre formidable. Es el obstáculo insuperable de los economistas y los partidarios de la igualdad. A los primeros los ha inducido a grandes errores, y ha hecho vacilar a los segundos en increíbles minucias. Graco Babeuf pretendía que toda superioridad fuese reprimida severamente y aún perseguida como un peligro social. Para asegurar el edificio de su comunidad, rebajaba a todos los ciudadanos al nivel del más pequeño. Se ha visto a gentes ignorantes rechazar la desigualdad en la ciencia, y nada me extrañaría que se insurreccionasen algún día contra la desigualdad en los méritos. Aristóteles fue expulsado de su patria; Sócrates apuró la cicuta; Epaminondas fue citado a juicio; todos por haber sido mirados como superiores en inteligencia y virtud por demagogos imbéciles. Semejantes atropellos pueden renovarse mientras haya un pueblo ignorante y ciego, al que la desigualdad de condiciones haga temer la creación de nuevos tiranos.

Nada parece más monstruoso que lo que se mira demasiado cerca. Nada es más inverosímil muchas veces que la realidad misma. Según J. Rousseau, "hace falta mucha filosofía para poder apreciar lo que se ve todos los días", y según Dalembert, "la verdad, que parece mostrarse de continuo a los hombres, no llega a su conocimiento a menos que estén advertidos de su existencia". El patriarca de los economistas, Say, a quien ofrezco ambas citas, habría podido sacar de ellas buen partido; pero hay quien se ríe de los ciegos y debe llevar anteojos, y quien observa atentamente y es miope.

¡Cosa singular! Lo que tanto ha amarinado a los hombres no es una objeción, ¡es la condición misma de la igualdad!...

¡La desigualdad de naturaleza, condición de la igualdad de fortuna! ¡Qué paradoja!... Repito mi aserto, y no se crea que he sufrido error al expresarme. La desigualdad de facultades es la condición *sine qua non* de la igualdad de fortunas. Hay que distinguir en la sociedad dos elementos: las funciones y las relaciones.

I. *Funciones*: A todo trabajador se le reputa capaz de la obra que se le confía, o, según una expresión vulgar, todo obrero debe conocer su oficio. Bastándose el trabajador para su obra, hay ecuación entre el funcionario y la función. En una sociedad de hombres, las funciones son distintas unas de otras. Deben, pues, existir capacidades también diferentes.

Además, determinadas funciones exigen una mayor inteligencia y facultades sobresalientes, y para realizarlas existen individuos de un talento superior. Toda obra indispensable atrae necesariamente al obrero; la necesidad inspira la idea y la idea hace el productor. Solamente sabemos aquello que la excitación de nuestros sentidos nos hace desear solicitando nuestra inteligencia. Sólo deseamos con vehemencia lo que hemos concebido, y cuanto mejor concebimos, más capaces somos de producir.

Así, correspondiendo las funciones a las necesidades, las necesidades a los deseos y los deseos a la percepción espontánea, o sea, a la imaginación, la misma inteligencia que imagina puede también producir. Por consiguiente, ningún trabajo es superior al obrero. En síntesis, si la función llama al funcionario, es porque en realidad el funcionario existe antes que la función.

Es de admirar la economía de la Naturaleza. Dada la multitud de necesidades diversas que nos ha impuesto, las cuales el hombre aislado, entregado a sus propias fuerzas, no podría satisfacer, la Naturaleza debía conceder a la raza el poder que ha negado al individuo. De aquí el principio de la división del trabajo, fundado en la especialidad de aptitudes. A más de esto, la satisfacción de ciertas necesidades exige al hombre una creación continua, mientras que otras pueden ser atendidas en beneficio de millones de hombres y por millares de siglos con el trabajo de un solo individuo. Por ejemplo, la necesidad de vestidos y alimentos exige una reproducción perpetua, mientras el conocimiento del sistema del mundo puede ser adquirido para siempre por dos o tres hombres de talento superior. Del mismo modo, el curso continuo de los ríos facilita nuestro comercio y pone en movimiento nuestras máquinas, y el sol, inmóvil en medio del espacio, ilumina el mundo. La Naturaleza, que podría haber creado tantos Platón y Virgilio, Newton y Cuvier, como agricultores y pastores, no quiso hacerlo. En cambio, ha establecido cierta proporción entre la intensidad del genio y la duración de sus producciones, equilibrando el número de capacidades por la suficiencia de cada una de ellas.

No trato ahora de investigar si la diferencia que existe hoy de un hombre a otro por razón del talento y la inteligencia es efecto de nuestra deplorable civilización, y si lo que hoy se llama desigualdad de facultades en condiciones más favorables no sería más que diversidad de facultades. Coloco la cuestión en el peor supuesto, y con objeto de que no se me acuse de tergiversar argumentos y suprimir obstáculos, concedo todas las desigualdades de talento que se quiera[45]. Algunos filósofos amantes de la nivelación afirman que todas las inteligencias son iguales y toda la diferencia que hay entre ellas proviene de la educación. Estoy muy lejos, lo confieso, de tener esta opinión, que, por otra parte, si fuese cierta, conduciría a un resultado completamente contrario al

---

45 **N. del A.:** No concibo cómo, para justificar la desigualdad de las condiciones, hay quien se atreve a alegar la bajeza de las inclinaciones y de genio de ciertos hombres. ¿De dónde viene esa vergonzosa degradación del corazón y del espíritu de que vemos tantas víctimas, si no es de la miseria y de la abyección a que la propiedad los relega? La propiedad hace al hombre eunuco, y después le reprocha el no ser más que un tronco desecado, un árbol estéril.

que se propone. Porque si las capacidades son iguales, cualquiera que sea su intensidad, las funciones más repugnantes, más viles y despreciadas, no pudiendo obligarse a nadie a su ejecución, habían de ser las mejor retribuidas, lo cual repugna a la igualdad tanto como el principio a cada uno según sus obras. Dadme, por el contrario, una sociedad en la que cada talento esté en relación numérica con las necesidades, y en que no se exija a cada productor más de lo que su especialidad le permita producir, y respetando escrupulosamente la jerarquía de las funciones, deduciré de ella la igualdad de las fortunas.

II. *Relaciones*: Al tratar del elemento del trabajo, he hecho ver cómo en una misma clase de servicios productivos, teniendo todos, capacidad para realizar una labor social, la desigualdad de las fuerzas individuales no puede originar desigualdad alguna en la retribución. Sin embargo, justo es decir que ciertas capacidades parecen no ser aptas para determinados servicios, al extremo de que si la industria humana se limitase en un momento a producir una sola especie de productos, surgirían inmediatamente incapacidades numerosas, y, por consiguiente, sobrevendría la mayor desigualdad social. Pero todo el mundo sabe, sin necesidad de que yo lo advierta, que la variedad de industrias compensa y evita las inutilidades absolutas. Es ésta una verdad tan notoria que no he de detenerme a justificarla. La cuestión se reduce, pues, a probar que las funciones son iguales entre sí, de igual modo que en una misma función los trabajadores son entre sí también iguales.

Nadie extrañe que yo niegue al genio, a la ciencia, al valor, a todas las superioridades que el mundo admire, el homenaje de las dignidades y las distinciones del poder y de la opulencia. No soy yo quien lo niega; es la economía, es la justicia, es la libertad las que lo prohíben. ¡La libertad! Invoco su nombre por primera vez en este debate. Ella por sí misma defenderá su causa y decidirá la victoria.

Toda transacción tiene por objeto un cambio de productos o de servicios, y puede, por tanto, ser calificarla de acto de comercio. Quien dice comercio, dice cambio de valores iguales, porque si los valores no son iguales y el contratante perjudicado lo advierte, no consentirá el cambio y no habrá comercio. El comercio sólo existe entre hombres libres; por consiguiente, no habrá comercio si la transacción se realiza con violencia o fraude.

Es libre el hombre que está en el uso de su razón y de sus facultades, que no obra cegado por la pasión ni obligado o impedido por el miedo, ni arrastrado por el error. Hay, pues, en todo cambio obligación moral de que ninguno de los contratantes se beneficie en perjuicio del otro. El comercio, para ser legítimo y verdadero, debe estar exento de toda desigualdad; ésta es la primera condición del comercio. La segunda es que sea voluntario, es decir, que las partes transijan con libertad y pleno conocimiento.

Por tanto, defino el comercio o el cambio diciendo que es un acto de sociedad.

El negro que vende su mujer por un cuchillo, sus hijos por unos pedazos de vidrio, y aún su propia persona por una botella de aguardiente, no es libre. El tratante de carne humana que con él comercia, no es su asociado, sino su enemigo. El obrero civilizado que vende su energía muscular por un trozo de pan, que edifica un palacio para dormir él en una buhardilla, que fabrica las telas más preciadas para ir vestido de harapos, que produce de todo para no disfrutar de nada, no es libre. El amo para quien trabaja, no siendo su asociado por el cambio de salario y de servicios que entre ellos se realiza, es su enemigo.

El soldado que sirve a su patria por temor, en lugar de servirla por amor, no es libre. Sus camaradas y sus jefes, ministros u órganos de la justicia militar, son todos sus enemigos. El labriego que trabaja en arriendo las tierras; el industrial que recibe un préstamo usurario; el contribuyente que paga impuestos, gabelas, patentes, etc., y el diputado que las vota, carecen del conocimiento y de la libertad de sus actos. Sus enemigos son los propietarios, los capitalistas, el Estado.

Devolved a los hombres la libertad, iluminad su inteligencia a fin de que conozcan el alcance de sus contratos, y veréis la más perfecta igualdad inspirando sus cambios, sin consideración alguna a la superioridad de talentos. Reconoceréis entonces que en el orden de las ideas comerciales, es decir, en la esfera de la sociedad, la palabra superioridad carece de sentido. Si Homero me recita sus versos, apreciaré su genio sublime, en comparación del cual yo, sencillo pastor, humilde labriego, no soy nada. Si se compara obra con obra, ¿qué son los quesos que produzco y las habas que cosecho para el mérito de una Ilíada? Pero si, como precio de su inimitable poema, Homero quiere apoderarse de cuanto tengo y hacerme su esclavo, renuncio al placer de sus versos y le doy además las gracias. Yo puedo pasarme sin la Ilíada, mientras Homero no puede estar veinticuatro horas sin mis productos. Que acepte, pues, lo poco que está en mi mano darle, y después, que su poesía me instruya, me deleite y me consuele.

De seguro diréis: ¿pero ha de ser tal la situación de quien canta a los dioses y a los hombres? ¡La limosna con todas sus humillaciones y con todos sus sufrimientos! ¡Qué bárbara generosidad!... Os ruego que tengáis un poco de calma. La propiedad hace del poeta un Creso o un mendigo; sólo la igualdad sabe honrarle y aplaudirle. ¿De qué se trata? De regular el derecho del que canta y el deber del que escucha. Pues bien, fijaos en esto, que es muy importante para resolver la cuestión. Los dos son libres, el uno de vender, y el otro de comprar; esto sentado, sus pretensiones respectivas no significan nada, y la opinión, modesta o exagerada, que respectivamente puedan tener de sus versos y de su libertad, en nada afectan a las condiciones del contrato. No es, por consiguiente, en la consideración del talento, sino en la de los productos, donde debemos buscar los elementos de nuestro juicio.

Para que el cantor Aquiles obtenga la recompensa que merece, es necesario que empiece por encontrar quien se la abone. Esto supuesto, siendo el cambio de sus versos por una retribución cualquiera un acto libre, debe ser al mismo tiempo un acto justo, o lo que es lo mismo, los honorarios del poeta deberán ser iguales a su producción. Pero ¿cuál es el valor de su producción? Supongo, desde luego, que la Ilíada, esa obra maestra que se trata de retribuir equitativamente, tenga en realidad un precio ilimitado. Me parece que no podría exigirse más. Si el público, que es libre de hacer tal adquisición, no la realiza, claro es que el poema no habrá perdido nada de su valor intrínseco. Pero su valor en cambio, su utilidad productiva, queda reducida a cero, será nula. Debemos, pues, buscar la cuantía, del salario correspondiente entre lo infinito de un lado y la nada de otro, manteniéndonos a igual distancia de ambos extremos, ya que todos los derechos y todas las libertades deben ser respetados por igual. En otros términos, no es el valor intrínseco, sino el valor relativo de la cosa vendida lo que se trata de fijar. La cuestión empieza a simplificarse. ¿Cuál es actualmente ese valor relativo? ¿Qué recompensa debe proporcionar a su autor un poema como la Ilíada?

Este problema era el primero que la economía política debía resolver; pero no solamente no lo resuelve, sino que lo declara irresoluble. Según los economistas, el valor relativo o de cambio de las cosas no puede determinarse de un modo absoluto, porque varía constantemente.

Say insiste en que el valor tiene por base la utilidad, y que la utilidad depende enteramente de nuestras necesidades, de nuestros caprichos, de la moda, etc., y es tan variable como la opinión. Pero si la economía política es la ciencia de los valores, de su producción, distribución, cambio y consumo, y a pesar de ello no puede determinar de un modo absoluto cuál es el valor en cambio, ¿para qué sirve la economía política? ¿Cómo puede ser ciencia? ¿Cómo pueden mirarse dos economistas sin echarse a reír? ¿Cómo se atreven a insultar a los metafísicos y a los psicólogos? Mientras ese loco de Descartes pensaba que la filosofía necesita una base inquebrantable sobre la cual pudiera levantarse el edificio de la ciencia, y tenía la paciencia de buscarlo, el Hermes de la economía, el gran maestro Say, después de dedicar casi un volumen a la amplificación de este solemne enunciado la economía política es una ciencia, tiene el valor de afirmar a continuación que esa ciencia no puede determinar su objeto, lo cual equivale a decir que carece de principio y de fundamento... El ilustre Say ignoraba lo que es una ciencia, o mejor dicho, no sabía de qué hablaba.

El ejemplo dado por Say ha producido sus frutos. La economía política, al extremo a que ha llegado, se parece a la ontología; disertando sobre los efectos y las causas, no sabe nada, ni explica nada, ni deduce nada. Lo que se llaman leyes económicas se reduce a algunas generalidades triviales a las que se ha querido dar una apariencia de gran profundidad, revistiéndolas de un estilo pretencioso e inteligible. En cuanto a las soluciones que los economistas han propuesto para resolver los problemas sociales, todo lo que se puede decir es que, si alguna vez en sus declaraciones se separan de lo ridículo, es para caer en lo absurdo. Hace veinticinco años que la economía política envuelve como en una densa niebla a Francia, deteniendo el progreso de las ideas y atentando a la libertad.

¿Tiene toda creación industrial un valor absoluto, inmutable, y, por tanto, legítimo y cierto? —Sí—. ¿Todo producto humano puede ser cambiado por otro producto humano? —Sí—. ¿Cuántos clavos vale un par de zapatos? —Si pudiéramos resolver este importante problema, tendríamos la clave del sistema social que la humanidad busca hace seis mil años. Ante ese problema el economista se confunde y retrocede, pero el campesino que no sabe leer ni escribir contesta sin vacilación: Tantos como puedan hacerse en el mismo tiempo y con el mismo gasto.

El valor absoluto de una cosa es, pues, lo que cuesta de tiempo y de gasto. —¿Cuánto vale un diamante que sólo ha costado ser recogido en la arena? —Nada, no es producto del hombre. —¿Cuánto valdrá cuando haya sido tallado y montado? —El tiempo y los gastos que haya invertido el obrero. —¿Por qué se vende tan caro? —Porque los hombres no son libres. La sociedad debe regular los cambios y la distribución de las cosas más raras, igual que la de las cosas más corrientes, de modo que cada cual pueda participar de ellas y disfrutarlas. —¿Qué es entonces el valor en cambio? —Una mentira, una injusticia y un robo.

Dicho esto, es fácil hallar la solución. Si el término medio que deseamos encontrar entre un valor infinito y un valor nulo consiste, para cada producto, en la suma de tiempo y gastos que ese mismo producto ha costado, un poema en cuya composición haya invertido su autor treinta años de trabajo y 10 000 francos en viajes, libros, etc., debe pagarse con la suma de ingresos ordinarios de un trabajador durante treinta años, más 10 000 francos de indemnización. Supongamos que la suma total sea de 50 000 francos; si la sociedad que adquiere la obra maestra se compone de un millón de hombres, cada uno de ellos deberá abonar cinco céntimos.

Esto da lugar a algunas observaciones: 1.º. El mismo producto, en diferentes épocas y en distintos lugares, puede costar más o menos cantidad de tiempo y de gastos. En este sentido es cierto que el valor es una cantidad variable. Pero esta variación no es la que indican los economistas, los cuales enumeran como causas de la variación de los valores el gusto, el capricho, la moda, la opinión. En una palabra, el valor verdadero de una cosa es invariable en su expresión algebraica, si bien puede variar en su expresión monetaria. 2.º. El precio de cada producto es lo que ha costado de tiempo y de gastos, ni más ni menos. Todo producto inútil es una pérdida para el productor, un no-valor comercial. 3.º. La ignorancia del principio de evaluación, y en muchas ocasiones la dificultad dé aplicarlo, es fuente de fraudes comerciales y una de las causas más poderosas de la desigualdad de fortunas. 4.º. Para retribuir ciertas industrias y determinados productos, la sociedad debe ser muy numerosa, con objeto de facilitar la concurrencia del talento, de los productos, de las ciencias y de las artes. Si, por ejemplo, una sociedad de 50 labradores puede sostener un maestro de escuela, habrán de ser 100 los asociados para pagar un zapatero, 150 para un herrador, 200 para un sastre, etc. Si el número de labradores se eleva a 1000, 10 000, 100 000, etc., a medida que aumenta se hace indispensable aumentar también en la misma proporción el de funcionarios de primera necesidad; de modo que sólo en los sociedades más poderosas son posibles las funciones más elevadas[46]. Sólo en esto consiste la distinción

---

46 **N. del A.**: ¿Cuántos ciudadanos hacen falta para asalariar a un profesor de filosofía? 35 millones. ¿Cuántos para un economista? 2000 millones. ¿Y para un escritor, que no es ni sabio, ni artista, ni filó-

de las capacidades. El carácter del genio, el timbre de su gloria es no poder nacer y desenvolverse sino en el seno de una nacionalidad inmensa. Pero esta condición fisiológica del genio nada altera en sus derechos sociales. Lejos de ellos, la tardanza de su aparición demuestra que, en el orden económico y civil, la más alta inteligencia está sometida a la igualdad de bienes, igualdad que es anterior a ella y que con ella se perfecciona.

Esto molesta nuestro amor propio, pero es una verdad inexorable. Aquí la Psicología viene en auxilio de la economía social, haciéndonos ver que entre una recompensa material y el talento no puede haber una medida común. Bajo este punto de vista, la condición de todos los productos es igual: por consiguiente, toda comparación entre ellos y toda distinción de fortunas es imposible.

Si se compara toda obra producida por las manos del hombre con la materia bruta de que está formada, resultará de un precio inestimable. Merced a esta consideración, la diferencia que existe entre un par de zuecos y un trozo de nogal es tan grande como la que hay entre una estatua de Scopas y un pedazo de mármol. El genio del más sencillo artesano se impone sobre las materias que explota del mismo modo que el espíritu de un Newton sobre las esferas inertes en que calcula las distancias, las masas y las revoluciones.

Pedís para el talento y el genio la proporcionalidad de los honores y los bienes. Decidme cuál es el talento de un leñador, y yo os diré cuál es el de un Homero. Si hay algo que pueda satisfacer el mérito de la inteligencia, es la inteligencia misma. Esto es lo que ocurre cuando dos productores de diversos órdenes se rinden recíprocamente un tributo de admiración y aplauso. Pero cuando se trata de un cambio de productos con objeto de satisfacer mutuas necesidades, ese cambio sólo puede realizarse con arreglo a una razón de economía que es indiferente a la consideración del talento y del genio, pues sus leyes se deducen, no de una vaga e inapreciable admiración, sino de un justo equilibrio entre el deber y el haber, en una palabra, de la aritmética comercial.

Para que no se crea que la libertad de comprar y vender es la única razón de la igualdad de los salarios y que la sociedad sólo puede oponer a la superioridad del talento cierta fuerza de inercia que nada tiene de común con el derecho, voy a explicar por qué es justa una misma retribución para todas las capacidades, y por qué la diferencia de salario es una injusticia. Demostraré que es inherente al talento la obligación de ponerse al nivel social, y sobre la

sofo, ni economista, y que escribe novelas y folletones? Ninguno.

misma superioridad del genio echaré los cimientos de la igualdad de las fortunas. Hasta aquí he dado la razón negativa de la igualdad de los salarios entre todas las capacidades; voy a exponer ahora cuál es la razón directa y positiva.

Oigamos antes al economista, pues siempre es grato observar cómo razona y procura ser justo. Por otra parte, sin él, sin sus atractivos errores y sus deleznables argumentos, nada aprenderíamos. La igualdad, tan odiosa al economista, todo lo debe a la economía política. "Cuando la familia de un médico (el texto dice de un abogado, pero es menos acertado ese ejemplo) ha gastado en su educación 40 000 francos, puede considerarse esta suma capitalizada en su persona. Por tanto, habrá que calcular a esa suma un interés anual de 4000 francos. Si el médico gana 30 000 francos, quedan 26 000 para la retribución de su talento personal concedido por la Naturaleza. El capital correspondiente a esta retribución, calculado al 10 por 100, ascenderá a 260 000 francos, a los que hay que sumar los 40 000 que importa el capital que sus padres han gastado en sus instrucción. Estos dos capitales unidos constituyen su fortuna". (Say, Curso completo, etc.).

Say divide la fortuna del médico en dos partes: una se compone del capital invertido en su educación, la otra corresponde a su talento personal. Esta división es justa, se conforma con la naturaleza de las cosas, es universalmente admitida, sirve de mayor al gran argumento de la desigualdad de capacidades. Admito sin reserva esta mayor, pero veamos sus consecuencias:

1.º. Say anota en el haber del médico los 40 000 francos que ha costado su educación. Esos 40 000 francos deben aumentarse en su debe. Porque si este gasto ha sido hecho para él, no lo ha sido por él. Por tanto, en vez de apropiarse esos 40 000 francos, el médico debe descontarlos de sus utilidades y reintegrarlos a quien los deba. Observamos de paso que Say habla de renta en lugar de decir reintegro, razonando con arreglo al falso principio de que los capitales son productivos. Así, pues, el gasto invertido en la instrucción de un individuo es una deuda contraída por ese mismo individuo. Por el hecho mismo de haber adquirido determinada aptitud, es deudor de una suma igual a la empleada en dicha adquisición. Y esto es tan cierto, está tan alejado de toda sutilidad, que si en una familia la educación de un hijo ha costado doble o triple que la de sus hermanos, éstos tienen derecho a reintegrarse la diferencia de la masa común hereditaria antes de proceder a su reparto. Tampoco ofrece este criterio la menor dificultad práctica, tratándose de una tutela en la que los bienes se administran a nombre de los menores.

2.º. Lo que acabo de decir respecto de la obligación contraída por el médico de reintegrar los gastos de su educación, no es para el economista una dificultad, porque puede objetar que el hombre de talento que llegue a heredar a su familia, heredará también el crédito de 40 000 francos que pesa sobre él, y por este medio llegará a ser dueño del mismo. Obsérvese que abandonamos ya el derecho del talento para caer en el derecho de ocupación, y por esto, cuantas cuestiones quedan planteadas y resueltas en el capítulo II tienen aquí aplicación. ¿Qué es el derecho de ocupación? ¿Qué es la herencia? ¿El derecho hereditario es un derecho de acumulación o solamente un derecho de opción? ¿De quién recibió el padre del médico su fortuna? ¿Era propietario o sólo usufructuario de ella? Si era rico, que explique el origen de su riqueza; si era pobre, ¿cómo pudo subvenir a un gasto tan considerable? Si fue auxiliado por los demás, ¿cómo se ha constituido sobre esos auxilios en favor de quien los recibía un privilegio para su disfrute aún contra sus bienhechores?, etc.

3.º. "Quedan 26 000 francos para la renta del talento personal concedido por la Naturaleza". Según Say, partiendo de esta afirmación, establece que el talento de nuestro médico equivale a un capital de 200 000 francos. Este hábil calculador toma una consecuencia por un principio. No es por la ganancia por lo que se debe apreciar el talento, sino al contrario, es el talento lo que debe determinar los honorarios. Porque puede ocurrir que, con todo su mérito, el médico en cuestión no gane nada. Y ¿habrá entonces razón para decir que su talento o su fortuna son nulos? Tal sería la consecuencia del razonamiento de Say, consecuencia evidentemente absurda.

Pero determinar en especie el valor de un talento cualquiera es cosa imposible, porque el talento y los méritos son inconmensurables. ¿Por qué motivo razonable puede justificarse que un médico debe ganar doble, triple o céntuple que un campesino? Dificultad inextricable que nunca ha sido resuelta sino por la avaricia, la necesidad y la opresión. No es así, ciertamente, como debe determinarse el derecho de talento. ¿Pero qué criterio seguir para señalarlo?

4.º. He afirmado antes que el médico no puede ser peor retribuido que cualquier otro productor, que no debe quedar por bajo de la igualdad, y no me detendré a demostrarlo. Pero ahora añado que tampoco puede elevarse por cima de esa misma igualdad, porque su talento es una propiedad colectiva que no ha pagado y de la que siempre será deudor. Así como la creación de todo instrumento de producción es el resultado de un esfuerzo colectivo, el talento y la ciencia de un hombre son producto de la inteligencia universal y de una ciencia general lentamente acumulada por multitud de sabios, mediante el concurso de un sinnúmero de industrias inferiores. Aun cuando el médico haya pagado sus profesores, sus libros, sus títulos y satisfecho todos sus gastos, no por eso puede decirse que ha pagado su talento, como el capitalista tampoco ha pagado su finca y su palacio con el salario de sus obreros. El hombre de talento ha contribuido a producir en sí mismo un instrumento útil, del cual es coposeedor, pero no propietario. A un mismo tiempo existen en él un trabajador libre y un capital social acumulado. Como trabajador es apto para el uso de un instrumento, para la dirección de una máquina, que es su propia capacidad. Como capital no se pertenece, no debe explotarse en su beneficio, sino en el de los demás hombres.

Quizá hubiera más motivos para disminuir la retribución del talento que para aumentarla sobre la condición común, si no correspondiese su mérito a los sacrificios que exige. Todo productor recibe una instrucción, todo trabajador es una inteligencia, una capacidad, es decir, una propiedad colectiva cuya creación no es igualmente costosa. Para formar un cultivador y un artesano son necesarios pocos maestros, pocos años y pocos elementos tradicionales. El esfuerzo generador y (si se me permite la frase) la duración de la gestación social, están en razón directa de la superioridad de las capacidades. Pero mientras el médico, el poeta, el artista, el sabio, producen poco y tarde, la producción del labrador es más constante y sólo requiere el transcurso de los años. Cualquiera que sea la capacidad de un hombre, desde el instante en que fue creada no le pertenece. Comparable a la materia que una mano artista modela, el hombre tiene la facultad de llegar a ser, y la sociedad le hace ser. ¿Podría decir el puchero al alfarero: "Yo soy como soy y no te debo nada"?

El artista, el sabio, el poeta reciben su justa recompensa sólo con que la sociedad les permita entregarse exclusivamente a la ciencia y al arte. De modo que en realidad no trabajan para ellos, sino para la sociedad que les ha instruido y les dispensa de otro trabajo. La sociedad puede, en rigor, pasarse sin prosa, ni versos, ni música, ni pintura; pero no puede estar un solo día sin comida ni alojamiento.

Es indudable que el hombre no vive sólo de pan. Vive también, según el Evangelio, de la palabra de Dios, es decir, debe amar el bien y practicarle, conocer y admirar lo bello, contemplar las maravillas de la Naturaleza. Mas para cultivar su alma es preciso que comience por mantener su cuerpo. La necesidad le ha impuesto este último deber, cuyo cumplimiento no puede dejar desatendido. Si es honroso educar e instruir a los hombres, también lo es alimentarles. Cuando la sociedad, fiel al principio de la división del trabajo, encomienda a uno de sus miembros una labor artística o científica, haciéndole abandonar el trabajo común, le debe una indemnización por cuanto le impide producir industrialmente, pero nada más. Si el designado pidiera más, la sociedad, rehusando sus servicios, reduciría sus pretensiones a la nada. Y entonces, obligado para vivir a dedicarse a un trabajo para el cual la Naturaleza no le dio aptitud alguna, el hombre de talento conocería su imperfección y viviría de un modo miserable.

Cuéntase que una célebre cantante pidió a la emperatriz de Rusia Catalina II 20 000 rublos. "Esa suma es mayor que la que doy a mis feldmariscales", dijo Catalina. "Vuestra majestad —replicó la artista— no tiene más que mandarlos cantar". Si Francia, más poderosa que Catalina II, dijese a *mademoiselle* Rachel: "Si no representáis comedias por 100 luises, hilaréis algodón", y a M. Duprez: "Si no cantáis por 2400 francos, iréis a cavar viñas", ¿creéis que la trágica Rachel o el tenor Duprez abandonarían el teatro? Serían los primeros en arrepentirse si tal hicieran. Mlle. Rachel gana en la Comedia Francesa 60 000 francos por año. Para un genio como el suyo es poca retribución esa; ¿por qué no ha de ser de 100 000 o 200 000 francos? ¿Por qué no asignarle una lista civil? ¡Qué mezquindad! ¿Qué es un comerciante comparado con una artista como la Rachel?

Contéstase que la Administración no podría pagar más sin exponerse a una pérdida; que nadie niega el talento de esa artista, y que para determinar su retribución ha habido necesidad de tener presente el presupuesto de gastos e ingresos de la compañía.

Todo esto es justo, y viene a confirmar lo que he dicho, o sea, que el talento puede ser infinito, pero que la cantidad de su retribución está limitada por la utilidad que reporta a la sociedad que se la abona y por la riqueza de esa misma sociedad, o en otros términos, que la demanda del vencedor está compensada por el comprador.

Mlle. Rachel, se dice, proporciona al Teatro Francés más de 60 000 francos de ingresos. Estoy conforme, pero ¿de quién obtiene el Teatro Francés ese impuesto? De curiosos perfectamente libres al satisfacerlo. Muy bien; pero los obreros, arrendatarios, colonos, prestatarios, etc., a quienes esos curiosos toman todo lo que luego gastan ellos en el teatro ¿son libres? Y mientras la mejor parte de sus productos se invierte en el espectáculo que esos trabajadores no presencian, ¿se puede asegurar que sus familias no carecen de nada? Hasta que el pueblo, después de haber deliberado sobre la cuantía de los salarios de todos los artistas, sabios y funcionarios públicos, no haya expresado su voluntad, juzgando con conocimiento de causa, la retribución de Mlle. Rachel y de todos sus compañeros será una contribución forzosa, satisfecha por la violencia, para recompensar el orgullo y entretener el ocio. Sólo porque no somos libres ni suficientemente instruidos es hoy posible que el trabajador pague las deudas que el prestigio del poder y el egoísmo del talento imponen a la curiosidad del ocioso, y que suframos el perpetuo escándalo de esas desigualdades monstruosas, aceptadas y aplaudidas con entusiasmo por la opinión.

La nación entera y sólo la nación paga a sus autores, a sus sabios, a sus artistas y a sus funcionarios, cualquiera que sea el conducto por que reciban sus ingresos. ¿Con arreglo a qué base debe pagárselas? Con sujeción a la de igualdad. Lo he demostrado ya por la apreciación de los talentos, y lo confirmaré en el capítulo siguiente por la imposibilidad de toda desigualdad social.

¿Qué hemos probado con todo lo expuesto? Cosas tan sencillas que ciertamente no merecen un debate serio. Que así como el viajero no se apropia el camino que pisa, el labrador no se apropia el campo que siembra. Que, sin embargo, si un trabajador, por el hecho de su industria, puede apropiarse la materia que explota, todo productor se convierte, por el mismo título, en propietario. Que todo capital, sea material o intelectual, es una obra colectiva, por lo cual constituye una propiedad también colectiva. Que el fuerte no tiene derecho a impedir con sus violencias el trabajo del débil, ni el malicioso a sorprender la buena fe del crédulo. Y, finalmente, que nadie puede ser obligado a comprar lo que no desea, y menos aún a pagar lo que no ha comprado. Y, por consiguiente, que no pudiendo determinarse el valor de un producto por la opinión del comprador ni por la del vendedor, sino únicamente por la suma de tiempo y de gastos invertidos en su creación, la propiedad de cada uno permanece siempre igual.

¿No son estas verdades bien sencillas? Pues por muy simples que te parezcan, aún has de ver, lector, otras que las ganan en llaneza y claridad. Nos ocurre lo contrario que a los geómetras. Para éstos los problemas van siendo más difíciles a medida que avanzan. Nosotros, por el contrario, después de haber comenzado por las proposiciones más abstrusas, acabaremos por los axiomas. Pero es necesario que, para terminar este capítulo, exponga aún una de esas verdades exhorbitantes que jamás descubrirán jurisconsultos ni economistas.

VIII

Que en el orden de la justicia, el trabajo destruye la propiedad

Esta proposición es consecuencia de los dos precedentes capítulos, cuyo contenido vamos a sintetizar aquí.

El hombre aislado no puede atender más que a una pequeña parte de sus necesidades. Todo su poder reside en la sociedad y en la combinación inteligente del esfuerzo de cada uno. La división y la simultaneidad del trabajo multiplican la cantidad y la variedad de los productos. La especialidad de las funciones beneficia la calidad de las cosas consumibles.

No hay un hombre que no viva del producto de infinidad de industrias diferentes; no hay trabajador que no reciba de la sociedad entera su consumo, y con su consumo los medios de reproducirse. ¿Quién se atrevería a decir: yo sólo consumo lo que produzco, no tengo necesidad de más? El agricultor, a quien los antiguos economistas consideraban como el único productor verdadero, el agricultor, alojado, amueblado, vestido, alimentado, auxiliado por el albañil, el carpintero, el sastre, el molinero, el panadero, el carnicero, el herrero, etc., el agricultor, repito, ¿puede jactarse de producir él solo?

El consumo de cada uno está facilitado por todos los demás; la misma razón determina que la producción de cada uno suponga la producción de todos. Un producto no puede darse sin otro producto; una industria independiente es cosa imposible. ¿Cuál sería la cosecha del labrador si otros no construyen para él graneros, carros, arados, trajes, etc.? ¿Qué haría el sabio sin el librero, el impresor sin el fundidor y el mecánico, y todos ellos a su vez sin una infinidad de distintas industrias?... No prolongaremos esta enumeración, de fácil inteligencia, por el temor de que se nos acuse de emplear lugares comunes. Todas las industrias constituyen por sus mutuas relaciones un solo elemento. Todas las producciones se sirven recíprocamente de fin y de medio. Todas las variedades del talento no son sino una serie de metamorfosis del inferior al superior.

Ahora bien, el hecho incontestable e incontestado de la participación general en cada especie de producto, da por resultado convertir en comunes todas las producciones particulares, de tal manera, que cada producto al salir de las manos de su productor se encuentra como hipotecado en favor de la sociedad. El derecho del mismo productor a su producto se expresa por una fracción, cuyo denominador es igual al número de individuos de que se compone la sociedad. Cierto es que, en compensación, ese mismo producto tiene derecho sobre todos los productos diferentes al suyo, de modo que la acción hipotecaria le corresponde contra todos, de la misma manera que corresponde a todos contra el suyo. Pero ¿no se observa cómo esta reciprocidad de hipotecas, lejos de permitir la propiedad, destruye hasta la posesión? El trabajador no es ni siquiera poseedor de su producto. Apenas lo ha terminado, la sociedad lo reclama. Pero se me dirá: cuando esto ocurra, y aunque el producto no pertenezca al productor, como la sociedad ha de dar a cada trabajador un equivalente de su producto, este equivalente, salario, recompensa o utilidad, se convertirá en propiedad particular. Y ¿negaréis entonces que esta propiedad sea legítima? Y si el trabajador, en vez de consumir enteramente su salario, hace economías, ¿quién se atreverá a disputárselas?

El trabajador no es propietario ni aún del precio de su trabajo, sobre el cual no tiene libre disposición. No nos dejemos ofuscar por la idea de una falsa justicia. Lo que se concede al trabajador a cambio de su producto no es la recompensa de un trabajo hecho, sino el anticipo de un trabajo futuro. El consumo es anterior a la producción. El trabajador, al fin del día, puede decir: "He pagado mi gasto de ayer; mañana pagaré mi gasto de hoy". En cada momento de su vida, el individuo se anticipa a su cuenta corriente y muere sin haberla podido saldar. ¿Cómo podrá acumular riquezas?

Se habla de economías a estilo propietario. Bajo un régimen de igualdad, todo ahorro que no tenga por objeto una reproducción o un disfrute ulterior es imposible. ¿Por qué? Porque no pudiendo ser capitalizado, carece de objeto desde ese momento y no tiene causa final. Esto se comprenderá mejor en el capítulo siguiente.

Concluyamos. El trabajador es, como la sociedad, un deudor que muere necesariamente insolvente. El propietario es un depositario infiel que niega el depósito confiado a su custodia y quiere cobrar los días, meses y años de su empleo.

Pudiendo parecer los principios que acabamos de exponer demasiado metafísicos a algunos lectores, voy a reproducirlos en forma más concreta, asequible a todas las inteligencias y fecunda en consecuencia del mayor interés. Hasta aquí he considerado a la propiedad como facultad de exclusión. Ahora voy a examinarla como facultad de usurpación.

IX

La propiedad es imposible

La última razón de los propietarios, el argumento Aquiles que les garantiza su invencible poder, consiste, según ellos, en que la igualdad de condiciones es imposible. "La igualdad de condiciones es una quimera —dicen en tono pretencioso—; repartid hoy los bienes en porciones iguales, y mañana esa igualdad habrá desaparecido".

A esta ridícula objeción, que repiten en todas ocasiones con increíble insistencia, siempre añaden la siguiente glosa, a modo de *Gloria patri*: "Si todos los hombres fuesen iguales, nadie querría trabajar".

Y cantan esta antífona en diversos tonos: "Si todos fuesen maestros, nadie querría obedecer. Si no hubiese ricos, ¿quién haría trabajar a los pobres?...".

Es cosa de replicarles: y si no hubiese pobres, ¿quién trabajaría para los ricos?... Pero nada de recriminaciones: vamos a contestar a esas preguntas.

Si yo demuestro que la propiedad es imposible; que la propiedad es la contradicción, la quimera, la utopía; y si lo demuestro no por consideraciones de metafísica ni de derecho, sino por la razón de los números, por ecuaciones y por cálculos, ¿cuál no será el terror del sorprendido propietario? Y tú, lector, ¿qué pensarás de ese cambio de ideas?

Los números gobiernan al mundo; este adagio es tan cierto en el mundo moral y político como en el sideral y molecular. Los elementos del derecho son los mismos que los del álgebra. La legislación y el gobierno no son otra cosa que el arte de hacer clasificaciones y equilibrar derechos. Toda la jurisprudencia está contenida en las reglas de la aritmética. Este capítulo y el siguiente servirán para exponer los fundamentos de esta increíble doctrina. Entonces se descubrirá a la vista del lector un inmenso y nuevo horizonte. Entonces comenzaremos a apreciar en las proporciones de los números la unidad sintética de la filosofía y de las ciencias, y llenos de admiración y entusiasmo ante esta profunda y majestuosa simplicidad de la Naturaleza, exclamaremos con el apóstol: "El Eterno lo ha hecho todo con sujeción a número, a peso y a medida". Observaremos cómo la igualdad de condiciones, no solamente existe, sino que es la única posible, y cómo la aparente imposibilidad con que se presenta la igualdad procede de que siempre concebimos, ya en la propiedad, ya en la comunidad, fórmulas políticas igualmente opuestas una y otra a la naturaleza del hombre. Reconoceremos, finalmente, que todos los días, contra nuestra voluntad, al propio tiempo que afirmamos que es irrealizable, la igualdad se realiza; que se aproxima el momento en que, sin haberlo procurado ni aún deseado, la hallaremos establecida en todas partes, y que con ella, en ella y por ella, debe manifestarse el orden político de acuerdo con la Naturaleza y la verdad.

Se ha dicho, hablando de la ceguera y la obstinación de las pasiones, que si el hombre tuviese algún interés en negar las verdades de la aritmética, hallaría medio para desmentir su exactitud. He aquí la ocasión de hacer esta curiosa experiencia. Yo impugno la propiedad, no por sus propios aforismos, sino por medio de los números. Que se dispongan los propietarios a comprobar mis operaciones, porque si, por desdicha para ellos, están bien hechas, pueden considerarse perdidos.

Demostrando la imposibilidad de la propiedad, acabaré probando su injusticia; en efecto:

Lo que es justo, con mayor razón será útil.

Lo que es útil, con mayor razón será cierto.

Lo que es cierto, con mayor razón será posible.

Por consiguiente, todo lo que sale de lo posible sale por ello mismo de la verdad, de la utilidad, de la justicia. Puede juzgarse *a priori* de la justicia de una cosa por su imposibilidad; de suerte que, si esa cosa fuese absolutamente imposible, sería también absolutamente injusta.

La propiedad es física y materialmente imposible.

AXIOMA. *La propiedad es el antiguo derecho señorial de albarranía que el propietario se atribuye sobre una cosa marcada por él con su insignia.*

Esta proposición es un verdadero axioma, porque:

1.º) No es en modo alguno una definición, una vez que no expresa todo lo que comprende el derecho de propiedad: derecho de vender, cambiar, donar, transformar, alterar, consumir, destruir, usar y abusar, etcétera. Todos estos derechos son otros tantos efectos diversos de la propiedad, que se pueden considerar separadamente, pero que desatendemos aquí para ocuparnos solamente de uno solo, del derecho de albarranía.

2.º) Esta proposición está universalmente admitida. Nadie puede negarla sin negar los hechos y sin ser al instante desmentido por la práctica universal.

3.º) Esta proposición es de una evidencia inmediata, puesto que el hecho que expresa es inseparable, real o facultativamente, de la propiedad, y por él sobre todo, se manifiesta, se constituye y se afirma esa institución.

4.º) Finalmente, la negación de esta proposición implicaría contradicciones. El derecho de albarranía es realmente inherente y de tal modo conexo a la propiedad, que donde no existe, la propiedad es nula.

Observaciones. La albarranía recibe diferentes nombres, según las cosas que la originan: arriendo, tratándose de tierras; alquiler, de las casas y los muebles; renta, de los capitales colocados a perpetuidad; interés, del dinero; beneficio, ganancia, lucro, del comercio, cosa que es necesario no confundir con el salario o precio legítimo del trabajo.

La albarranía, especie de tributo, de homenaje tangible y fungible, corresponde al propietario en virtud de su ocupación nominal y metafísica. Su sello está fijado sobre la cosa; esto basta para que nadie pueda ocuparla sin su licencia.

Esta licencia puede concederla por nada; de ordinario la vende. En realidad, tal venta es una estafa o una concusión; pero merced a la ficción legal del dominio ese mismo acto, severamente castigado, no se sabe por qué razón, en otros casos se convierte para el propietario en fuente de ingresos y de honores.

La retribución que el propietario exige por la licencia para ocupar la cosa se satisface, ya en metálico, ya en un dividendo en especie del producto calculado. De suerte que por el derecho de albarranía el propietario cosecha y no labra, recoge y no cultiva, consume y no produce, disfruta y no trabaja. Muy diferentes a los ídolos del salmista son los dioses de la propiedad. Aquéllos tenían manos y no tocaban; éstos, por el contrario, no tienen manos y agarran.

Todo es misterioso y sobrenatural en el conocimiento del derecho de albarranía. Se practican ceremonias terribles a la entrada de un nuevo propietario, como en otros tiempos a la recepción de un iniciado. Primeramente se procede a la consagración de la cosa, haciendo saber a todos que deben satisfacer una pequeña ofrenda al propietario, siempre que quieran obtener de él la concesión de usar de su finca. En segundo lugar, se pronuncia el anatema, que, salvo el caso precedente, prohíbe tocar en absoluto la cosa, aún en ausencia del propietario, y declara sacrílego, infame, ajusticiable, digno de ser entregado al brazo secular, a todo violador de su propiedad. En tercer lugar viene la dedicatoria, por la que el propietario queda reconocido como dios protector de la cosa, habitando en ella mentalmente, como una divinidad en su santuario. Por efecto de esta dedicatoria, la substancia de la cosa se convierte, por decirlo así en la persona del propietario, siempre presente bajo la apariencia de la cosa.

Ésta es la pura doctrina de los jurisconsultos. "La propiedad —dice Toullier— es una cualidad moral inherente a la cosa, un vínculo real que la une al propietario y que no puede romperse sino por un acto de éste". Locke dudaba si Dios podía crear la materia pensante. Toullier afirma que el propietario la hace moral. ¿Qué le falta para ser divinidad? Ciertamente no será el culto.

La propiedad es el derecho de albarranía; es decir la facultad de producir sin trabajar. Pero producir sin trabajar es obtener algo de nada, en una palabra, es crear. Esto no debe ser menos difícil que moralizar la materia. Los jurisconsultos tienen razón para aplicar a los propietarios estas palabras de la Escritura: *Ego dixi: Dii estis et filii Excelsi omnes*. He dicho: sois dioses y todos hijos del Eterno.

La propiedad es el derecho de albarranía; este axioma será para nosotros como el nombre de la fiera del Apocalipsis, en cuyo nombre estaba comprendido todo el misterio de ese monstruo. Sabido es que quien llegase a penetrar el misterio de ese nombre, obtendría el conocimiento de la profecía y vencería al monstruo. Pues bien; por la interpretación exacta de nuestro axioma, lograremos matar la esfinge de la propiedad. Partiendo de este hecho eminentemente característico, el derecho de albarranía, vamos a seguir toda la sinuosa marcha del viejo reptil. Comprobaremos los ocultos crímenes de esta terrible tenia, cuya cabeza, con sus mil bocas, ha escapado siempre a la espada de sus más ardientes enemigos. Y es que era preciso algo más que valor para vencer al monstruo; estaba escrito que no había de morir hasta que un proletario, armado de una varita mágica, saliera a combatirlo y aniquilarlo.

COROLARIOS. 1.º) La cuota de albarranía es proporcional a la cosa. Cualquiera que sea la tarifa del interés, ya se eleve a 3, 5 o a 10 por ciento, o se reduzca a 1/2, 1/4 o 1/10 no importa, su ley de crecimiento es la misma. He aquí cuál es esa ley.

Todo capital evaluado en numerario puede ser considerado como un término de la progresión aritmética que tiene por razón 100, y la renta que ese capital proporciona como el término correspondiente de otra progresión aritmética que tendría por razón la tarifa del interés. Así, siendo un capital de 500 francos el quinto término de la progresión aritmética cuya razón es 100, su renta a 3 por ciento será indicada por el quinto término de la progresión aritmética cuya razón es 3:

100 200 300 400 500
3 6 9 12 15

Es el conocimiento de esta especie de logaritmos, de la que los propietarios tienen en su casa tablas formadas y calculadas en muy alto grado, el que nos dará la clave de los más curiosos enigmas y nos hará marchar de sorpresa en sorpresa.

De acuerdo con esta teoría logarítmica del derecho de albarranía, una propiedad con su renta puede ser definida un número cuyo logaritmo es igual a la suma de sus unidades dividida por 100 y multiplicada por la tarifa del interés. Por ejemplo, una casa estimada en 100 000 francos y alquilada a razón de 5 por ciento proporciona 5000 francos de renta, según la fórmula:

$$\frac{100\,000 \times 5}{100} = 5000$$

Y recíprocamente, una tierra de 3000 francos de renta evaluada a 2½ por ciento, vale 120 000 francos, según esta otra fórmula:

$$\frac{3000 \times 100}{2½} = 120\,000$$

En el primer caso, la progresión que designa el crecimiento del interés tiene por razón 5, en el segundo tiene por razón 2½.

Observación. La albarranía conocida bajo el nombre de arriendo, renta, interés, se paga todos los años; los alquileres corren por semana, por mes, por año; los provechos y beneficios tienen lugar siempre que hay cambios. De suerte que la albarranía es a la vez en razón de la cosa, lo que ha hecho decir que la usura crece como el cáncer, *foenus serpit sicut cancer*.

2.º) *La albarranía pagada al propietario por el detentador es cosa perdida para éste.* Porque si el propietario debía, a cambio de la albarranía que percibe, algo más que el permiso que concede, su derecho de propiedad no sería perfecto, no poseería jure optimo, jure perfecto, es decir que no sería realmente propietario. Por tanto, todo lo que pasa de manos del ocupante a las del propietario a título de albarranía y como precio por el permiso para ocupar, es adquirido irrevocablemente por el segundo, perdido, aniquilado para el primero, al cual nada puede corresponderle, si no es como donativo, limosna, salario de servicios, o precio de mercaderías entregadas por él. En una palabra, la albarranía perece para el que toma a préstamo, o, como habría dicho enérgicamente el latino, *res perit solventi*.

3.°) *El derecho de albarranía tiene lugar contra el propietario como contra el extraño*. El señor de la cosa, al distinguir en sí al poseedor del propietario, se impone él mismo, para el usufructo de su propiedad, una tarifa igual a la que podría recibir de un tercero; de suerte que un capital lleva interés a manos del capitalista como a las del que toma el préstamo y a las del comanditado. En efecto, si, en lugar de aceptar 500 francos de alquiler de mi departamento, prefiero ocuparlo y disfrutar de él, está claro que me vuelvo hacia mí de una renta igual a la que rehúso: este principio es universalmente seguido en el comercio, y considerado como un axioma por los economistas. Así los industriales que tienen la ventaja de ser propietarios de su fondo de gastos corrientes, aunque no deben intereses a nadie, no calculan sus beneficios más que después de haber deducido, con sus salarios y sus gastos, los intereses de su capital. Por la misma razón, los prestadores de dinero conservan en su poder el menor dinero que pueden; porque todo capital que produce necesariamente interés, si ese interés no es servido por nadie, consumirá capital, que de ese modo se hallará disminuido en otro tanto. Así, por el derecho de albarranía el capital se consume a sí mismo: es lo que Papiniano habría expresado sin duda por esta fórmula tan elegante como enérgica: *Faenus mordet solidum*. Pido perdón por hablar tan a menudo latín en este asunto: es un homenaje que hago al pueblo más usurero que haya existido jamás.

PRIMERA PROPOSICIÓN

La propiedad es imposible, porque de nada exige algo

El estudio de esta proposición equivale a hacer el del origen del arrendamiento, tan controvertido por los economistas. Cuando leo lo que la mayor parte de ellos ha escrito sobre este punto no puedo evitar un sentimiento de desprecio y de cólera al mismo tiempo, al ver un conjunto de necesidades donde lo odioso pugna con lo absurdo. Seguramente la historia de un elefante, en la luna contendría menos atrocidades. Buscar un origen racional y legítimo a lo que no es, ni puede ser, más que robo, concusión y rapiña, es el colmo de la locura propietaria, el más eficaz encantamiento con que el egoísmo pudo ofuscar las inteligencias.

"Un cultivador —dice Say— es un fabricante de trigo que, entre los útiles que le sirven para modificar la materia de que hace tal producto, emplea un instrumento que llamamos campo. Cuando el cultivador no es el propietario del campo, sino solamente su arrendatario, el campo no es un útil cuyo servicio productivo se paga al propietario. El arrendatario, en tal caso, es reintegrado de ese pago por el comprador del producto; este comprador lo hace a su vez de otro posterior, hasta que el producto llega al consumidor, que es quien en definitiva satisface el primer anticipo y los sucesivos, mediante los cuales el producto se ha transmitido hasta él".

Dejemos a un lado los anticipas sucesivos, por los que el producto llega al consumidor, y no nos ocupemos en este momento más que del primero de todos, de la renta pagada al propietario por el arrendatario. Lo que interesa saber es en qué se funda el propietario para percibir esa renta.

Según Ricardo, Maccullock y Mill, el arriendo propiamente dicho no es otra cosa que la diferencia entre el producto de una tierra fértil y el de tierras de inferior calidad; de forma que el arriendo no comienza a existir en la primera, sino cuando, por el aumento de población, hay necesidad de recurrir al cultivo de las segundas.

Es difícil hallar a esto sentido alguno. ¿Cómo de las dualidades diferentes del terreno puede resultar un derecho sobre el terreno? ¿Cómo puede hacer de las variedades del humus un principio de legislación y de política? Esta metafísica es para mí tan sutil, que me pierdo cada vez que pienso en ella. Supongamos que la tierra A es capaz de alimentar 10 000 habitantes y la tierra B de mantener solamente 9000, siendo ambas la misma extensión. Cuando por haber aumentado su número los habitantes de la tierra A se vean obligados a cultivar la tierra B, los propietarios territoriales de la tierra A exigirán a los arrendatarios de ésta el pago de una renta calculada a razón de 10 a 9. Esto es —pienso para mis adentros— lo que dicen Ricardo, Maccullock y Mill. Pero si la tierra A alimenta tantos habitantes como caben en ella, es decir, si los habitantes de la tierra A sólo tienen, por razón de su número, lo preciso para vivir, ¿cómo podrán pagar un arrendó?

Si dichos autores se hubiesen limitado a decir que la diferencia de las tierras ha sido la ocasión del arrendamiento y no su causa, obtendríamos de esta sencilla observación una provechosa enseñanza, la de que el establecimiento del arriendo había tenido su origen en el deseo de la igualdad. En efecto, si el derecho de todos los hombres a la posesión de las tierras fértiles es igual, ninguno puede, sin indemnización, ser obligado a cultivar las estériles. El arrendamiento es, por tanto, según Ricardo, Maccullock y Mill, un método de indemnización al objeto de compensar las utilidades obtenidas y los esfuerzos realizados.

Estoy de acuerdo en que la tierra es un instrumento; pero ¿quién es en ella el obrero? ¿Lo es el propietario? ¿Es éste el que por la virtud eficaz del derecho de propiedad, por esa cualidad moral infusa en el suelo, le comunica el vigor y la fecundidad? He aquí precisamente en qué consiste el monopolio del propietario, quien a pesar de no haber creado el instrumento, se hace pagar, sin embargo, su servicio. Si el Creador se presentase a reclamar personalmente el precio del arriendo de la tierra, sería justo satisfacérselo; pero el propietario que se llama su delegado, no debe ser atendido en su reclamación mientras no presente los poderes.

"El servicio del propietario —añade Say— es cómodo para él, convengo en ello". Esta confesión es ridícula. "Pero no podemos prescindir de él. Sin la propiedad, un labrador se pegaría con otro por cuál de los dos había de cultivar un campo que no tuviese dueño, y entretanto el campo quedaría inculto...".

La misión del propietario consiste, pues, en poner de acuerdo a los labradores, despojándoles a todos... ¡Oh, razón! ¡Oh, justicia! ¡Oh, ciencia maravillosa de los economistas! El propietario, según ellos, es como Perrin-Dandin, que llamado por dos caminantes que disputaban por una ostra, la abre, se la come y pone fin a la disputa diciéndoles enfáticamente: El tribunal declara que cada uno de vosotros es dueño de una concha.

¿Es posible hablar peor de la sociedad? ¿Nos explicaría Say por qué los labradores (que a no ser los propietarios, lucharían entre sí por la posesión del suelo) no luchan hoy contra los propietarios por esa misma posesión? Aparentemente, ocurre esto porque aquéllos reputan a los propietarios poseedores legítimos, y la consideración de este derecho se impone a su codicia. En el capítulo II he demostrado que la posesión sin la propiedad es suficiente para el mantenimiento del orden social; ¿sería más difícil aquietar a los poseedores sin dueños que a los arrendatarios con ellos? Los hombres de trabajo que respetan hoy, en su perjuicio y a sus expensas, el pretendido derecho del ocioso, ¿violarían el derecho natural del productor y del industrial? Si el colono perdía sus derechos sobre la tierra desde el momento en que cesara en su ocupación, ¿había de ser por ello más codicioso? ¿Cómo había de ser fuente de querellas y procesos la imposibilidad de exigir la aubana y de imponer una contribución sobre el trabajo de otro? La lógica de los economistas es singular. Pero no hemos terminado aún. Admitamos que el propietario es el dueño legítimo de la tierra.

"La tierra —dicen— es un instrumento de producción"; esto es cierto. Pero cuando, cambiando el sustantivo en calificativo, hacen esta conversión: "la tierra es un instrumento productivo", sientan un lamentable error.

Según Quesnay y los antiguos economistas, la tierra es la fuente de toda producción; Smith, Ricardo, de Tracy, derivan, por el contrario, la producción del trabajo. Say y la mayor parte de los economistas posteriores enseñan que tanto la tierra como el trabajo y el capital son productivos. Esto es el eclecticismo en economía política. La verdad es que ni la tierra es productiva, ni el trabajo es productivo, ni el capital es productivo; la producción resulta de esos tres elementos, igualmente necesarios, pero, tomados separadamente, son todos ellos igualmente estériles.

En efecto, la economía política trata de la producción, de la distribución y del consumo de la riqueza o de los valores; pero ¿de qué valores? De los valores producidos por la industria humana, es decir, de las transformaciones que el hombre ha hecho sufrir a la materia para apropiarla a su uso, pero no de las producciones espontáneas de la Naturaleza. El trabajo del hombre no consiste en una simple aprehensión de la mano, y sólo tiene valor cuando media su actividad inteligente. Sin ella, la sal del mar, el agua de las fuentes, la hierba de los campos, los árboles de los bosques, no tienen valor por sí mismos. La mar, sin el pescador y sus redes, no suministra peces; el monte, sin el leñador y su hacha, no produce leña para el hogar ni madera para el trabajo; la pradera, sin el segador, no da heno ni hierba. La Naturaleza es como una vasta materia de explotación y de producción. Pero la Naturaleza no produce nada sino para la Naturaleza. En el sentido económico, sus productos, con respecto al hombre, no son todavía productos. Los capitales, los útiles y las máquinas, son igualmente improductivos. El martillo y el yunque, sin herrero y sin hierro, no forjan; el molino, sin molinero y sin grano, no muele, etc. Reunid los útiles y las primeras materias; arrojad un arado y semillas sobre un terreno fértil; preparad una fragua, encended el fuego y cerrad el taller, y no produciréis nada.

Finalmente, el trabajo y el capital unidos, pero mal combinados, tampoco producen nada. Labrad en el desierto, agitad el agua del río, amontonad caracteres de imprenta, y con todo esto no tendréis ni trigo, ni peces, ni libros. Vuestro esfuerzo será tan improductivo como fue el trabajo del ejército de Jerjes, quien, según el dicho de Heródoto, mandó a sus tres millones de soldados azotar al Helesponto para castigarle por haber destruido el puente de barcas que el gran rey había construido.

Los instrumentos y el capital, la tierra, el trabajo, separados y considerados en abstracto, sólo son productivos metafísicamente. El propietario que exige una aubana como precio del servicio de su instrumento, de la fuerza productiva de su tierra, se funda en un hecho radicalmente falso, a saber: que los capitales producen algo por sí mismos, y al cobrar ese producto imaginario, recibe, indudablemente, algo por nada. Se me dirá: Pero si el herrero, el carretero, todo industrial, en una palabra, tiene derecho al producto por razón de los instrumentos que suministra, y si la tierra es un instrumento de producción, ¿por qué este instrumento no ha de valer a su propietario, verdadero o supuesto, una participación en los productos, como les vale a los fabricantes de carros y de coches?

Contestación: Este es el nudo de la cuestión, el arcano de la propiedad, que es indispensable esclarecer si se quiere llegar a comprender cuáles son los extraños efectos del derecho de aubana.

El obrero que fabrica o que repara los instrumentos del cultivador, recibe por ello el precio una vez, ya en el momento de la entrega, ya en varios plazos; y una vez pagado al obrero este precio, los útiles que ha entregado dejan de pertenecerle. Jamás reclama doble salario por un mismo útil, por una misma reparación: si todos los años participa del producto del arrendatario, es porque todos los años les presta algún servicio nuevo.

El propietario, por su parte, no pierde la menor porción de su tierra; eternamente exige el pago de sus instrumentos y eternamente los conserva. En efecto, el precio de arriendo que percibe el propietario no tiene por objeto atender a los gastos de entretenimiento y reparación del instrumento. Estos gastos son de cargo del arrendatario y no conciernen al propietario sino como interesado en la conservación de la cosa. Si él se encarga de anticiparlos, tiene buen cuidado de reintegrarse de sus desembolsos. Este precio no representa, en modo alguno, el producto del instrumento, puesto que éste, por sí mismo, nada produce; ya lo hemos comprobado anteriormente y tendremos ocasión de observarlo más adelante. Finalmente, el precio no representa tampoco la participación del propietario en la producción, puesto que esta participación sólo podría fundarse, como la del herrero o la del carretero, en la cesión de todo o parte de su instrumento, en cuyo caso el propietario dejaría de serlo, oponiéndose esto a la idea de propiedad.

Por consiguiente, entre el propietario y el arrendatario no hay cambio alguno de valores ni de servicios. Luego, conforme hemos afirmado, el arrendamiento es una verdadera aubana, un robo, cuyos elementos son el fraude y la violencia de una parte, y la ignorancia y la debilidad de otra. "Los productos —dicen los economistas— sólo se compran con productos". Este aforismo es la condenación de la propiedad. El propietario que no produce por sí mismo ni por su instrumento y adquiere los productos a cambio de nada es un parásito o un ladrón. Por tanto, si la propiedad sólo puede existir como derecho, la propiedad es imposible.

SEGUNDA PROPOSICIÓN

La propiedad es imposible, porque donde está admitida, la producción cuesta más de lo que vale

La proposición precedente era de orden legislativo; ésta es de orden económico. Servirá para probar que la propiedad, que tiene por origen la violencia, da por resultado crear un valor negativo.

"La producción —dice Say— es un gran cambio. Para que el cambio sea productivo, es necesario que el valor de todos los servicios se encuentre equilibrado por el valor de la cosa producida. Si falta esta condición, el cambio será desigual, el productor habrá dado más de lo recibido".

Pero teniendo el valor por base forzosa la utilidad, resulta que todo producto inútil carece necesariamente de valor, que no puede ser cambiado, y por tanto, que no puede servir para pagar los servicios de la producción. En consecuencia, si la producción puede igualar al consumo, no debe excederlo nunca, porque no hay producción real sino allí donde hay producción útil, y sólo hay utilidad donde haya posibilidad de consumo. Así, todo producto que por su excesiva abundancia es inagotable, es, en cuanto a la cantidad no consumida, inútil sin valor, no cambiable, y por tanto, impropio para exigir por él cualquier precio: no es un producto.

El consumo, a su vez, para ser legítimo y verdadero, debe ser productivo de utilidad, porque si no lo fuese, los productos que destruye serían valores anulados, cosas producidas para su definitiva pérdida, circunstancia que disminuye el valor de los productos. El hombre tiene el poder de destruir, pero no consume más que lo que reproduce. En una justa economía hay, pues, ecuación entre la producción y el consumo. Esto sentado, imaginemos una tribu de mil familias ocupando una extensión determinada de territorio y privada de comercio exterior. Esta tribu nos representará a la humanidad entera, que, repartida por la faz de la tierra, está verdaderamente aislada. La diferencia entre una tribu y el género humano consiste simplemente en las proporciones numéricas, por lo que los resultados económicos de una y otra colectividad serán absolutamente iguales.

Vamos a suponer que estas mil familias, dedicadas exclusivamente al cultivo del trigo, deben pagar cada año, en especie, una renta del 10 por 100 de los productos a cien individuos particulares escogidos entre ellas mismas. Obsérvese ya que el derecho de albarranía significa una deducción sobre la producción total. ¿A quién beneficiará esa deducción? Al aprovisionamiento de la tribu no, porque este aprovisionamiento nada tiene de común con la renta. Tampoco servirá para pagar ninguna clase de servicios, porque los propietarios, trabajando como los demás, sólo trabajarán para sí. Por último, esa deducción no reportará utilidad alguna a los rentistas, que, habiendo recogido trigo en cantidad suficiente para su consumo, y viviendo en una sociedad sin comercio y sin industria, no podrán procurarse ninguna otra cosa, y no podrán, por tanto, beneficiarse con el importe de sus rentas. En semejante sociedad, quedará, pues, sin consumir el diezmo del producto, y habrá un diezmo de trabajo que no estará pagado: la producción costará más de lo que vale.

Convirtamos ahora 300 productores de trigo en industriales de todas clases: 100 jardineros y viñadores, 60 zapateros y sastres, 50 carpinteros y herreros, 80 de otras profesiones, y para que nada falte en ella, 7 maestros de escuela, un alcalde, un juez y un cura: cada oficio, en lo que es de su competencia, produce para toda la tribu. Ahora bien; siendo 1000 la producción total, el consumo para cada trabajador es de 1. A saber: trigo, comestibles, cereales, 0,700; vino y legumbres, 0,100; calzado y vestidos, 0,060; herramientas y mobiliario, 0,050; productos diversos, 0,080; instrucción, 0,007; administración, 0,002; misa, 0,001. Total, 1.

Pero la sociedad paga una renta anual de 10 por 100, siendo de observar que nada importa que la paguen únicamente los agricultores o todos los trabajadores. El resultado es el mismo. El arrendatario aumenta el precio de sus productos en proporción a lo que paga, los industriales siguen el movimiento de alza, y, después de algunas oscilaciones, se establece el equilibrio en los precios, habiendo pagado cada cual una cantidad poco más o menos igual. Es un grave error creer que en una nación únicamente los arrendatarios pagan las rentas; las paga toda la nación.

Afirmo, pues, que, dado el descuento de un 10 por 100 sobre la producción, el consumo de cada trabajador queda reducido de la manera siguiente: Trigo, 0,630; vino y legumbres, 0,090; ropa y calzado, 0,054; muebles y utensilios, 0,045; otros productos, 0,072; instrucción, 0,0063; administración, 0,0018; misa, 0,0009. Total, 0,9.

El trabajador ha producido 1 y no consume más que 0,9; pierde, por tanto, una décima parte del precio de su trabajo, y su producción le cuesta siempre más de lo que vale. Por otra parte, el diezmo percibido por los propietarios tiene para éstos un valor negativo, porque siendo también trabajadores ellos, pueden vivir con los nueve décimos de sus productos; como a los demás, nada les falta. ¿De qué les sirve que su ración de pan, vino, comida, vestidos, habitación, etc., sea doble, si no pueden consumirla ni cambiarla? El precio del arriendo es, pues, para ellos, como para el resto de los trabajadores, un no valor, y perece entre sus manos. Ampliad la hipótesis, multiplicad el número y las clases de los productos, y el resultado será siempre el mismo.

Hasta aquí he considerado al propietario tomando parte en la producción, no solamente —como dice Say— por el servicio de su instrumento, sino de una manera efectiva, con su propio esfuerzo. Pero fácil es suponer que en semejantes condiciones la propiedad no existiría. ¿Qué es entonces lo que sucede?

El propietario, animal esencialmente libidinoso, sin virtud ni vergüenza, no se acomoda a una vida de orden y de disciplina. Si desea la propiedad no es más que para hacer su gusto, cuando y como quiera. Seguro de tener con qué vivir, se abandona a la molicie; goza y busca alicientes y sensaciones nuevas. La propiedad, para ser disfrutada, exige renunciar a la condición común y dedicarse a ocupaciones de lujo, a placeres inmorales.

En vez de renunciar al precio de un arriendo que se inutiliza entre sus manos y de descargar de ese impuesto al trabajo social, los 100 propietarios dejan de trabajar. Habiendo disminuido por su inactividad en 100 la producción absoluta, mientras el consumo sigue siendo el mismo, parece que al fin la producción y el consumo han de equilibrarse. Pero como los propietarios no trabajan, su consumo es improductivo, según los principios de la economía. Por consiguiente, en este caso existirán en la sociedad, no ya 100 servicios sin la retribución de su producto, como antes ocurría, sino cien productos consumidos sin servicio; el déficit será siempre el mismo, cualquiera que sea la columna que lo exprese. O los aforismos de la economía política son falsos, o la propiedad, que los desmiente, es imposible.

Los economistas, considerando todo consumo improductivo como un mal, como un atentado contra el género humano, no dejan de exhortar a los propietarios a la moderación, al trabajo, al ahorro; les predican la necesidad de ser útiles, de devolver a la producción lo que de ella reciben; fulminan contra el lujo y la ociosidad las más terribles imprecaciones. Esta moral es muy hermosa seguramente; ¡lástima que no tenga sentido común! El propietario que trabaja, o como dicen los economistas, que se vuelve útil, cobra este trabajo y esta utilidad. ¿Pero es por eso menos ocioso con relación a las propiedades que no explota y cuyas rentas percibe? Su condición, haga lo que haga, es la improductividad. Sólo puede cesar de malgastar y de destruir dejando de ser propietario.

Pero no es éste el menor de los males que la propiedad engendra. Aún se concibe que la sociedad mantenga a los ociosos; en ella habrá siempre ciegos, mancos, locos e imbéciles; bien puede dar de comer además a algunos holgazanes. Pero en las páginas siguientes se verá cómo se complican y acumulan las imposibilidades.

TERCERA PROPOSICIÓN

La propiedad es imposible, porque en todo capítulo la producción está en razón del trabajo, no en razón de la propiedad

Para satisfacer un arriendo de 100, a razón del 10 por 100 del producto, es preciso que éste sea 1000; para que el producto sea 1000, es necesario el esfuerzo de 1000 trabajadores. Síguese de aquí que permitiendo a los 100 trabajadores propietarios que se den vida de rentistas, nos vemos en la imposibilidad de pagarles sus rentas. En efecto, la fuerza productiva, que en un principio era de 1000, al descontar esos 100 propietarios, queda reducida a 900, cuyo 10 por 100 es 90. Es, pues, necesario, o que 10 propietarios de los 100 no cobren, si los 90 restantes quieren percibir íntegras las rentas, o que todos se conformen con tener en ellas una disminución de 10 por 100. Porque no es el trabajador, que no ha faltado a ninguna de sus ocupaciones y sigue produciendo como antes, quien ha de sufrir los efectos de la inactividad del propietario: éste es quien debe sufrir las consecuencias de su ociosidad. Pero en este caso el propietario se encontrará más pobre que antes; al ejercitar su derecho, lo pierde; parece, como que la propiedad disminuye hasta desvanecerse cuando más empeño se pone en sujetarla; cuanto más se la persigue, menos se deja coger. ¿Qué derecho es ese que está sometido a toda alteración, según la relación de los números, y que una combinación aritmética puede destruir?

El propietario trabajador recibe: 1.º Como trabajador, 0,9 de salario; 2.º Como propietario, 1 de renta. Pero dice: "Mi renta es suficiente; no tengo necesidad de trabajar para tener hasta lo superfluo". Y he aquí que la renta con que contaba ha disminuido en una décima parte, sin que acierte a encontrar el motivo de tal disminución. Y es que tomando parte en la producción, él mismo creaba esa décima parte que ahora no halla, y creyendo trabajar sólo para él, sufría, sin advertirlo, en el cambio de sus productos, una pérdida cuyo resultado era pagarse a sí mismo un diezmo de su propia renta como cualquier otro: producía 1, y no recibía más que 0,9.

Si en vez de 900 trabajadores no hay más que 500, la totalidad del precio de la renta se reducirá a 50; si no más 100, a 10. Podemos, pues, sentar como ley de economía propietaria el axioma siguiente: La aubana disminuye en proporción al aumento del número de ociosos.

Esta primera solución va a conducirnos a otra aún más extraña: se trata de liberarnos de una vez de todas las cargas de la propiedad, sin abolirla, sin causar perjuicio a los propietarios, mediante un procedimiento eminentemente conservador.

Acabamos de ver que si el precio del arriendo de una sociedad de 1000 trabajadores es 100, el de 900 será 90; el de 800, 80; el de 100, 10, etc. De modo que si la sociedad no cuenta más que con un trabajador, ese precio será 0,1, cualesquiera que sean por otra parte la extensión y el valor del terreno apropiado. Por tanto, dado un capital territorial, la producción estará en razón del trabajo, no en razón de la propiedad.

Con arreglo a este principio, investiguemos el límite máximo de la aubana en toda propiedad. ¿Qué es en su origen el arrendamiento? Un contrato por el cual el propietario cede a un colono la posesión de su tierra, a cambio de una parte de lo que él, el propietario, abandona. Si por el aumento de su familia, el arrendatario es 10 veces más fuerte que el propietario, producirá 10 veces más. ¿Será esto una razón para que el propietario aumente 10 veces la renta? Su derecho no es: cuanto más produces, más renta; sino: cuanto más te cedo, más cobro. El aumento de la familia del colono, el número de brazos de que dispone, los recursos de su industria, causas del acrecentamiento de la producción, son ajenos al propietario. Sus pretensiones deben tasarse por la fuerza productiva que él tenga, no por la fuerza productiva que otros tengan. La propiedad es el derecho de aubana, no es el derecho de capitación[47]. ¿Cómo un hombre, capaz apenas para cultivar una hectárea de terreno, ha de poder exigir a la sociedad, porque su propiedad tenga 10 000 hectáreas, 10 000 veces

---

47   Impuesto que satisfacía cada individuo a su señor en tiempo del feudalismo.

lo que él no podría producir en una sola? ¿Por qué razón ha de aumentar el precio de lo arrendado en proporción a la aptitud y al esfuerzo del arrendatario, y no en razón de la utilidad de que se haya desprendido el propietario? Fuerza es, pues, reconocer esta segunda ley económica: La aubana tiene por medida una fracción de la producción del propietario.

¿Pero cuál es esta producción? En otros términos: ¿en qué consiste lo que el señor y dueño de un terreno, al prestarle a un colono, puede decir con razón que le abandona? Siendo 1 la fuerza productiva de un propietario, el producto de que se priva al ceder su tierra es también 1. Si la tasa de la aubana es, pues, 10 por 100, el máximo de toda aubana será 0,1.

Pero ya hemos visto que cada vez que un propietario abandona la producción, la suma de los productos disminuye en unidad. Por tanto, siendo la aubana que le corresponde mientras está entre los trabajadores igual a 0,1, será, por su retraimiento, según la ley de decrecimiento del arriendo, igual a 0,09. Esto nos lleva a establecer esta última fórmula: El máximum de renta de un propietario es igual a la raíz cuadrada del producto de un trabajador (previa determinación del producto por un número dado); la disminución que sufre esa renta cuando el propietario no trabaja, es igual a una fracción que tiene por numerador la unidad y por denominador el número que sirva para expresar el producto.

Así el máximo de renta de un propietario ocioso, o que trabajé por su propia cuenta sin relación con la sociedad, calculada al 10 por 100 sobre una producción media de 1000 francos por trabajador, será de 90 francos. Por tanto, si Francia tiene un millón de propietarios disfrutando, uno con otro, 1000 francos de renta que se consumen improductivamente, en vez de 1000 millones que perciben cada año, sólo se les debe, en rigor de derecho y con arreglo al cálculo más exacto, 90 millones.

Ya es algo conseguir una reducción de 910 millones sobre las cargas que aniquilan a la clase trabajadora. Sin embargo, no hemos terminado todavía la cuenta, y el trabajador no conoce aún toda la extensión de sus derechos.

¿Qué es el derecho de aubana reducido, como acabamos de ver, a su justa medida en el propietario ocioso? Una remuneración del derecho de ocupación. Pero siendo el derecho de ocupación igual para todos, todos los hombres serán, por el mismo título, propietarios; todos tendrán derecho a una renta igual a determinada fracción de su producto. Luego si el trabajador está obligado por el derecho de aubana a pagar una renta al propietario, éste vendrá obligado, por el mismo derecho, a pagar igual renta al trabajador, y puesto que sus mutuos derechos se compensan, la diferencia entre ellos es igual a cero.

CUARTA PROPOSICIÓN

La *propiedad* es imposible, porque es homicida

Si el derecho de aubana pudiera sujetarse a las leyes de la razón y de la justicia, se limitaría a una indemnización, cuyo máximum no excedería jamás, para cada trabajador, de una determinada fracción de lo que es capaz de producir. Acabamos de demostrarlo. Pero ¿cómo es posible que el derecho de aubana, o, denominándolo sin temor por su verdadero nombre, el derecho del robo se deje regular por la razón, con la que nada tiene de común? El propietario no se contenta con la aubana, tal como el buen sentido y la naturaleza de las cosas la establecen: obliga a que se la satisfagan diez, ciento, mil, un millón de veces. Entregado a sus propias fuerzas, no obtendría de la cosa más que una producción igual a 1, y exige que la sociedad le pague, no un derecho proporcional a la potencia productiva de sí mismo, sino un impuesto por cabeza. Pone precio a sus hermanos según su fuerza, su número y su industria. Cuando nace un hijo al labrador, dice el propietario: "Me alegro; ya tengo una aubana más". ¿Cómo se ha realizado esta transformación del arriendo en capitación? ¿Cómo nuestros jurisconsultos y nuestros teólogos, siendo tan meticulosos, no han reprimido esa extensión del derecho de aubana?

El propietario calcula cuántos trabajadores necesita, según su respectiva aptitud en la producción, para ocupar su finca. La divide en otras tantas porciones, y dice: "Cada uno me pagará la aubana". Para multiplicar su renta le basta, pues, dividir su propiedad. En vez de evaluar a razón de su trabajo personal el interés que debe percibir, lo tasa con arreglo a su propiedad, y por virtud de esta sustitución, la misma propiedad, que en manos del dueño no podía producir nunca más que uno, le vale diez, mil, un millón. Para ello sólo necesita anotar los nombres de los trabajadores que se le ofrecen: su labor se reduce a otorgar permisos y a extender recibos. No contento aún con trabajo tan cómodo, el propietario enjuga el déficit que resulta de su inacción cargándolo sobre el productor, al que exige siempre la misma renta. Una vez elevado el arriendo a su precio máximo, el propietario no lo disminuye; la carestía de las subsistencias, la escasez de brazos, los contratiempos de las estaciones, la mortalidad misma, son circunstancias para él indiferentes; ¿por qué ha de sufrir esos perjuicios si él no trabaja? Aquí empieza una nueva serie de fenómenos.

Say, que razona muy bien siempre que impugna el impuesto, pero que no quiere comprender nunca que el propietario ejercita con relación al colono el mismo acto de expoliación que el perceptor de aquél, replica en estos términos a Malthus: "Si el recaudador de contribuciones, sus agentes, etc., consumen un sexto de los productos, obligan por este hecho a los productores a nutrirse, a vestirse, en una palabra, a vivir con las cinco sextas partes restantes de su producción. Esto es indudable, pero al mismo tiempo suele objetarse que cada uno puede vivir con las cinco sextas partes de lo que produce. Yo mismo, si se quiere, convendría en ello, pero preguntaría a mi vez: ¿es posible creer que el productor viviría de igual modo en el caso de que se le exigiera en vez de un sexto dos sextos o el tercio de su producción? No, y, sin embargo, aún podría vivir. En tal caso, volvería a preguntar si todavía le sería posible la vida arrebatándole los dos tercios... después las tres cuartas partes... pero observo que ya nadie me contesta".

Si el padre de los economistas franceses estuviera menos ofuscado por sus prejuicios en favor de la propiedad, comprendería que eso mismo, precisamente, ocurre con la renta. Supongamos que una familia de campesinos, compuesta de seis personas, el padre, la madre y cuatro hijos, vive de un pequeño patrimonio explotado por ellos. Supongamos también que trabajando incesantemente consiguen cubrir todas sus necesidades, y que, una vez instalados, vestidos y alimentados, no contraen deudas, pero tampoco hacen economías. Venga buen o mal año, van viviendo; si el año es excelente, el padre bebe vino, las hijas se compran un traje, los muchachos un sombrero; comen entonces alguna que otra golosina y carne de vez en cuando. Pues bien, afirmo que esta familia acaba por arruinarse.

En efecto, según el tercer corolario de nuestro axioma, esos individuos se adeudan a sí mismos un interés por el capital de que son propietarios: apreciando este capital de 8000 francos, a 20 por 100, resultan 200 francos de interés anual. Si estos 200 francos, en vez de ser descontados del producto, bruto para construir un ahorro y capitalizarse, se invierten en el consumo, existirá un déficit anual de 200 francos sobre el activo de la explotación, de modo que al cabo de cuarenta años esta pobre gente, sin sospecharlo siquiera, se habrá comido su haber y verá fallida su empresa.

Este resultado, que parece absurdo, es, sin embargo, una triste realidad.

Uno de los hijos es llamado al servicio militar... ¿Qué es el servicio militar? Un acto de propiedad ejercido por el Estado sobre los ciudadanos: una expoliación de hombres y de dinero. Los campesinos no quieren que sus hijos sean soldados, en lo que tienen razón sobrada. Es difícil que un hombre de veinte años gane nada con estar en el cuartel; o se pervierte o lo aborrece. Juzgad en general de la moralidad del soldado por la aversión que tiene al uniforme; hombre desgraciado o pervertido, ésa es la condición del soldado en las filas. No debiera suceder esto, pero así es. Preguntad a los miles de hombres que están sobre las armas y veréis como no hay uno que me desmienta.

Nuestro campesino, para redimir a sus dos hijos, desembolsa 4000 francos que toma a préstamo al 5 por 100: he aquí ya los 200 francos de que hemos hablado antes. Si hasta ese momento la producción de la familia, normalmente en equilibrio con su consumo, ha sido de 1200 francos, o sean 200 por persona, será necesario para pagar dicho interés, o que los seis trabajadores produzcan como siete, o que consuman como cinco. Reducir el consumo no es posible; ¿cómo privarse de lo necesario? Producir más es imposible también: no cabe ya trabajar más. ¿Podrán seguir un sistema mixto consumiendo como cinco y medio y produciendo como seis y medio? Bien pronto se convencerían de que con el estómago no es posible transigir. Llegando a cierto punto de abstinencia, no cabe el aumento de sus privaciones; lo que puede descontarse de lo estrictamente necesario, sin riesgo de la salud, es insignificante; y en cuanto al propósito de elevar la producción, una helada, una sequía, una epidemia en las plantas o en el ganado frustran todas las esperanzas del labrador. Al poco tiempo deberá la renta, se habrán acumulado los intereses, la granja será embargada y desahuciado de ella su antiguo inquilino.

Así una familia que vivió feliz mientras no ejercitó el derecho de propiedad cae en la miseria tan pronto como se ve en la necesidad de ejercitarlo. Para que la propiedad quede satisfecha es preciso que el colono tenga el doble poder de hacer multiplicar el suelo y de fecundizarlo. Simple poseedor de la tierra, encuentra en ella el hombre con qué mantenerse; en cuanto intenta ejercitar el derecho del propietario, ya no le basta. No pudiendo producir más que lo que consume, el fruto que cosecha es la recompensa de su trabajo; pero no consigue ganar para el pago de la renta, que es la retribución del instrumento.

Pagar lo que no puede producir: tal es la condición del arrendatario cuando el dueño abandona la producción social para explotar al trabajador con nuevos procedimientos.

Volvamos entretanto a nuestra primera hipótesis. Los novecientos trabajadores, seguros de haber trabajado tanto como antes, se ven sorprendidos, después de pagar sus rentas, notando que tienen un décimo menos que el año anterior. En efecto, este décimo era producido y satisfecho por el propietario trabajador cuando participaba en la producción y contribuía a las cargas públicas. Ahora ese décimo no ha sido producido, y, no obstante, ha sido satisfecho; debe, pues, deducirse del consumo del producto. Para enjugar este incomprensible déficit, el trabajador toma dinero a préstamo en la seguridad de pagarlo. Pero esta seguridad al año siguiente se convierte en un nuevo préstamo, aumentado por los intereses atrasados del primero. ¿Y a quién se dirige en solicitud de fondos? Al propietario. El propietario presta al trabajador lo que le cobra de más, y este exceso, que en justicia debiera restituirle, le produce un nuevo beneficio en forma de préstamo a interés. Llegado ese caso, las deudas aumentan infinitamente; el propietario se niega finalmente a hacer anticipas a un productor que no le paga nunca, y este productor, siempre robado y siempre recibiendo a préstamo su propia riqueza, acaba por arruinarse. Supongamos que entonces el propietario, que para conservar sus rentas tiene necesidad del colono, le perdona sus deudas. Habrá realizado un acto de gran beneficencia, por el cual el señor cura le elogiará en el sermón, mientras el pobre arrendatario, confundido ante tan inagotable caridad, enseñado por el Catecismo a rogar por sus bienhechores, se dispondrá a redoblar sus esfuerzos y sus privaciones con objeto de corresponder a un amo tan bueno.

Esta vez el colono toma sus medidas: eleva el precio de los cereales. El industrial hace otro tanto con sus productos, la reacción llega, y después de algunas oscilaciones, la renta que el labrador creyó imponer al industrial vuelve a pesar sobre él. Y mientras espera confiado el éxito de su inútil táctica, continúa siendo pobre, aunque en proporción algo menor que antes. Porque si el alza de la producción ha sido general, habrá alcanzado al propietario, de suerte que los trabajadores, en vez de empobrecerse en un décimo, lo están solamente en nueve centésimas. Pero la deuda, aunque menor, subsiste, y para satisfacerla es necesario, como antes, tomar dinero a préstamo, abonar réditos, economizar y ayunar. Ayuno por las nueve centésimas que no debiera pagar y que paga; ayuno por la amortización de las deudas; ayuno por sus intereses, y, además, si la cosecha es mala, el ayuno llegará hasta la inanición. Se dice: es preciso trabajar más. Pero el exceso de trabajo perjudica tanto como el ayuno: ¿qué ocurrirá si se reúnen? Es preciso trabajar más, significa aparentemente que es preciso producir más. ¿Y en qué condiciones se realiza la producción? Por la acción combinada del trabajo, del capital y la tierra. El trabajo, el arrendatario se encarga de facilitarle; pero el capital sólo se forma por el ahorro, y si el colono pudiese ahorrar algo, no tendría deudas. Aun admitiendo que tuviera capital, ¿de qué le servirá si la extensión de la tierra que cultiva es siempre la misma? No es capital lo que le hace falta; lo que necesita es multiplicar el suelo.

¿Se dirá finalmente que es preciso trabajar mejor y con más fruto? Hay que tener en cuenta que la renta está calculada sobre un término medio de producción que no puede ser rebasado; si lo fuese, el propietario se apresuraría a encarecer el precio del arriendo. ¿No es así como los grandes propietarios territoriales han aumentado sucesivamente el precio de la madera de construcción a medida que el desarrollo de la población y el desenvolvimiento de la industria les han advertido los beneficios que la sociedad podía obtener de sus propiedades? El propietario permanece extraño a la acción social; pero como el ave de rapiña, fijos los ojos en su víctima, está siempre dispuesto a arrojarse sobre ella para devorarla.

Los hechos que hemos observado en una sociedad de mil personas se reproducen en gran escala en cada nación y en la humanidad entera, pero con variaciones infinitas y caracteres múltiples, que no es mi propósito describir.

En suma, la propiedad, después de haber despojado al trabajador por la usura, le asesina lentamente por la extenuación. Sin la expoliación y el crimen, la propiedad no es nada. Con la expoliación y el crimen es insostenible. Por tanto, es imposible.

QUINTA PROPOSICIÓN

La propiedad es imposible, porque la sociedad se extingue por su causa

Cuando el asno lleva mucha carga, se tira al suelo; pero el hombre camina siempre. En esta indomable energía, que, el propietario conoce, funda la esperanza de su especulación. "Si el trabajador cuando es libre produce 10, para mí —piensa el propietario— producirá 12".

En efecto, antes de consentir la confiscación de su campo, antes de abandonar el hogar paterno, el labrador, cuya historia hemos referido, hace un desesperado esfuerzo; toma en arriendo nuevas tierras. Su propósito es sembrar una tercera parte más, y siendo para él la mitad de este nuevo producto, o sea, una sexta parte, tendrá de sobra para pagar toda la renta. ¡Qué grave error! Para aumentar en una sexta parte su producción, es preciso que el agricultor aumente su trabajo, no en un sexto, sino en dos sextos más. Sólo a este precio recolecta y paga un arriendo que no debe ante Dios. La conducta del colono es imitada también por el industrial. Aquél multiplica su labor, perjudicando a sus compañeros; el industrial rebaja el precio de su mercancía, y se esfuerza en acaparar la fabricación y la venta, en aniquilar a los que le hacen la competencia. Para saciar a la propiedad, es necesario, ante todo, que el trabajador produzca más de lo que sus necesidades exigen; y después, que produzca más de lo que consienten sus fuerzas. Para producir más de lo que sus energías y sus necesidades permiten es preciso apoderarse de la producción de otro y, por consiguiente, disminuir el número de productores. Así, el propietario, después de haber aminorado la producción, al abandonarla la reduce todavía más, fomentando el acaparamiento del trabajo. Veámoslo.

Siendo un décimo el déficit sufrido por el trabajador después del pago de la renta, según hemos visto, en esa cantidad ha de procurar aumentar su producción. Para ello no ve más medio que centuplicar sus esfuerzos; esto es, pues, lo que hace. El descontento de los propietarios que no han podido cobrar íntegras sus rentas; los ofrecimientos ventajosos y las promesas que les hacen otros colonos que ellos reputan más diligentes, más laboriosos, más formales; las intrigas de unos y otros, son causas determinantes de una alteración en la repartición de los trabajos y de la eliminación de un determinado número de productores. De 900, son expulsados 90, con objeto de añadir un décimo a la producción de los restantes. Pero ¿habrá aumentado por eso el producto total? Evidente es que no. Habrá 810 trabajadores, produciendo como 900, siendo así que debían producir como 1000. Además, establecida la renta en razón al capital industrial y no en razón al trabajo, las deudas seguirán como antes, con un aumento en el trabajo. He aquí una sociedad que se diezma progresivamente, y que de seguro se extinguiría si las quiebras y las catástrofes económicas y políticas no viniesen de tiempo en tiempo a restablecer el equilibrio y a distraer la atención de las verdaderas causas del infortunio universal.

Al acaparamiento de los capitales y de las tierras sucede el desarrollo económico, cuyo desarrollo es colocar fuera de la producción a un determinado número de trabajadores. El rédito es la pesadilla de arrendatario y del comerciante, los cuales piensan de este modo: "Si pagase menos por la mano de obra, podría satisfacer la renta y los intereses que debo. Y entonces esos admirables inventos, destinados a hacer el trabajo fácil y rápido, se convierten en máquinas infernales que matan a los trabajadores por millares.

"Hace algunos años la condesa de Stratford expulsó 15 000 individuos de sus tierras, de las que eran arrendatarios. Este acto de administración privada fue repetido en 1820 por otro gran propietario escocés, siendo víctimas 600 familias de colonos". (Tissot, *Del suicidio y de la rebelión*).

El autor citado, que ha escrito páginas elocuentes acerca del espíritu de protesta que caracteriza a las sociedades modernas, no dice si habría desaprobado la rebeldía de esos proscritos. Por mi parte, declaro sin rebozo que ese acto hubiese sido, a mi juicio, el primero de los derechos y el más santo de los deberes, y mi mayor deseo consiste en que oigan todos mi profesión de fe.

La sociedad se extingue: 1.º. Por la supresión violenta y periódica de los trabajadores; acabamos de verlo y lo hemos de comprobar más adelante; 2.º. Por la limitación que la propiedad impone al consumo del productor. Estas dos formas de suicidio son simultáneas y se complementan; el hombre se une a la usura para hacer que el trabajo sea cada vez más necesario y más escaso.

Con arreglo a los principios del comercio y de la economía política, para que una empresa industrial sea buena es preciso que su producto sea igual: 1.º. Al interés del capital; 2.º. Al gasto de conservación de ese capital; 3.º. Al importe de los salarios de todos los obreros y empresarios; además, es necesario obtener un beneficio tan crecido como sea posible.

Fuerza es admirar el genio fiscal y codicioso de la propiedad. El capitalista busca hacer efectiva la aubana bajo todos los nombres: 1.º. En forma de interés; 2.º. En la de beneficio. Porque, según se dice, el interés del capital forma parte de los anticipas de la fabricación. Si se lían empleado 100 000 francos en una manufactura, y deducidos los gastos se obtiene un ingreso anual de 5000, no hay beneficio alguno, sino simplemente interés del capital. Pero el propietario no es hombre dispuesto a ninguna clase de trabajo; semejante al león de la fábula, cobra en razón de cada uno de los diversos títulos que se atribuye, de modo que una vez liquidados sus derechos no quedará nada para los demás asociados.

> Ego primam tollo, nominor quia leo:
> Secundum quia sum fortis tribuetis mihi:
> Tum quia plus valeo, me sequetur tertia:
> Malo adficietur, si quis quartam tetigerit.

No conozco nada más hermoso que esta fábula.

> Como empresario tomo la primera parte;
> como trabajador me apropio la segunda;
> como capitalista me corresponde la tercera;
> como propietario todo es MÍO.

En cuatro versos ha resumido *Fedro* todas las formas de la propiedad.
Yo afirmo que ese interés, y con mayor razón ese beneficio, es imposible.
¿Qué son los trabajadores en sus mutuas relaciones del trabajo? Miembros diferentes de una gran sociedad industrial, encargados, cada uno en particular, de una determinada parte de la producción general, conforme al principio de la división del trabajo. Supongamos que esta sociedad se reduce a los tres individuos siguientes: un ganadero, un curtidor y un zapatero. La industria social consistirá en hacer zapatos. Si yo preguntase cuál debe ser la parte de cada uno en el producto social, un niño me respondería que esa parte es igual al tercio del producto. Pero no se trata aquí de ponderar los derechos de los trabajadores convencionalmente asociados, sino de probar que, aunque no estén asociados esos tres industriales, se ven obligados a obrar como si lo

estuvieron, y que, quieran o no quieran, la fuerza de las cosas, la necesidad matemática, les asocia.

Tres operaciones son indispensables para producirá zapatos; el cuidado de la ganadería, la preparación del cuero, el corte y la costura. Si el cuero en manos del pastor vale uno, valdrá dos al salir del taller del curtidor y tres al exponerse en la tienda del zapatero. Cada trabajador ha producido un grado de utilidad; de modo que, sumando todos ellos, se tendrá el valor de la cosa. Para adquirir una cantidad cualquiera de ese producto es, por tanto, preciso que cada productor abone en primer término su propio trabajo, y después el de los demás productores. Así, para adquirir 10 en zapatos, el ganadero dará 30 en cueros sin curtir y el curtidor 20 en cuero curtido. Porque en razón de las operaciones realizadas, 10 en zapatos valen 30 en cuero en bruto, de igual modo que 20 en cuero curtido valen también 30 en cuero sin curtir. Si el zapatero exige 33 al ganadero y 22 al curtidor por 10 de su mercancía, no se efectuará el cambio, porque resultaría que el ganadero y el curtidor, después de haber pagado 10 por el trabajo del zapatero, venían a readquirir por 11 lo que ellos mismos habían dado por 10, lo cual es imposible.

Pues esto es precisamente lo que ocurre siempre que un industrial realiza un beneficio cualquiera, llámese renta, alquiler, interés o ganancia. En la reducida sociedad de que hablamos, si el zapatero, para procurarse los útiles de su oficio, para comprar las primeras provisiones de cuero y para vivir algún tiempo antes de reintegrarse de esos gastos, toma dinero a préstamo, es evidente que para pagar el interés de ese dinero se verá obligado a beneficiarse a costa del curtidor y del ganadero; pero como este beneficio es imposible sin cometer fraude, el interés recaerá sobre el desdichado zapatero, y le arruinará en definitiva.

He puesto como ejemplo un caso imaginario y de una sencillez fuera de lo natural, pues no hay sociedad humana que esté reducida a tres funciones. La sociedad menos civilizada obliga a numerosas industrias. Hoy, el número de funciones industriales (y entiendo por función industrial toda función útil) asciende quizá a más de mil. Pero cualquiera que sea el número de funcionarios, la ley económica sigue siendo a misma. Para qué el productor viva, es preciso que con su salario pueda readquirir su producto.

Los economistas no pueden ignorar este principio rudimentario de su pretendida ciencia. ¿Por qué, pues, se obstinan en sostener la propiedad, la desigualdad de los salarios, la legitimidad de la usura, la licitud del lucro, cosas todas que contradicen la ley económica y hacen imposible las transacciones? Un intermediario adquiere primeras materias por valor de 100 000 francos; paga 50 000 por salarios y mano de obra, y luego pretende obtener 200 000 del producto. Es decir, quiere beneficiarse a costa de la materia y del trabajo de sus obreros; pero si el que facilitó esas primeras materias y los trabajadores que las transformaron no pueden readquirir con la suma total de sus salarios lo mismo que para el mediador produjeron, ¿cómo pueden vivir? Explicaré minuciosamente esta cuestión; los detalles son en este punto necesarios.

Si el obrero recibe por su trabajo un salario medio de tres francos por día, para que el patrono gane alguna cosa es necesario que al revender, bajo la forma de mercancía, la jornada de su obrero, cobre por ella más de tres francos. El obrero no puede, por tanto, adquirir lo que él mismo ha producido por cuenta del capitalista.

Esto ocurre en todos los oficios sin excepción. El sastre, el sombrerero, el ebanista, el herrero, el curtidor, el albañil, el joyero, el impresor, el dependiente, etc., hasta el agricultor, no pueden readquirir sus productos, ya que produciendo para un patrono, a quien en una u otra forma benefician, habrían de pagar su propio trabajo más caro que lo que por él reciben.

En Francia, 20 millones de trabajadores dedicados al cultivo de todas las carreras de la ciencia, del arte y de la industria producen todas las cosas útiles a la vida del hombre. La suma de sus jornales equivale cada año hipotéticamente a 20 000 millones; pero a causa del derecho de propiedad y del sinnúmero de aubanas, primas, diezmos, gabelas, intereses, ganancias, arrendamientos, alquileres, rentas y beneficios de toda clase, los productos son valorados por los propietarios y patronos en 25 000 millones. ¿Qué quiere decir esto? Que los trabajadores, que están obligados a adquirir de nuevo esos mismo productos para vivir, deben pagar como cinco lo que han producido como cuatro, o ayunar un día cada cinco.

Si hay un economista capaz de demostrar la falsedad de este cálculo, le invito a que lo haga, y, en ese caso, me comprometo a retractarme de cuanto he dicho contra la propiedad.

Examinemos entretanto las consecuencias de este beneficio. Si el salario del obrero fuese el mismo en todas las profesiones, el déficit ocasionado por la detracción del propietario se haría notar igualmente en todas ellas; pero la causa del mal se habría manifestado con tal evidencia, que hace tiempo hubiese sido advertida y reprimida. Mas como en los salarios, desde el del barrendero hasta el del ministro, impera la misma desigualdad que en las propiedades, sigue la expoliación un movimiento de repercusión del más fuerte al más débil, por el cual el trabajador sufre mayor número de privaciones cuanto más bajo está en la escala social, cuya última clase se ve literalmente desnuda y devorada por las demás.

Los trabajadores no pueden comprar ni los lienzos que tejen, ni los muebles que construyen, ni los metales que forjan, ni las piedras preciosas que tallan, ni las estampas que graban; no pueden procurarse el trigo que siembran, ni el vino que hacen, ni la carne de los animales que pastorean; no les está permitido habitar en, las casas que edifican, asistir a los espectáculos que sufragan, dar a su cuerpo el descanso que necesitan. Y esto es así porque para disfrutar de todo ello tendrían que adquirirlo a precio de coste, y el derecho de aubana se lo impide. Debajo de las lujosas muestras de esos almacenes suntuosos que su indigencia admira, el trabajador lee en gruesos caracteres: TODO ESTO ES OBRA TUYA Y CARECERÁS DE ELLO. ¡*Sic vos non vobis*!

Todo industrial que hace trabajar a 1000 obreros y gana con cada uno de ellos un céntimo por día es un hombre que ocasiona la miseria de 1000 obreros. Todo explotador ha jurado mantener el pacto del hambre. Pero el pueblo carece hasta ese trabajo, mediante el cual la propiedad le aniquila. ¿Y por qué? Porque la insuficiencia del salario obliga a los obreros al acaparamiento del trabajo, y antes de ser diezmados por la miseria se diezman ellos mismos por la concurrencia. Conviene tener presente esta verdad.

Si el salario del obrero no le permite adquirir su producto, claro es que el producto no es para el productor. ¿Para quién se reserva en ese caso? Para el consumidor rico, es decir, solamente para una pequeña parte de la sociedad. Pero cuando toda la sociedad trabaja, produce para toda la sociedad; luego si sólo una parte de la sociedad consume, es a cambio de que el resto permanezca inactivo. Y estar en esa inactividad es perecer, tanto para el trabajador como para el propietario; es imposible salir de esta conclusión.

El espectáculo más desolador que puede imaginarse es ver los productores rebelarse y luchar contra esa necesidad matemática, contra ese poder de los números, que sus propios prejuicios impiden conocer.

Si 100.0000 obreros impresores pueden proveer al consumo literario de 34 millones de hombres, y el precio de los libros sólo es accesible a una tercera parte de los consumidores, es evidente que esos 100 000 obreros producirán tres veces más de lo que los libreros pueden vender. Para que la producción de los primeros no sobrepase nunca las necesidades del consumo será preciso, o que de tres días no trabajen más que uno, o que se releven por terceras partes cada semana, cada mes o cada trimestre, es decir, que no vivan durante dos tercios de su vida. Pero la industria bajo la influencia capitalista no procede con esta regularidad: es en ella de esencia producir mucho en poco tiempo, puesto que cuanto mayor sea la masa de productos y más rápida la ejecución, más disminuye el precio de fabricación de cada ejemplar. Al primer síntoma de escasez de productos, los talleres se llenan de operarios, todo el mundo se pone en movimiento; entonces el comercio es próspero, y gobernantes y gobernados aplauden. Pero cuanto mayor es la actividad invertida, mayor es la ociosidad forzosa que se avecina; pronto la risa se convertirá en llanto. Bajo el régimen de propiedad, las flores de la industria no sirven más que para tejer coronas funerarias. El obrero que trabaja cava su propia fosa.

Aun cuando el taller se cierre, el capital sigue devengando interés. El propietario, para cobrarlo, procura a todo trance mantener la producción disminuyendo sus gastos. Como consecuencia vienen las rebajas del salario, la introducción de las máquinas, la intrusión de niños y mujeres en los oficios de los hombres, la depreciación de la mano de obra y la mala fabricación. Aún se produce, porque la disminución de los gastos facilita la venta del producto; pero no se continúa mucho tiempo, pues fundándose la baratura del precio de coste en la cuantía y la celeridad de la producción, la potencia productiva tiende más que nunca a sobrepasar el consumo. Y cuando la producción se modera ante trabajadores cuyo salario apenas basta para el diario sustento, las consecuencias del principio de propiedad son horrorosas. No hay economía, ni ahorro, ni recurso alguno que les permita vivir un día más. Hoy se cierra el taller, mañana ayunarán en medio de la calle, al otro día morirán de hambre en el hospital o comerán en la cárcel.

Nuevos accidentes vienen a complicar esta espantosa situación. A consecuencia de la acumulación de mercancías y de la extremada disminución del precio el industrial se ve muy pronto en la imposibilidad de satisfacer los intereses de los capitales que maneja. Entonces, los accionistas, alarmados, se apresuran a retirar sus fondos, la producción se suspende totalmente, el trabajo se interrumpe. Hay quien se extraña de que los capitales huyan del comercio para precipitarse en la Bolsa, y hasta M. Blanqui se ha lamentado amargamente de la ignorancia y la ligereza de los capitalistas. La causa de este movimiento de los capitales es muy sencilla; pero por eso mismo un economista no podía advertirla, o mejor dicho, no debía decirla. Esta causa reside únicamente en la *concurrencia*.

Llamo concurrencia no solamente a la rivalidad de dos industrias de una misma clase, sino al esfuerzo general y simultáneo de todas ellas para imponerse unas a otras. Este esfuerzo es hoy tan intenso, que el precio de las mercancías apenas puede cubrir los gastos de fabricación y de venta. De suerte que, descontados los salarios de todos los trabajadores, no queda nada, ni aún el interés para los capitalistas.

La causa primera de la paralización comercial e industrial es, por tanto, el interés de los capitales, ese interés que la antigüedad designó con el infamante nombre de usura cuando sirve para pagar el precio del dinero, pero que nadie se ha atrevido a condenar bajo las denominaciones de alquiler, arriendo o beneficio, como si la especie de las cosas prestadas pudiese nunca legitimar el precio del préstamo, el robo.

La cuantía de la aubana que percibe el capitalista determinará siempre la frecuencia y la intensidad de las crisis comerciales. Conocida la primera, será fácil determinar las últimas, y recíprocamente. ¿Queréis saber cuál es el regulador de una sociedad? Informaos de la masa de capitales activos, es decir, que devenguen interés y de la tasa legal de ese interés. El curso de los acontecimientos no será más que una serie de quiebras, cuyo número e importancia estarán en razón directa de la acción de los capitales.

El aniquilamiento de la sociedad es unas veces insensible y permanente y otras periódico y brusco. Esto depende de las varias formas que la propiedad reviste. En un país de propiedad parcelaria y de pequeña industria, los derechos y las pretensiones de cada uno se compensan mutuamente; la potencia usurpadora es muy débil; allí, en rigor de la verdad, la propiedad no existe, puesto que el derecho de aubana apenas se ejercita. La condición de los trabajadores, en cuanto a los medios de subsistencia, es poco más o menos lo mismo que si hubiera entre ellos igualdad absoluta; carecen de todas las ventajas de una verdadera asociación, pero al menos sus existencias no están amenazadas. Aparte de algunas víctimas aisladas del derecho de propiedad, cuya causa primera es desconocida para todos, la sociedad vive tranquila en el seno de esta especie de igualdad; pero es de advertir que está en equilibrio sobre el filo de una espada, y el menor impulso la hará caer con estrépito.

De ordinario, el movimiento de la propiedad se localiza. Por una parte, la renta se detiene en un límite fijo; por otra, a consecuencia de la concurrencia y del exceso de producción, el precio de las mercancías industriales se estaciona; de modo que la situación del labrador es siempre la misma, y sólo depende de la regularidad de las estaciones. Es, por tanto, en la industria donde se nota principalmente la acción devoradora de la propiedad. Por esto ocurre con frecuencia lo que llamamos crisis industriales, y no existen apenas crisis agrícolas, pues mientras el colono es devorado lentamente por el derecho de aubana, el industrial es engullido de una vez. De aquí las huelgas en las fábricas, las ruinas de las grandes fortunas, la miseria de la clase obrera, gran parte de la cual va ordinariamente a morir en la vía pública, en los hospitales, en las cárceles y en los presidios.

Resumamos esta proposición:

La propiedad vende al trabajador el producto más caro de lo que por, él le paga, luego es imposible.

SEXTA PROPOSICIÓN

La propiedad es imposible, porque es madre de la tiranía

¿Qué es el Gobierno? El Gobierno es la economía pública, la administración suprema de la actividad y de la riqueza de toda la nación.

Pero la nación es como una gran sociedad de la que todos los ciudadanos son accionistas. Cada uno tiene voz en la Asamblea, y si las acciones son iguales, debe poseer un voto. Pero en el régimen de la propiedad, las participaciones de los accionistas son desiguales. Hay quien tiene derecho a varios centenares de votos, mientras otros sólo tienen uno. Si yo, por ejemplo, disfruto de un millón de renta, es decir, si soy propietario de una fortuna de 30 o 40 millones en bienes inmuebles, y esta fortuna equivale a 1/30 000 del capital nacional, es evidente que la superior administración de la fortuna equivale a 1/30 000 parte del Gobierno, y si la nación cuenta 34 millones de habitantes, yo solo valgo tanto como 1133 poseedores de una sola acción.

Así, cuando M. Arago pide el sufragio para todos los guardias nacionales, se ajusta a los buenos principios, porque a todo ciudadano corresponde, por lo menos, una acción nacional, la cual le da derecho a un voto. Pero el ilustre orador debería pedir, al mismo tiempo, que cada elector tuviera tantos sufragios como acciones, de la misma manera que se practica, según todos sabemos, en las sociedades mercantiles. Porque lo contrario sería pretender que la nación tuviese derecho a disponer de los bienes de los particulares sin consultarlos, y esto es contrario al derecho de propiedad. En un país donde impere la propiedad, la igualdad de los derechos electorales es una violación de la propiedad.

Pero si la soberanía puede y debe atribuirse a cada ciudadano en razón de su propiedad, los pequeños accionistas están a merced de los más fuertes, quienes podrán, cuando quieran, hacer de aquéllos sus esclavos casarlos a su voluntad, quitarles sus mujeres, castrar a sus hijos, prostituir sus hijas, tirar al mar a los viejos, y a esto habrán de llegar forzosamente en la imposibilidad de sostener a todos sus servidores.

La propiedad es incompatible con la igualdad política y civil, luego la propiedad es imposible.

Comentario histórico. 1.°) Cuando fue decretado por los estados generales de 1789 el doblamiento del tercio fue perpetrada una gran violación de la propiedad. La nobleza y el clero poseían por sí solos los tres cuartos del suelo francés; la nobleza y el clero debían formar las tres cuartas partes de la representación nacional. El doblamiento del tercio era justo, se dice, porque el pueblo pagaba casi solo los impuestos. Esta razón sería buena, si no se hubiese tratado más que de votar sobre los impuestos; pero se hablaba de reformar el gobierno y la constitución; por eso el doblamiento del tercio era una usurpación y un ataque a la propiedad.

2.°) Si los representantes actuales de la oposición radical llegaban al poder, harían una reforma por la cual todo guardia nacional sería elector, y todo elector elegible: ataque a la propiedad.

Convertirían la renta: ataque a la propiedad.

Harían, en el interés general, leyes sobre la exportación de ganados y de trigos: ataque a la propiedad.

Cambiarían gratuitamente la instrucción entre el pueblo: conjuración contra la propiedad.

Organizarían el trabajo, es decir, asegurarían el trabajo al obrero y le harían participar en los beneficios: abolición de la propiedad.

Ahora bien, esos mismos radicales son defensores celosos de la propiedad, prueba radical de que no saben ni lo que hacen ni lo que quieren.

3.°) Puesto que la propiedad es la gran causa del privilegio y del despotismo, la fórmula del juramento republicano debe ser cambiada. En lugar de:

Juro odio a la realeza, en lo sucesivo el recipiendario de una sociedad secreta debe decir: Juro odio a la propiedad.

SÉPTIMA PROPOSICIÓN

La propiedad es imposible, porque al consumir lo que percibe, lo pierde; al ahorrarlo, lo anula, y al capitalizarlo, lo emplea contra la producción

Si consideramos, como los economistas, al trabajador cual una máquina viviente, el salario que recibe vendrá a representar el gasto necesario para la conservación y reparación de su máquina. Un industrial que pague a sus empleados y obreros 3, 5, 10 y 15 francos por día y que se adjudique a sí mismo 20 francos por su dirección, no cree perdidos sus desembolsos, porque sabe que reingresarán en su casa en forma de producto. Así, trabajo y consumo reproductivo son una misma cosa.

¿Qué es el propietario? Una máquina que no funciona, o que, si funciona por gusto y según capricho, no produce nada. ¿Qué es consumir propietariamente? Es consumir sin trabajar, consumir sin reproducir. Porque aún lo que el propietario consume como trabajador es siquiera consumo productivo; pero nunca da su trabajo a cambio de su propiedad, ya que en ese caso dejaría de ser propietario. Si consume como trabajador el propietario, gana, o por lo menos no pierde nada, porque recobra lo gastado; si consume propietariamente, se empobrece. Para disfrutar la propiedad es necesario destruirla. Para ser efectivamente propietario es preciso dejar de serlo.

El trabajador que consume su salario es una máquina que produce; el propietario que consume su aubana es un abismo sin fondo, un arenal que se riega, una roca en la que se siembra. Todo esto es tan cierto que el propietario, no queriendo o no sabiendo producir, y conociendo que a medida que usa de la propiedad la destruye irreparablemente, ha tomado el partido de obligar a otros a producir en su lugar. Esto es lo que la economía política llama producir por su capital, producir por su instrumento. Y esto es lo que hay que llamar producir por un esclavo, producir como ladrón y como tirano. ¡Producir el propietario!... También el ratero bien puede decir: Yo produzco.

El consumo del propietario se denomina lujo en oposición al consumo útil. Por lo dicho se comprende que puede haber gran lujo en una nación, sin que por ello sea más rica, y que, por el contrario, será tanto más pobre cuanto más lujo haya. Los economistas (preciso es hacerles justicia) han inspirado tal horror al lujo, que, al presente, gran número de propietarios, por no decir casi todos, avergonzados de su ociosidad, trabajan, ahorran, capitalizan. Esto es acrecentar el daño.

He de repetir lo que ya he dicho, aún a riesgo de ser pesado. El propietario que cree justificar sus rentas trabajando y percibe remuneración por su trabajo, es un funcionario que cobra dos veces. He aquí toda la diferencia que existe entre el propietario ocioso y el propietario que trabaja. Por su trabajo, el propietario sólo gana su salario, pero no sus rentas. Y como su condición económica le ofrece una ventaja inmensa para dedicarse a las funciones más lucrativas, puede afirmarse que el trabajo del propietario es más perjudicial que útil a la sociedad. Haga lo que haga el propietario, el consumo de sus rentas es una pérdida real que sus funciones retribuidas no reparan ni justifican, y que destruiría la propiedad si no fuese necesariamente compensada con una producción ajena.

El propietario que consume aniquila, por tanto, el producto. Pero todavía es peor que se dedique al ahorro. Las monedas que guardan sus arcas pasan a otro mundo; no se las vuelve a ver jamás. Si hubiera comunicación con la luna y los propietarios se dedicasen a llevar allí sus ahorros, al cabo de algún tiempo nuestro planeta sería transportado por ellos a dicho satélite.

El propietario que economiza impide gozar a los demás, sin lograr disfrute para sí mismo. Para él ni posesión ni propiedad. Como el avaro guarda su tesoro y no lo usa. Por mucho que le mire y remire, le vigile y le acompañe, las monedas no parirán más monedas. No hay propiedad completa sin disfrute, ni disfrute sin consumo, ni consumo sin pérdida de la propiedad. Tal es la inflexible necesidad a que por voluntad de Dios tiene que someterse el propietario. ¡Maldita sea la propiedad!

El propietario que capitaliza su renta en vez de consumirla, la emplea contra la producción, y por esto hace imposible el ejercicio de su derecho. Cuanto más aumente el importe de los intereses que ha de recibir, mas tienen que disminuir los salarios, y cuanto más disminuyan los salarios (lo que equivale a aminorar la conservación y reparación de las máquinas humanas), más disminuye la cantidad de trabajo, y con la cantidad de trabajo la cantidad del producto, y con ésta la fuente misma de sus rentas. El siguiente ejemplo demostrará la verdad de esta afirmación. Supongamos que una gran posesión de tierras laborables, viñedos, casa de labor, etc., vale, con todo el material de explotación, 100 000 francos, valorada al 3 por 100 de sus rentas. Si en vez de consumir éstas el propietario las aplica, no al aumento de su posesión, sino a su embellecimiento, ¿podrá exigir de su colono 90 francos más cada año por los 3000 que capitalizaría en otro caso? Evidentemente, no; porque en semejantes condiciones el colono no producirá lo bastante y se verá muy pronto obligado a trabajar por nada; ¿qué digo por nada? A dar dinero encima para cumplir el contrato.

La renta no puede aumentar sino por el aumento del fondo productivo; de nada serviría cerrarle con tapias de mármol ni labrarle con arados de oro. Pero como no, siempre es posible adquirir sin cesar, añadir unas fincas a otras, y el propietario puede capitalizar en todo caso, resulta que el ejercicio de su derecho llega a ser, en último término, fatalmente imposible. A pesar de esta imposibilidad, la propiedad capitaliza, y al capitalizar multiplica sus intereses; y sin detenerme a exponer los numerosos ejemplos particulares que ofrece el comercio, la industria manufacturera y la banca, citaré un hecho más grave y que afecta a todos los ciudadanos: me refiero al aumento indefinido del presupuesto del Estado.

El impuesto es mayor cada año. Seria difícil decir con exactitud en qué parte de las cargas públicas se hace ese recargo, porque ¿quién se puede alabar de conocer al detalle un presupuesto? Todos los días vemos en desacuerdo a los más hábiles hacendistas. ¿Qué creer de la ciencia de gobernar, cuando los maestros de ella no pueden entenderse? Cualesquiera que sean las causas inmediatas de esta progresión del presupuesto, lo cierto es que los impuestos siguen aumentando de modo desesperante. Todo el mundo lo ve, todo el mundo lo dice, pero nadie advierte cuál es la pausa primera[48]. Yo afirmo que lo que ocurre no puede ser de otra manera y que es necesario e inevitable.

---

48 N. del A.: «La posición financiera del gobierno inglés ha sido puesta al descubierto en la sesión de la Cámara de los Lores el 23 de enero; no es brillante. Desde hace varios años los gastos superan a los ingresos y el ministerio no restablece la balanza más que con ayuda de empréstitos renovados todos los años. El déficit, comprobado oficialmente para 1838 y 1839, asciende él solo a 47 500 000 francos. En 1840, el excedente previsto de los gastos sobre los ingresos será de 22 500 000 francos. Fue lord Ripon el que ha dado esas cifras. Lord Melbourne le ha respondido: "El noble conde ha tenido desgraciadamente razón al declarar que los gastos públicos van en continuo crecimiento, y, como él, debo decir que no hay que esperar que se pueda aplicar alguna disminución o un remedio a esos gastos"» (National, 26 de enero de 1840).

Una nación es como la finca de un gran propietario que se llama Gobierno, al cual se abona, por la explotación del suelo, un canon conocido con el nombre de impuesto. Cada vez que el Gobierno sostiene una guerra, pierde o gana una batalla, cambia el material del ejército, eleva un monumento, construye un canal, abre un camino o tiende una línea férrea, contrae un nuevo préstamo, cuyos intereses pagan los contribuyentes. Es decir, que el Gobierno, sin acrecentar el fondo de producción, aumenta su capital activo. En una palabra, capitaliza exactamente igual que el propietario a quien antes me he referido.

Una vez contratado el empréstito y conocido el interés, no hay forma de eliminar esa carga del presupuesto: para ello sería necesario que los prestamistas hiciesen dimisión de sus intereses, lo cual no es admisible sin abandono de la propiedad; o que el Gobierno se declare en quiebra, lo que supondría una negación fraudulenta del principio político; o que satisficiese la deuda, lo que no podría hacer sino mediante otro préstamo; o que hiciera economías, reduciendo los gastos, cosa también imposible, porque si se contrajo el préstamo fue por ser insuficiente los ingresos ordinarios; o que el dinero gastado por el Gobierno fuese reproductivo, lo cual sólo puede ocurrir acrecentando el fondo de producción, acrecentamiento opuesto a nuestra hipótesis; o, finalmente, sería preciso que los contribuyentes sufragasen un nuevo impuesto para reintegrar el préstamo, cosa imposible, porque si la distribución de este impuesto alcanza a todos los ciudadanos, la mitad de ellos, por lo menos, no podrían pagarlo, y si sólo se exige a los ricos, será una exacción forzosa, un atentado a la propiedad. Hace ya mucho tiempo que la práctica financiera ha demostrado que el procedimiento de los empréstitos, aunque excesivamente dañoso, es todavía el más cómodo, el más seguro y el menos costoso. Se acude, pues, a él; es decir, se capitaliza sin cesar, se aumenta el presupuesto.

Por consiguiente, lejos de reducirse el presupuesto, cada vez será mayor: éste es un hecho tan sencillo, tan notorio, que es extraño que los economistas, a pesar de todo su talento, no lo hayan advertido. Y si lo han notado, ¿por qué no lo han dicho?

OCTAVA PROPOSICIÓN

La propiedad es imposible, porque siendo infinito su poder de acumulación, sólo actúa sobre cantidades limitadas

Si los hombres, constituidos en estado de igualdad, hubiesen concedido a uno de ellos el derecho exclusivo de propiedad, y este único propietario impusiera sobre la humanidad, a interés compuesto, una suma de 100 francos, pagadera a sus descendientes de la veinticuatro generación, al cabo de 600 años ese préstamo de 100 francos, al 5 por 100 de réditos, importaría 107 854 010 777 600 francos, cantidad 2696 1/3 veces mayor que el capital de Francia, calculando este capital en 40 000 millones, y veinte veces mayor que el valor de todo el globo terráqueo.

Con arreglo a nuestras leyes civiles, si un hombre en el reinado de San Luis hubiera recibido a préstamo la misma cantidad de 100 francos o negándose él, y luego sus herederos, a devolverla, suponiendo que todos éstos la poseyesen indebidamente (para poder exigirles el interés legal del préstamo) y que la prescripción se hubiera interrumpido oportunamente, resultaría que el último heredero de este propietario podría ser condenado a devolver los 100 francos más sus intereses y los intereses de estos intereses no satisfechos; todo lo cual ascendería próximamente a 108 000 millones.

Todos los días se están viendo fortunas cuya progresión es incomparablemente más rápida. El ejemplo precedente supone un beneficio igual a la vigésima parte del capital, y es corriente en el orden de los negocios que se eleve a la décima, a la quinta parte, a la mitad del capital y aún al capital mismo.

No quiero extenderme más en esos cálculos, que cada cual puede hacer por sí hasta el infinito, y sobre los que sería pueril insistir más. Me limito a preguntar con arreglo a qué ley declaran los jueces en su fallo el pago de los intereses. Y tomando la cuestión de más alto, pregunto: El legislador, al proclamar el principio de propiedad, ¿ha previsto todas sus consecuencias? ¿Ha tenido en cuenta la ley de lo posible? Si la ha conocido, ¿por qué el Código no habla de ella? ¿Por qué se permite al propietario esa terrible latitud en el aumento de su propiedad y en la reclamación de los intereses; al juez, en la declaración y determinación del derecho de propiedad; al Estado, en la facultad de establecer incesantemente nuevos impuestos? ¿Cuándo tiene el pueblo derecho a no pagar el impuesto, el colono la renta y el industrial los intereses de su capital? ¿Hasta qué punto puede explotar el ocioso al trabajador? ¿Dónde empieza el derecho de expoliación y dónde acaba? ¿Cuándo puede decir el productor al propietario: "Nada te debo"? ¿Cuándo está la propiedad satisfecha? ¿Cuándo no le es lícito robar más?...

Si el legislador ha conocido la ley de lo posible y no la ha tenido presente, ¿a qué ha quedado reducida su justicia? Si no la ha conocido, ¿dónde está su sabiduría? Inicuo o imprevisor, ¿cómo hemos de reconocer su autoridad? Si nuestras condiciones y códigos sólo tienen por principio una hipótesis absurda, ¿qué se enseña en las escuelas de Derecho? ¿Qué valor tiene una sentencia del Tribunal Supremo? ¿Sobre qué discuten y deliberan nuestros parlamentarios? ¿Qué es la política? ¿A qué llamamos hombre de Estado? ¿Qué significa jurisprudencia? ¿No deberíamos mejor decir jurisignorancia? Si todas nuestras instituciones tienen por principio un error de cálculo, ¿no se deduce que estas instituciones son otras tantas mentiras? Y si todo el edificio social está vinculado en esta imposibilidad absoluta de la propiedad, ¿no es evidente que el gobierno que nos rige es una quimera y la actual sociedad una utopía?

NOVENA PROPOSICIÓN

La propiedad es imposible, porque es impotente contra la propiedad

I. Con arreglo al corolario tercero de nuestro axioma, el interés corre lo mismo contra el propietario que contra el que no lo es. Este principio de economía es universalmente admitido. Nada más sencillo al primer golpe de vista; sin embargo, nada hay más absurdo, ni más contradictorio en los términos, ni de más absoluta imposibilidad.

El industrial, se dice, se paga a sí mismo el alquiler de su casa y de sus capitales. Se paga, es decir, se hace pagar por el público que compra sus productos: porque supongamos que este beneficio que él pretende obtener sobre su propiedad, quisiera igualmente percibirlo sobre sus mercancías; ¿podría en tal caso abonarse un franco por lo que le cuesta 90 céntimos y ganar en el cambio? No; semejante operación haría pasar el dinero del comerciante de su mano derecha a la izquierda, pero sin ninguna utilidad para él.

Lo que es cierto tratándose de un solo individuo que trafique consigo mismo, lo es también en toda sociedad de comercio. Imaginemos una serie de quince, veinte productores, tan extensa como queramos. Si el productor A obtiene un beneficio sobre el productor B, éste, según los principios economices, se reintegra de C, C de D, y así sucesivamente hasta llegar a Z. Pero ¿de quién se reintegra Z del beneficio deducido en un principio por A? Del consumidor, contesta Say. ¡Esto no es decir nada! ¿Acaso este consumidor es otro que A, B, C, etc.? ¿De quién se reintegrará, pues, Z? Si se reintegra del primer beneficiado A, no habrá beneficio alguno para nadie, ni, por consiguiente, propiedad. Si, por el contrario, Z paga ese beneficio, desde ese mismo instante deja de ser parte de la sociedad, puesto que no obtiene el derecho de propiedad ni el beneficio de que disfrutan los demás asociados.

Y como una nación, como la humanidad entera, es una gran sociedad industrial que no puede obrar fuera de ella misma, queda demostrado que nadie puede enriquecerse sin que otro se empobrezca. Porque para que el derecho de propiedad y el derecho de aubana sea respetado a A es preciso que se le niegue a Z. De donde se deduce que la igualdad de derecho puede subsistir con independencia de la igualdad de condiciones. La iniquidad de la economía política en esta materia es flagrante. "Cuando yo, empresario de industria, compro el servicio de un obrero, no incluyo su salario en el producto neto de mi empresa, sino que, por el contrario, lo deduzco de él; mas para el obrero el salario es un producto neto...". (Say, Economía política). Esto significa que todo lo que gana el obrero es producto neto; y que, en lo que gana el empresario, sólo es producto neto lo que excede de sus gastos. Y ¿por qué razón solamente el empresario tiene el derecho de beneficiarse? ¿Por qué causa este derecho, que en el fondo es el derecho mismo de propiedad, no se le concede al obrero? Según los términos de la ciencia económica, el obrero es un capital, y todo capital, aparte sus gastos de reparación y conservación, debe dar un interés. Esto es lo que el propietario procura para sus capitales y para sí mismo. ¿Por qué no se permite al obrero obtener igualmente un interés sobre su capital, que es su propia persona? La propiedad supone, pues, la desigualdad de derechos. Porque si no significase la desigualdad de derechos, sería la igualdad de bienes, y no habría propiedad. Como la Constitución garantiza a todos la igualdad de derechos, según ella la propiedad es imposible.

II. ¿El propietario de una finca A puede, por este hecho, apoderarse del campo B, limítrofe del suyo? —No, responden los propietarios—. Pero ¿qué tiene esto de común con el derecho de propiedad? —Esto es lo que vamos a ver, por una serie de proposiciones idénticas.

El industrial C, comerciante de sombreros, ¿tiene derecho a obligar a D, su vecino, también comerciante de sombreros, a cerrar su tienda y abandonar su comercio? —En modo alguno. Pero C quiere ganar un franco en cada sombrero, mientras D se conforma con 50 céntimos del beneficio; es evidente que la moderación de D perjudica a las pretensiones de C—. ¿Tiene éste derecho para impedir la venta a D? —No, seguramente.

Puesto que D es dueño de vender sus sombreros a 50 céntimos más baratos que C, éste, a su vez, puede también rebajar el precio de los suyos un franco. Pero D es pobre, mientras que C es rico; de modo que al cabo de dos años D está arruinado por esa concurrencia insostenible, y C se ha apoderado de toda la venta. —¿El propietario D tiene algún recurso contra el propietario C? ¿Puede ejercitar contra su rival una acción reivindicadora de su comercio, de su propiedad?—. No, porque D tenía el derecho de hacer lo mismo que C, si hubiese sido más rico que él.

Por la misma razón, el gran propietario A puede decir al pequeño propietario B: "Véndeme tu campo, porque si no te impediré vender el trigo"; y esto sin hacerle el menor daño y sin que B tenga derecho a querellarse. Es evidente que, como A se lo proponga, devorará a B por la sola razón de que es más poderoso que él. Así no es, en razón del derecho de propiedad, por lo que A y C habrán desposeído a B y D, sino por el derecho de la fuerza. Con arreglo al derecho de propiedad, los colindantes A y B, del mismo modo que los comerciantes C y D, nada podrían. Jamás se hubieran desposeído, ni aniquilado, ni enriquecido unos a costa de otros: es el derecho del más fuerte el que ha consumado el acto del despojo.

También por el derecho del más fuerte, el industrial consigue en los salarios la reducción que quiere, y el comerciante rico y el propietario aprovisionado venden sus productos al precio que les place. El industrial dice al obrero: Eres dueño de prestar en otra parte tus servicios y yo también soy libre de aceptarlos; te ofrezco tanto. El comerciante dice a sus clientes: Sois dueños de vuestro dinero como yo lo soy de mi mercancía; o tomarla o dejarla; quiero tanto por ella. ¿Quién cederá? El más débil.

Por tanto, sin la fuerza, la propiedad sería impotente contra la propiedad, ya que sin la fuerza no podría acrecentarse por la aubana. Luego, sin la fuerza, la propiedad es nula.

DÉCIMA PROPOSICIÓN

La propiedad es imposible, porque es la negación de la igualdad

El desarrollo de esta proposición será la síntesis de las precedentes: 1.º. El principio del desarrollo económico es que los productos sólo se adquieren por productos; no pudiendo ser defendida la propiedad sino en cuanto es productora de utilidad, y desde el momento en que nada produce está condenada. 2.º. Es una ley económica que el trabajo debe ser compensado con el producto; es un hecho que, con la propiedad, la producción cuesta más que vale. º. Otra ley económica: Dado un capital, la producción se determina, no en razón a la magnitud del capital, sino a la fuerza productora. Al exigir la propiedad que la renta sea siempre proporcionada al capital, sin consideración al trabajo, desconoce esta relación de igualdad del efecto a la causa. 4.º. y 5.º. El trabajador sólo produce para sí mismo; al exigir la propiedad doble producto sin poder obtenerlo, despoja al trabajador y le mata. 6.º. La Naturaleza ha dado a cada hombre una razón, una inteligencia, una voluntad; la propiedad, al conceder a un mismo individuo pluralidad de sufragios, le atribuye pluralidad de almas. 7.º. Todo consumo que no produce utilidad es una destrucción; la propiedad, ya consuma, ya ahorre, ya capitalice, es productora de inutilidad, causa de esterilidad y de muerte. 8.º. Toda satisfacción de un derecho natural es una ecuación. En otros términos, el derecho a una cosa se realiza necesariamente por la posesión de ella. Así, entre el derecho y la libertad y la condición del hombre libre hay equilibrio, ecuación. Entre el derecho de ser padre y la paternidad, ecuación.

Entre el derecho de la seguridad personal y la garantía social, ecuación. Pero entre el derecho de aubana y la percepción de esta aubana no hay jamás ecuación, porque a medida que la aubana se cobra, da derecho a otra, ésta a una tercera, y así indefinidamente. Y no siendo la propiedad adecuada a su objeto, es un derecho contra la Naturaleza y contra la razón.

9.º. Finalmente, la propiedad no existe por sí misma. Para producirse, para obrar, tiene necesidad de una causa extraña, que es la fuerza o el fraude. En otros términos, la propiedad no es igual a la propiedad, es una negación, una mentira, es nada.

V

Exposición psicológica de la idea de lo justo e injusto y de terminación del principio de la autoridad y del derecho

La propiedad es imposible; la igualdad no existe. La primera nos es odiosa, y, sin embargo, la queremos; la segunda atrae nuestros pensamientos y no sabemos realizarla. ¿Quién sabrá explicar este profundo antagonismo entre nuestra conciencia y nuestra voluntad? ¿Quién podrá descubrir las causas de ese error funesto que ha llegado a ser el más sagrado principio de la justicia y de la sociedad?

Yo me atrevo a intentarlo y espero conseguirlo. Pero antes de explicar cómo ha violado el hombre la justicia es necesario determinar el concepto de ella.

PRIMERA PARTE

I

Del sentido moral en el hombre y en los animales

Los filósofos han planteado con frecuencia el problema de investigar cuál es la línea precisa que separa la inteligencia del hombre de la de los animales. Según su costumbre, han perdido el tiempo en decir tonterías, en vez de resolverse a aceptar el único elemento de juicio seguro y eficaz: la observación. Estaba reservado a un sabio modesto, que no se preocupase de filosofías, poner fin a interminables controversias con una sencilla distinción, una de esas distinciones tan luminosas que ellas solas valen más que todo un sistema. Federico Cuvier ha diferenciado el *instinto de la inteligencia*.

Pero todavía no se ha ocupado nadie de este otro problema. El sentido moral, en el hombre y en el bruto, ¿difiere por la Naturaleza o solamente por el grado?

Si a alguno se le hubiese ocurrido en otro tiempo sostener la segunda parte de esta proposición, su tesis hubiera parecido escandalosa, blasfema, ofensiva a la moral y a la religión. Los tribunales eclesiásticos y seculares le habrían condenado por unanimidad. ¡Con cuánta arrogancia no se despreciaría esta inmoral paradoja! "La conciencia —se diría—, la conciencia, esa gloria del hombre, sólo al hombre ha sido concedida la noción de lo justo y de lo injusto, del mérito y del demérito, es su más noble privilegio. Sólo el hombre tiene la sublime facultad de sobreponerse a sus perversas inclinaciones, de elegir entre el bien y el mal, de aproximarse cada vez más a Dios por la libertad y la justicia... No, la santa imagen de la virtud sólo fue grabada en el corazón del hombre". Palabras llenas de sentimiento, pero vacías de sentido.

"El hombre es un animal inteligente y social", ha dicho Aristóteles. Esta definición vale más que todas las que después se han dado, sin exceptuar la famosa de M. de Bonald, el hombre es una inteligencia servida por órganos, definición que tiene el doble defecto de explicar lo conocido por lo desconocido, es decir, el ser viviente por la inteligencia, y de guardar silencio sobre la cualidad esencial del hombre, la animalidad. El hombre es, pues, un animal que vive en sociedad. Quien dice sociedad dice conjunto de relaciones, en una palabra, sistema. Pero todo sistema sólo subsiste bajo determinadas condiciones: ¿cuáles son estas condiciones, cuáles son las leyes de la sociedad humana? ¿Qué es el derecho entre los hombres? ¿Qué es la justicia?

De nada sirve decir con los filósofos de diversas escuelas: "Es un instinto divino, una voz celeste e inmortal, una norma dada por la Naturaleza, una luz revelada a todo hombre al venir al mundo, una ley grabada en nuestros corazones; es el grito de la conciencia, el dictado de la razón, la inspiración del sentimiento, la inclinación de la sensibilidad; es el amor al bien ajeno, el interés bien entendido; o bien es una noción innata, es el imperativo categórico de la razón práctica, la cual tiene su fuente en las ideas de la razón pura; es una atracción pasional", etc. Todo esto puede ser tan cierto como hermoso, pero es perfectamente anodino. Aunque se emborronaran con estas frases diez páginas más, la cuestión no avanzaría una línea.

La justicia es la utilidad común, dijo Aristóteles; esto es cierto, pero es una tautología. El principio de que el bien público debe ser el objeto del legislador, ha dicho Ch. Comte en su Tratado de legislación, no puede ser impugnado en modo alguno; pero con sólo enunciarlo y demostrarlo, no se logra en la legislación más progreso que el que obtendría la medicina con decir que la curación de las enfermedades debe ser la misión de los médicos.

Sigamos otro rumbo. El derecho es el conjunto de los principios que regulan la sociedad. La justicia, en el hombre, es el respeto y la observación de esos principios. Practicar la justicia es hacer un acto de sociedad. Por tanto, si observamos la conducta de los hombre entre sí en un determinado número de circunstancias diferentes, nos será fácil conocer cuándo viven en sociedad y cuándo se apartan de ella, y tal experiencia nos dará, por inducción, el conocimiento de la ley.

Comencemos por los casos más sencillos y menos dudosos. La madre que defiende a su hijo con peligro de su vida y se priva de todo por alimentarle, hace sociedad con él y es una madre buena. La que, por el contrario, abandona a su hijo, es infiel al instinto social, del cual es el amor maternal una de sus numerosas formas, y es una madre desnaturalizada. Si me arrojo al agua para auxiliar a un hombre que está en peligro de perecer, soy su hermano, su asociado: si en vez de socorrerle le sumerjo, soy su enemigo, su asesino.

Quien practica la caridad, trata al indigente como a un asociado; no ciertamente como su asociado en todo y por todo, pero sí por la cantidad de bien de que le hace participe. Quien arrebata por la fuerza o por la astucia lo que no ha producido, destruye en sí mismo la sociabilidad y es un bandido. El samaritano que encuentra al caminante caído en el camino, que cura sus heridas, le anima y le da dinero se declara asociado suyo y es su prójimo. El sacerdote que pasa al lado del mismo caminante sin detenerse es, a su vez, inasociable y enemigo.

En todos estos casos, el hombre se mueve impulsado por una interior inclinación hacia su semejante, por una secreta simpatía, que le hace amar, sentir y apenarse por él. De suerte que para resistir a esta inclinación es necesario un esfuerzo de la voluntad contra la Naturaleza.

Pero todo esto no supone ninguna diferencia grande entre el hombre y los animales. En éstos, cuando la debilidad de los pequeños les retiene al lado de sus madres, y en tal sentido forman sociedad, se ve a ellas defenderles con riesgo de la vida, con un valor que recuerda el de los héroes que mueren por la patria. Ciertas especies se reúnen para la caza, se buscan, e llaman, y como diría un poeta, se invitan a participar de su presa. En el peligro se les ve auxiliarse, defenderse, prevenirse. El elefante sabe ayudar a su compañero a salir de la trampa en que ha caído; las vacas forman círculo, juntando los cuernos hacia fuera y guardando en el centro sus crías para rechazar los ataques de los lobos; los caballos y los puercos acuden al grito de angustia lanzado por uno de ellos. ¡Cuántas descripciones podrían hacerse de sus uniones, del cuidado de sus machos para con las hembras y de la fidelidad de sus amores! Hay, sin embargo, que decir también, para ser justos en todo, que esas demostraciones tan extraordinarias de sociedad, fraternidad y amor al prójimo, no impiden a los animales querellarse, luchar y destrozarse a dentelladas por su sustento y sus amores. La semejanza entre ellos y nosotros es perfecta.

El instinto social, en el hombre y en la bestia, existe más o menos; pero la naturaleza de ese instinto es la misma. El hombre está asociado más necesaria y constantemente; el animal parece más hecho a la soledad. Es en el hombre la sociedad más imperiosa, más compleja; en los animales parece ser menos grande variada y sentida. La sociedad, en una palabra, tiene en el hombre como fin la conservación de la especie y del individuo: en los animales, de modo preferente la conservación de la especie.

Hasta el presente nada hay que el hombre pueda reivindicar para él solo. El instinto de sociedad, el sentido moral, es común al bruto, y cuando aquél supone que por alguna que otra obra de caridad de justicia y de sacrificio se hace semejante a Dios, no advierte que sus actos obedecen simplemente a un impulso animal. Somos buenos, afectuosos, compasivos, en una palabra, justos, por lo mismo que somos iracundos, glotones, Injuriosos y vengativos, por simple animalidad. Nuestras más elevadas virtudes se reducen, en último análisis, a las ciegas excitaciones del instinto. ¡Qué bonita materia de canonización y dé apoteosis!

¿Hay, pues, alguna diferencia entre nosotros, bimanobípedos, y el resto de los demás seres? De haberla, ¿en qué consiste? Un estudiante de Filosofía se apresuraría a contestar: "La diferencia consiste en que nosotros tenemos conciencia de nuestra sociabilidad y los animales no la tienen de la suya; en que nosotros reflexionamos y razonamos sobre las manifestaciones de nuestro instinto social, y nada de esto realizan los animales".

Yo iría más lejos: afirmaría que por la reflexión y el razonamiento de que estamos dotados sabemos que es perjudicial, tanto a los demás como a nosotros mismos, resistir al instinto de sociedad que nos rige y que denominamos justicia; que la razón nos enseña que el hombre egoísta, ladrón, asesino, traiciona a la sociedad, infringe la Naturaleza y se hace culpable para con los demás y para consigo mismo cuando realiza el mal voluntariamente; y, por último, que el sentimiento de nuestro instinto social de una parte, y de nuestra razón de otra, nos hace juzgar que todo semejante nuestro debe tener responsabilidad por sus actos. Tal es el origen del principio del remordimiento, de la venganza y de la justicia penal.

Todo esto implica entre los animales y el hombre una diversidad de inteligencia, pero no una diversidad de afecciones, porque si es cierto que razonamos nuestras relaciones con los semejantes, también igualmente razonamos nuestras más triviales acciones, como beber, comer, la elección de mujer, de domicilio; razonamos sobre todas las cosas de la tierra y del cielo y nada hay que se sustraiga a nuestra facultad de razonar. Pero del mismo modo que el conocimiento que adquirimos de los fenómenos exteriores no influye en sus causas ni en sus leyes, así la reflexión, al iluminar nuestro instinto, obra sobre nuestra naturaleza sensible, pero sin alterar su carácter. Nos instruye acerca de nuestra moralidad, pero no la cambia ni la modifica. El descontento que sentimos de nosotros mismos después de cometer una falta, la indignación que nos embarga a la vista de la injusticia, la idea del castigo merecido y de la satisfacción debida son efectos de reflexión y no efectos inmediatos del instinto y de las pasiones efectivas. La inteligencia (no diré privada del hombre, porque los animales también tienen el sentimiento de haber obrado mal y se irritan cuando uno de ellos es atacado), la inteligencia infinitamente superior que tenemos de nuestros deberes sociales, la conciencia del bien y del mal, no establece, con relación a la moralidad, una diferencia esencial entre el hombre y los animales.

II

Del primer y del segundo grado de sociabilidad

Insisto en el hecho que acabo de indicar, y que considero uno de los más importantes de la antropología.

El sentimiento de simpatía que nos impulsa a la sociedad es, por naturaleza, ciego, desordenado, siempre dispuesto a seguir la impresión del momento, sin consideración a derechos anteriores y sin distinción de mérito ni de propiedad. Se muestra en el perro callejero, que atiende a cuantos le llaman; en el niño pequeño, que toma a todos los hombres por sus papás y a cada mujer por su nodriza; en todo ser viviente que, privado de la sociedad de animales de su especie, acepta la compañía de otro cualquiera. Este fundamento del instinto social hace insoportable y aún odiosa la amistad de las personas frívolas, ligeras, que siguen al primero que ven, oficiosas en todo, y que, por una amistad pasajera y accidental, desatienden las más antiguas y respetables afecciones. La sociabilidad en este grado es una especie de magnetismo, que se produce por la contemplación de un semejante, pero cuya energía no se manifiesta al exterior de quien la siente, y que puede ser recíproca y no comunicada. Amor, benevolencia, piedad, simpatía, llámese a ese sentimiento como se quiera, no tiene nada que merezca estimación, nada que eleve al hombre sobre el animal.

El segundo grado de sociabilidad es la justicia, que se puede definir como reconocimiento en el prójimo de una personalidad igual a la nuestra. En la esfera del sentimiento, este grado es común al hombre y a los animales; en el de la inteligencia, sólo nosotros podemos tener idea acabada de lo justo, lo cual, como antes decía, no altera la ciencia de la moralidad. Pronto veremos cómo el hombre se eleva a un tercer grado de sociabilidad, al que los animales son incapaces de llegar. Pero antes debo demostrar metafísicamente que sociedad, justicia, igualdad, son términos equivalentes, tres expresiones sinónimos, cuya mutua sustitución es siempre legítima.

Si en la confusión de un naufragio, ocupando yo una barca con algunas provisiones, veo a un hombre luchar contra las olas, ¿estoy obligado a socorrerle? Sí, lo estoy, bajo pena de hacerme culpable de un crimen de esta sociedad, de homicidio. Pero ¿estoy obligado igualmente a partir con él mis provisiones? Para resolver esta cuestión es necesario cambiar los términos. Si la sociedad es obligatoria en cuanto a la barca, ¿lo será también en cuanto a los víveres? Sin duda alguna, el deber de asociado es absoluto; la ocupación de las cosas por parte del hombre es posterior a su naturaleza social y está subordinado a ella. La posesión no puede convertirse en exclusiva desde el momento en que la facultad de ocupación es igual para todos. Lo que oscurece las condiciones de nuestro deber es nuestra misma previsión, que, haciéndonos temer un peligro eventual, nos impulsa a la usurpación y nos hace ladrones y asesinos. Los animales no calculan el deber del instinto, ni los inconvenientes que pueden ocasionárseles, y sería muy extraño que la inteligencia fuese para el hombre, que es el más sociable de los animales, un motivo de desobediencia a la ley social. Esta no debe aplicarse en exclusivo beneficio de nadie. Sería preferible que Dios nos quitase la prudencia, si sólo ha de servir de instrumento a nuestro egoísmo.

Mas para eso, diréis, será preciso que yo parta mi pan, el pan que he ganado con mi trabajo y que es mío, con un desconocido, a quien no volveré a ver y que quizá me pague con una ingratitud. Si al menos este pan hubiera sido ganado en común, si ese hombre hubiese hecho algo para obtenerlo, podría pedir su parte, puesto que fundaría su derecho en la cooperación; pero ¿qué relación hay entre él y yo? No lo hemos producido juntos, y, por tanto, tampoco lo comeremos juntos.

El defecto de ese razonamiento está en la falsa suposición de que un productor no es necesariamente el asociado de otro. Cuando dos o varios particulares forman sociedad con todos los requisitos legales, conviniendo y autorizando las bases que han de regirla, ninguna dificultad existirá desde entonces sobre las consecuencias del contrato. Todo el mundo está de acuerdo en que asociándose dos hombres para la pesca, por ejemplo, si uno de ellos no tiene éxito, no por ello perderá su derecho a la pesca de su socio. Si dos negociantes forman sociedad de comercio, mientras la sociedad dure, las pérdidas y las ganancias son comunes. Cada uno produce, no para sí, sino para la sociedad, y al llegar el momento de repartir los beneficios, no se atiende al productor, sino al asociado. He aquí por qué el esclavo, a quien el señor da la paja y el arroz, y el obrero, a quien el capitalista paga un salario, siempre escaso, no son los asociados de sus patronos, y aunque producen para él, no figuran para nada en la distribución del producto. Así, el caballo, que arrastra nuestros coches y el buey que mueve nuestras carretas, producen con nosotros, pero no son nuestros asociados. Tomamos su producto, pero no lo partimos con ellos.

La condición de los animales y de los obreros que nos sirven es igual: cuando a unos y a otros les hacemos un bien, no es por justicia, es por simple benevolencia.

¿Pero hay aún quien sostenga que nosotros, los hombres, no estamos asociados? Recordemos lo que hemos dicho en los dos capítulos precedentes: aún cuando no quisiéramos estar asociados, la fuerza de las cosas, las necesidades de nuestro consumo, las leyes de la producción, el principio matemático del cambio, nos asociarían. Un solo caso de excepción tiene esta regla: el del propietario que al producir, por su derecho de aubana, no es asociado de nadie, ni, por consiguiente, comparte con nadie su producto, de igual modo que nadie está obligado a darle parte del suyo. Excepto el propietario, todos trabajamos unos para otros, nada podemos hacer para nosotros mismos sin el auxilio de los demás, y de continuo realizamos cambios de productos y de servicios. ¿Y qué es todo esto sino actos de sociedad?

Una sociedad de comercio, de industria, de agricultura no puede concebirse fuera de la igualdad. La igualdad es la condición necesaria de su existencia, de tal suerte, que en todas las cosas que a la sociedad conciernen, faltar a la sociedad o a la justicia o a la igualdad, son actos equivalentes. Aplicad este principio a todo el género humano. Después de lo dicho, os supongo con la necesaria preparación para hacerlo por cuenta propia.

Según esto, el hombre que se posesiona de un campo y dice: Este campo es mío, no comete injusticia alguna mientras los demás hombres tengan la misma facultad de poseer como él; tampoco habrá injusticia alguna si, queriendo establecerse en otra parte, cambia ese campo por otro equivalente. Pero si en vez de trabajar personalmente pone a otro hombre en su puesto y le dice: Trabaja para mí mientras yo no hago nada, entonces se hace injusto, antisocial, viola la igualdad y es un propietario. Del mismo modo el vago, el vicioso, que sin realizar ninguna labor disfruta como los demás, y muchas veces más que ellos, de los productos de la sociedad, debe ser perseguido como ladrón y parásito; estamos obligados con nosotros mismos a no darle nada. Pero como, sin embargo, es preciso que viva, hay necesidad de vigilarle y de someterle al trabajo.

La sociabilidad es como la atracción de los seres sensibles. La justicia es esta misma atracción, acompañada de reflexión y de inteligencia. Pero ¿cuál es la idea general, cuál es la categoría del entendimiento en que concebimos la justicia? La categoría de las cantidades iguales.

¿Qué es, por tanto, hacer justicia? Es dar a cada uno una parte igual, de bienes, bajo la condición igual del trabajo. Es obrar societariamente. En vano murmura nuestro egoísmo. No hay subterfugio posible contra la evidencia y la necesidad.

¿Qué es el derecho de ocupación? Un modo natural de distribuir la tierra entre los trabajadores a medida que existen. Este derecho desaparece ante el interés general que, por ser interés social, es también el del ocupante.

¿Qué es el derecho al trabajo? El derecho de participar de los bienes llenando las condiciones requeridas. Es el derecho de sociedad, es el derecho desigualdad.

La justicia, producto de la combinación de una idea y de un instinto, se manifiesta en el hombre tan pronto como es capaz de sentir y de pensar; por esto suele creerse que es un sentimiento innato y primordial, opinión falsa, lógica y cronológicamente. Pero la justicia, por su composición híbrida, si se me permite la frase, la justicia nacida de una facultad afectiva y otra intelectual, me parece una de las pruebas más poderosas de la unidad y de la simplicidad del yo, ya que el organismo no puede producir por sí mismo tales mixtificaciones, del mismo modo que del sentido del oído y de la vista no se forma un sentido binario, semiauditivo y semivisual.

La justicia, por su doble naturaleza, nos confirma definitivamente todas las demostraciones expuestas en los capítulos II, III y IV. De una parte, siendo idéntica la idea de justicia a la de sociedad, e implicando ésta necesariamente la igualdad, debía hallarse la igualdad en el fondo de todos los sofismas inventados para defender la propiedad. Porque no pudiendo defenderse la propiedad sino como justa y social, y siendo desigual la propiedad, para probar que la propiedad es conforme a la sociedad, sería preciso demostrar que lo injusto es justo, que lo desigual es igual, proposiciones por completo contradictorias. Por otra parte, la noción de igualdad, segundo elemento de la justicia, se opone a la propiedad, que es la distribución desigual de los bienes entre los trabajadores, y al destruirse mediante ella el equilibrio necesario entre el trabajo, la producción y el consumo, debe considerarse imposible.

Todos los hombres son pues, asociados; todos se deben la misma justicia; todos son iguales. Pero ¿se sigue de aquí que las preferencias del amor y de la amistad sean injustas? Esto exige una explicación.

He supuesto ya el caso de un hombre en peligro, al que debiera socorrer. Imaginemos que soy ahora simultáneamente llamado por dos hombres expuestos a perecer. ¿Me estará permitido favorecer con mi auxilio a aquel a quien me ligan los lazos de la sangre, de la amistad, del reconocimiento o del aprecio, a riesgo de dejar perecer al otro? Sí. ¿Por qué? Porque en el seno de la universalidad social existen para cada uno de nosotros tantas sociedades particulares como individuos, y en virtud del principio mismo de sociabilidad debemos llenar las obligaciones que aquéllas nos imponen según el orden de proximidad en que se encuentran con relación a nosotros. Según esto, debemos preferir, sobre todos los demás, a nuestros padres, hijos, amigos, etc. Pero ¿en qué consiste esta preferencia? Si un juez tuviera que decidir un pleito entre un amigo y un enemigo suyos, ¿podría resolverlo en favor del primero, su asociado próximo, en contra de la razón del último, su asociado remoto? No, porque si favoreciera la injusticia de ese amigo, se convertiría en cómplice de su infidelidad al pacto social, y formaría con él una alianza en perjuicio de la masa general de los asociados. La facultad de preferencia sólo puede ejercitarse tratándose de cosas que no son propias y personales, como el amor, el aprecio, la confianza, la intimidad, y que podemos conceder a todos a la vez. Así, en caso de incendio, un padre debe socorrer a su hijo antes que al del vecino; y no siendo personal y arbitrario, en un juez el reconocimiento de un derecho, no puede favorecer a uno en perjuicio de otro. Esta teoría de las sociedades particulares, constituidas por nosotros, a modo de círculos concéntricos del de la sociedad en general, es la clave para resolver todos los problemas planteados por el aparente antagonismo de diferentes deberes sociales, cuyos problemas constituyen la tesis de las tragedias antiguas.

La justicia de los animales es casi siempre negativa. Aparte de los casos de defensa de los pequeñuelos, de la caza y del merodeo en grupos, de la lucha en común, y alguna vez de auxilios aislados, consiste más en no hacer mal que en hacer bien. El animal enfermo que no puede levantarse y el imprudente que ha caído en un precipicio, no reciben ayuda ni alimentos; si no pueden curar a sí mismos ni salvar los obstáculos, su vida está en peligro; nadie les asistirá en el hecho ni les alimentará en su prisión. La apatía de sus semejantes proviene tanto de la falta de inteligencia como de la escasez de sus recursos. Por lo demás, las diferencias de aproximación, que los hombres aprecian entre sí mismos, no son desconocidas a los animales. Tienen éstos también sus amistades de trato, de vecindad, de parentesco y sus preferencias respectivas. Comparados con nosotros, su memoria es débil, su sentimiento oscuro, su inteligencia casi nula; pero existe identidad en la cosa y nuestra superioridad sobre ellos en esta materia proviene exclusivamente de nuestro entendimiento.

Por la intensidad de nuestra memoria y la penetración de nuestro juicio, sabemos multiplicar y combinar los actos que nos inspira el instinto de sociedad y aprendemos a hacerlos más eficaces y a distribuirlos según el grado y la excelencia de los derechos. Los animales que viven en sociedad practican la justicia, pero no la conocen ni la razonan: obedecen ciegamente a su instinto sin especulación ni filosofía. Su yo no sabe unir el sentimiento social a la noción de igualdad de que carecen, porque esta noción es abstracta. Nosotros, por el contrario, partiendo del principio de que la sociedad implica participación y distribución igual, podemos, por nuestra facultad de razonamiento, llegar a un acuerdo en punto a la regulación de nuestros derechos. Pero en todo esto nuestra conciencia desempeña un papel insignificante, y la prueba de ello está en que la idea del derecho, que se muestra como entre sombras en los animales de inteligencia más desarrollada, no alcanza un nivel mucho más superior en la mente de algunos salvajes, y llega a su más elevada concepción en la de los Platón y los Franklin. Sígase atentamente el desenvolvimiento del sentido moral en los individuos y el progreso de las leyes en las naciones, y se comprobará que la idea de lo justo y de la perfección legislativa están siempre en razón directa de la inteligencia. La noción de lo justo, que los filósofos han creído simple, resulta verdaderamente compleja. Es efecto, por una parte, del instinto social, y, por otra, de la idea de mérito igual, del mismo modo que la noción de culpabilidad es producto del sentimiento de la justicia violada y de la idea de la acción voluntaria.

En resumen: el instinto no se altera por el conocimiento que del mismo se tiene, y los hechos de sociedad que hasta aquí hemos observado son de sociabilidad animal. Sabemos que la justicia es la sociabilidad concebida bajo la razón de igualdad, pero en nada nos diferenciamos de los animales.

III

Del tercer grado de sociabilidad

Quizá no haya olvidado el lector lo que acerca de la división del trabajo y de la especialidad de las aptitudes he dicho en el capítulo III. Entre los hombres, la suma de talentos y de capacidades es igual, y su naturaleza semejante. Todos, sin excepción, nacemos poetas, matemáticos, filósofos, artistas, artesanos, labradores; pero no tenemos estas aptitudes iguales, y de un hombre a otro en la sociedad, y de una facultad a otra, en un mismo hombre, las proporciones son infinitas. Esta variedad de grados en las mismas facultades, esta preponderancia de talento para ciertos trabajos, es, según hemos dicho anteriormente, el fundamento de nuestra sociedad. La inteligencia y el genio natural han sido distribuidos por la Naturaleza con tan exquisita economía y de modo tan providencial, que en el organismo social no puede haber jamás exceso ni falta de talentos especiales, y cada trabajador, limitándose a su función propia, puede siempre adquirir el grado de instrucción necesaria para disfrutar de los trabajos y descubrimientos de todos sus asociados. Por esta previsión tan sencilla como sabia de la Naturaleza, el trabajador no está aislado en su labor; por el contrario, se halla por el pensamiento en comunicación con sus semejantes antes de unirse a ellos por el corazón; de suerte que el amor en él nace de la inteligencia.

No sucede lo mismo en las sociedades de los animales. En cada especie las aptitudes, de suyo limitadas, son iguales entre los individuos; cada uno sabe hacer lo que los demás, y también como ellos, y así busca su alimento, huye del enemigo, guarda su cueva, hace su nido, etc. Ninguno, entre ellos, espera ni solicita el concurso de su vecino, el cual, por su parte, prescinde igualmente de toda cooperación.

Los animales asociados viven agrupados sin comercio de ideas, sin relación íntima. Haciendo todos las mismas cosas y no teniendo nada que enseñarse, se ven, se sienten, se tocan, pero no se compenetran jamás. El hombre mantiene con el hombre un cambio constante de ideas y sentimientos, de productos y servicios. Todo lo que se enseña y practica en la sociedad le es necesario; pero de esa inmensa cantidad de productos y de ideas, lo que cada uno puede hacer y adquirir por sí solo nada representa aisladamente, es como un átomo comparado con el sol. El hombre no es hombre sino por la sociedad, la cual, por su parte, no se sostiene sino por el equilibrio y armonía de las fuerzas que la componen.

He demostrado, con demasiada extensión quizá, por el espíritu de las mismas leyes que colocan la propiedad como base del estado social y por la economía política, que la desigualdad de condiciones no puede justificarse ni por la prioridad de ocupación ni por la superioridad de talento, de servicio, de industria y de capacidad. Pero si la igualdad de condiciones es una consecuencia necesaria del derecho natural, de la libertad, de las leyes de producción, de las condiciones de la naturaleza física y del principio mismo de la sociedad, esta igualdad no detiene el vuelo del sentimiento social en el límite del debe y del haber. El espíritu de beneficencia y de amor se extiende más allá, y cuando la economía ha establecido el equilibrio, el alma disfruta de su propia justicia y el corazón se expansiona en el infinito de sus afecciones.

El sentimiento social toma, según las relaciones de las personas, un nuevo carácter. En él fuerte, es el placer de la generosidad; entre iguales, es la franqueza y amistad sincera; en el débil, es la dicha de la admiración y de la gratitud.

El hombre superior por la fuerza, el talento o el valor, sabe que se debe por entero a la sociedad, sin la cual no es ni puede ser nada; sabe que tratándole como al último de sus individuos, la sociedad nada le debe. Pero al mismo tiempo no podrá desconocer la excelencia de sus facultades. No podrá por menos de tener conciencia de su fuerza y de su grandeza, y por el homenaje voluntario que de tales condiciones ofrece a la humanidad, se ennoblece a sí mismo. Por esta confesión simultánea del corazón y del espíritu, verdadera adoración del Ser Supremo, el hombre se distingue, se eleva y alcanza un grado de moralidad social que la bestia no puede conseguir. Hércules, abatiendo monstruos y castigando bandidos para la salud de Grecia; Orfeo, civilizando a los pelasgos rudos y temibles, sin percibir remuneración alguna a cambio de sus servicios, son las más nobles creaciones de la poesía y la expresión más elevada de la justicia y la virtud.

Las satisfacciones del sacrificio son inefables.

Si me atreviese a, comparar la sociedad humana con el coro de las tragedias griegas, diría que la falange de los espíritus sublimes y de las grandes afinas representa la estrofa, y que la multitud de los pequeños y de los humildes es la antistrofa. Encargados de los trabajos penosos y vulgares, y omnipotentes por su número y por el conjunto armónico de sus funciones, estos últimos ejecutan lo que los otros imaginan. Guiados por ellos, nada les deben; les admiran, sin embargo, prodigándoles sus aplausos y sus elogios.

El reconocimiento tiene sus adoraciones y sus entusiasmos. Pero la igualdad satisface a mi corazón. La beneficencia degenera en tiranía, la admiración en servilismo. La amistad es hija de la igualdad. Amigos míos, quiero vivir en medio de vosotros sin emulación y sin gloria, quiero que la igualdad nos reúna y que la suerte determine nuestros puestos. ¡Muera yo antes de saber a quién de vosotros debo admirar!

La amistad es preciosa en el corazón de los hijos de los hombres.

La generosidad, el reconocimiento (y sólo me refiero al que nace de la admiración de una capacidad superior) y la amistad, son tres aspectos distintos de un sentimiento único, que yo llamaría equidad o proporcionalidad social. La equidad no altera la justicia; pero tomando siempre la equidad por base, une a aquélla la estimación y constituye al hombre en un tercer grado de sociabilidad. Por la equidad es para nosotros un deber y una satisfacción auxiliar al débil que necesita de nosotros y hacerle nuestro igual; rendir al fuerte un justo tributo de gratitud y admiración, sin constituirnos en su esclavo; amar a nuestro prójimo, a nuestro amigo, a nuestro semejante, por lo que de él recibimos, aún a título de cambio. La equidad es la sociabilidad elevada por la razón y la justicia hasta el ideal. Su carácter más corriente es la educación, que en determinados pueblos resume en sí misma casi todos los deberes de sociedad.

Pero este sentimiento es desconocido de los animales, los cuales aman, se juntan y sientan algunas preferencias, sin comprender la mutua estimación, no existiendo tampoco en ellos generosidad, ni admiración, ni verdadera sociedad.

Este sentimiento no procede de la inteligencia, que por si misma calcula, razona, piensa, pero, no ama; que ve, pero no siente. Así como la justicia es un producto combinado del instinto social y de la reflexión, la equidad es también un producto mixto de la justicia y del sentimiento, es decir, de nuestra facultad de apreciar y de idealizar. Este producto, tercero y último grado de sociabilidad en el hombre, obedece a nuestro modo de asociación compuesta, en el cual la desigualdad, o mejor dicho, la divergencia de facultades y la especialidad de funciones, en cuanto tiende a aislar a los trabajadores, requiere ser compensada con un acrecentamiento de energía en la sociabilidad.

He aquí por qué la fuerza que para proteger oprime es execrable; por qué la ignorancia imbécil, que mira con la misma atención las maravillas del arte que los productos de la más grosera industria, despierta un indecible desprecio; por qué el tonto orgulloso que triunfa diciendo te he pagado, nada te debo, es soberanamente aborrecible.

Sociabilidad, justicia, equidad, tal es, en su tercer grado, la exacta definición de la facultad instintiva que nos fuerza a buscar el comercio con nuestros semejantes, y cuya fórmula gráfica se contiene en esta expresión: Igualdad en los productos de la Naturaleza y el trabajo.

Estos tres grados de sociabilidad se complementan unos a otros. La equidad, sin la justicia, no existe; la sociedad, sin la justicia, es un imposible. En efecto, si para recompensar el talento tomo el producto de uno para dárselo a otro, al despojar al primero no hago de su talento el aprecio debido. Si en una sociedad me adjudico una participación mayor que la de mí asociado, no estamos verdaderamente asociados. La justicia es la sociabilidad que se manifiesta por el disfrute igual de las cosas materiales, únicas susceptibles de peso y de medida. La equidad es la justicia acompañada de admiración y de afecto, cosas que no pueden medirse.

Dedúcense de aquí varias consecuencias: 1.º. Si somos libres para conceder nuestra estimación a unos más que a otros, y en todos los grados imaginables, no lo somos para participar ni hacer participar a unos más que a otros de los bienes comunes, porque siendo el deber de justicia anterior al de equidad, debe cumplirse antes que éste. Aquella mujer, admirada por los antiguos, que en la necesidad de elegir entre la muerte de su hermano o de su esposo, impuesta por un tirano, abandona al segundo bajo el pretexto de que podía volver a hallar otro marido, pero no un hermano; aquella mujer, digo, al obedecer a un sentimiento de equidad, faltó a la justicia y cometió una acción censurable, porque la sociedad conyugal es de derecho más íntimo que la sociedad fraternal, y la vida del prójimo no nos pertenece. Conforme a este mismo principio, la desigualdad de los salarios no puede admitirse en las leyes, so pretexto de la desigualdad de actitudes, porque dependiendo de la justicia dedistribución de los bienes, ésta debe hacerse según la economía social, no según el criterio individual.

Finalmente, en lo que se refiere a las dotaciones, testamentos y sucesiones, la sociedad, atendiendo a los afectos familiares y a sus propios derechos, no debe permitir que el amor y el favor destruyan nunca la justicia. Aun admitiendo que el hijo, asociado por mucho tiempo a los trabajos de su padre, sea más capaz que otros para proseguirlos; que el ciudadano a quien sorprende la muerte en la realización de su obra, pueda saber, en provecho de la obra misma, quién es más apto para terminarla; aún admitiendo que el heredero debe optar por una de las varias herencias a que sea llamado, la sociedad no puede tolerar ninguna concentración de capitales ni de industrias en beneficio de un solo hombre, ningún acaparamiento del trabajo, ninguna detentación.

2.º. La equidad, la justicia, la sociedad, no pueden existir en ningún ser, sino con relación a los individuos de su especie. Tales conceptos son inadaptables de una raza a otra, por ejemplo, del lobo a la cabra, de la cabra al hombre, del hombre a Dios, y todavía menos de Dios al hombre. La atribución de la justicia, de la equidad, del amor, al Ser Supremo es un mero antropomorfismo, y los epítetos de justo, clemente, misericordioso y demás que dedicamos a Dios, deben ser borrados de nuestras letanías. Dios no puede ser considerado como justo, equitativo y bueno sino en relación a otro dios; pero Dios es único y, por consiguiente, no puede sentir afecciones sociales, como son la bondad, la equidad y la justicia. Acaso se arguya que el pastor es justo para con sus carneros y sus perros, pero esto no es exacto. Si pretendiese esquilar tanta lana en un cordero de seis meses como en un carnero de dos años, si quisiera que un perrillo atendiese la vigilancia del rebaño como un viejo dogo, no se diría de él que era injusto, sino que estaba loco. Y es que entre el hombre y la bestia no hay sociedad posible, aún cuando pueda haber afecciones entre ellos. El hombre ama a los animales como cosas, como cosas sensibles si se quiere, pero no como personas. La filosofía, después de haber eliminado de la idea de Dios las pasiones que la superstición le ha atribuido, tendrá forzosamente que excluir además esas virtudes que piadosa y liberalmente le otorgamos.

Si Dios viniese al mundo a habitar entre nosotros, no podríamos amarle si no se hacía nuestro semejante; ni darle nada, si no producía algún bien; ni creerle, si no probaba que estábamos equivocados; ni adorarle, si no nos manifestaba su omnipotencia. Todas las leyes de nuestro ser, efectivas, económicas, intelectuales, nos mandarían tratarle como a los demás hombres, es decir, según la razón, la justicia y la equidad. De aquí deduzco la consecuencia de que si alguna vez se pone Dios en comunicación inmediata con el hombre, deberá hacerse hombre. También si los reyes son imágenes de Dios y ejecutores de su voluntad, no pueden recibir de nosotros amor, riquezas, obediencia ni gloria, sino a condición de trabajar como nosotros, de asociarse a nosotros, de producir en proporción a su gasto, de razonar con sus servidores y de realizar grandes empresas. A mayor abundamiento de razón, si, como algunos pretenden, los reyes son simples funcionarios públicos, el amor que se les debe ha de medirse por su amabilidad personal; la obligación de obedecerles, por la justicia de sus órdenes; su sueldo, por la totalidad de producción social dividida entre el número de ciudadanos.

Todo corrobora la ley de igualdad: jurisprudencia, economía política, psicología. El derecho y el deber, la recompensa debida al talento y al trabajo, las ansias del amor y del entusiasmo, todo está de antemano regulado por inflexible metro, todo tiende al número y al equilibrio. La igualdad de condiciones, he ahí el principio de las sociedades; la solidaridad universal, he ahí la sanción de esta ley.

La igualdad de condiciones no ha existido jamás, por culpa de nuestras pasiones y nuestra ignorancia; pero nuestra oposición a esta ley hace ver más y más su necesidad. La historia es un constante testimonio de ello. La sociedad avanza de ecuación en ecuación; las revoluciones de los imperios ofrecen a los ojos del observador economista, ya la reducción de cantidades algebraicas que recíprocamente se compensan, ya el esclarecimiento de una incógnita, por la operación infalible del tiempo. Los números son la providencia de la historia. Es indudable, sin embargo, que el progreso de la humanidad cuenta con otros elementos; pero en el sinnúmero de causas ocultas que conmueven a los pueblos, no hay ninguna más potente, más regular ni más significada que las explosiones periódicas del proletariado contra la propiedad. La propiedad, actuando simultáneamente por la eliminación y la detentación al mismo tiempo que la población se multiplica, ha sido el principio generador y la causa determinante de todas las revoluciones. Las guerras de religión y de conquista, cuando no llegaron hasta la exterminación de las razas, fueron solamente perturbaciones accidentales, cuyo inmediato restablecimiento procuró el progreso natural de la vida de los pueblos. Tal es el poder de acumulación de la propiedad; tal es la ley de degradación y de muerte de las sociedades.

Ved el ejemplo de Florencia en la Edad Media, república de mercaderes y negociantes, siempre agitada por la lucha de los partidos, tan conocidos con los nombres de güelfos y gibelinos, los cuales no eran, después de todo, sino el pueblo bajo y la aristocracia, armados uno contra otro. Florencia, dominada por los usureros, sucumbió, al fin, bajo el peso de sus deudas[49]. Ved, en la antigüedad, a Roma, devorada desde su nacimiento por la usura, floreciente, sin embargo, mientras todo el mundo de entonces facilitó trabajo a sus terribles proletarios; ensangrentada por la guerra civil en cada período de calma, y desfallecida y muerta cuando el pueblo hubo perdido con su antigua energía el último destello de sentido moral; Cartago, ciudad comercial y rica, dividida incesantemente por luchas intestinas; Tiro, Sidón, Jerusalén, Nínive, Babilonia, arruinadas por rivalidades de comercio, y, como diríamos hoy, por falta de salida a los productos. Todos estos conocidísimos ejemplos, ¿no indican cuál es la suerte que espera a las naciones modernas, si el pueblo, haciendo oír su voz potente, no proclama, con gritos de reprobación, la abolición del régimen propietario?

Debería terminar aquí mi trabajo. He demostrado el derecho del pobre; he probado la usurpación del rico; he pedido justicia; la ejecución de la sentencia no me incumbe. Si para prolongar durante algunos años un disfrute ilegítimo se alegase que no basta justificar la igualdad, que es, además, necesario organizarla, que sobre todo es preciso establecerla sin violencias, tendría derecho para replicar: El derecho del propietario es superior a las dificultades de

---

49 **N. del A.**: «El arca de caudales, de Cosme de Médicis fue la tumba de la libertad florentina», ha dicho en el Colegio de Francia M. Michelet.

los ministros; la igualdad de condiciones es una ley primordial. El derecho al trabajo y a la participación igual de los bienes no puede ceder ante las perplejidades del poder. No es el proletario el llamado a conciliar las contradicciones de los Códigos, y menos aún a compartir los errores del gobierno; es, por el contrario, el poder civil y administrativo el que debe reformarse con arreglo al principio de igualdad política y económica. El mal conocido debe ser condenado y destruido; el legislador no puede alegar en favor de la iniquidad patente su ignorancia del orden que haya de establecerse. No se transija sobre ello. Justicia, justicia; reconocimiento del derecho, rehabilitación del proletario; después de esto, vosotros, jueces y cónsules, cuidaréis del orden y proveeréis al gobierno de la República.

Creo que ninguno de mis lectores me dirá que sé destruir, pero no edificar. Al demostrar el principio de igualdad, he colocado la primera piedra del edificio social, y he hecho más todavía, he dado el ejemplo de la conducta que hay que seguir en la solución de los problemas de política y legislación. En cuanto a la ciencia, declaro que de ella solamente conozco sus comienzos, y no sé que nadie pueda hoy jactarse de haber llegado más allá. Hay muchos que gritan: "Venid conmigo y os enseñaré la verdad". Esos hombres toman por verdad su íntima convicción, su convicción ardiente, y se equivocan por completo. La ciencia social, como todas las ciencias humanas, estará siempre sin concluir. Las cuestiones que comprende son infinitas. Apenas estamos en el preliminar de esta ciencia. La prueba es que aún no hemos pasado del período de las teorías, y que seguimos aceptando la autoridad de las mayorías deliberantes en sustitución de los hechos. Una corporación académica decide sobre cuestiones de lingüística por pluralidad de votos; los debates de nuestras Cámaras, si no fueran tan funestos para el país, moverían a risa. La misión del verdadero publicista, en el tiempo en que vivimos, es imponer silencio a los inventores y a los charlatanes y acostumbrar al público a no satisfacerse más que con demostraciones, no con símbolos ni programas. Antes de discutir sobre la ciencia, es preciso determinar su objeto, hallar el método y el principio: es necesario desechar los prejuicios que la ocultan. Tal debe ser la misión del siglo XIX.

En cuanto a mí, he jurado ser fiel a mi obra de demolición, y no cesaré de buscar la verdad, aunque sea entre ruinas y escombros. No gusto de dejar nada a medio hacer, y quiero que se sepa que si me he atrevido a poner mano en el arca santa, no ha sido para contentarme con tirar de su cubierta. Preciso es ya que los ministerios del santuario de la iniquidad sean esclarecidos, las tablas de la antigua alianza despedazadas y todos los objetos del culto primitivo arrojados al cuchitril de los cerdos. Poseemos una Constitución, resumen de toda la ciencia política, símbolo de veinte legislaciones, y un Código que es orgullo de un conquistador y sumario de la antigua sabiduría. Pues bien; de esa Constitución y de este Código, no quedará artículo sobre artículo; desde este momento pueden los doctos preparar los planes de una reconstitución general.

Como todo error destruido supone necesariamente una verdad contraria, no terminaré este trabajo sin haber resuelto el primer problema, que es el que preocupa hoy a todas las inteligencias: Una vez abolida la propiedad, ¿cuál será la forma de la sociedad? ¿Será acaso la comunidad de bienes?

SEGUNDA PARTE

I

De las causas de nuestros errores: origen de la propiedad

La determinación de la verdadera forma de la sociedad humana exige la previa solución de la cuestión siguiente: No siendo la propiedad nuestra condición natural, ¿cómo ha llegado a establecerse? ¿Cómo el instinto de sociedad, tan seguro entre los animales, se ha extraviado en el hombre? ¿Cómo habiendo nacido el hombre para la sociedad no está todavía asociado?

He afirmado que el hombre está asociado de modo compuesto, y aún cuando esta expresión no sea del todo exacta, cierto el hecho que con ella quiero no por ello será menos significar, a saber: la mutua dependencia y relación de los talentos y de las capacidades. Mas ¿quién no ve que esos talentos y esas capacidades son a su vez, por su infinita variedad, causas de una variedad infinita en las voluntades; que su influjo altera inevitablemente el carácter, las inclinaciones y la forma del yo, por decirlo así, de tal suerte que en la esfera de la libertad, lo mismo que en el orden de la inteligencia, existen tantos tipos como individuos, cuyas aficiones, caracteres, ideas, modificadas por opuestos conceptos, son forzosamente irreductibles?

En las sociedades de animales, todos los individuos hacen exactamente las mismas cosas. Diríase que un mismo genio les dirige, que una misma voluntad les anima. Una sociedad de bestias es una agrupación de átomos redondos, cúbicos o triangulares, pero siempre perfectamente idénticos; su personalidad es uniforme; parece como que un solo yo impulsa a todos ellos. Los trabajos que realizan los animales, bien aislados, bien en sociedad, reproducen rasgo por rasgo su carácter. Así como un enjambre de abejas se compone de unidades abejas de la misma naturaleza e igual valor, así el panal se forma de la unidad alvéolo, constante e invariablemente repetida.

Pero la inteligencia del hombre, formada para atender a la vez al destino social y a las necesidades individuales, es de diferente factura, y a esto se debe que la voluntad humana sea infinitamente varia. En la abeja, la voluntad es constante y uniforme, porque el instinto que la guía es inflexible y ese instinto único constituye la vida, la felicidad y todo el ser del animal. En el hombre, el talento varía, la razón es indecisa y, por tanto, la voluntad múltiple e indeterminada. Busca la sociedad, pero rehuye la violencia y la monotonía; gusta de la imitación, pero no abdica de sus ideas y siente afán por sus propias obras.

Si como la abeja, tuviera todo hombre al nacer un talento igual, conocimientos especiales perfectos de las funciones que debía realizar, y estuviese privado de la facultad de reflexionar y de razonar, la sociedad se organizaría por sí misma. Veríase a un hombre labrar el campo, a otro construir casa, a este forjar metales, a aquel confeccionar vestidos y a algunos almacenar los productos y dirigir su distribución. Cada cual, sin indagar la razón de su trabajo, sin preocuparse de si hacía más o menos del debido, aportaría su producto, recibiría su salario, descansaría las horas necesarias, todo ello sin envidias a nadie, sin proferir queja alguna contra el repartidor, que, por su parte, no cometería jamás una injusticia. Los reyes gobernarían y no reinarían, porque reinar es ser propietario en gran escala, como decía Bonaparte; y no teniendo nada que mandar, puesto que cada uno estaría en su puesto, servirían más bien de centros unitarios que de autoridades. Habría en tal caso una comunidad, pero no una sociedad libremente aceptada.

Pero el hombre no es hábil sino por la observación y la experiencia. Por consiguiente, el hombre reflexiona, puesto que observar y experimentar es reflexionar; razona, porque no puede dejar de razonar. Pero al reflexionar es víctima muchas veces de la ilusión, y al razonar suele equivocarse, y creyendo tener razón se obstina en su error, se aferra a su criterio y rechaza el de los demás. Entonces se aísla, porque no podría someterse a la mayoría sino sacrificando su voluntad y su razón, es decir, negándose a sí mismo, lo cual es imposible. Y este aislamiento, este egoísmo racional, este individualismo de opinión subsisten en el hombre mientras la observación y la experiencia no le demuestran la verdad y rectifican el error.

Un ejemplo aclarará mejor todos estos hechos. Si al instinto ciego, pero convergente y armónico, de un enjambre de abejas se uniesen de repente la reflexión y el razonamiento, la pequeña sociedad no podría subsistir. Las abejas ensayarían enseguida algún nuevo procedimiento industrial para construir, por ejemplo, las celdas del panal redondas o cuadradas en sustitución de su antigua forma hexagonal. Sucederíanse los sistemas y los inventos hasta que una larga práctica, auxiliada por la geometría, les demostrase que la figura hexagonal primitiva es la más ventajosa. Además, no faltarían insurrecciones. Se obligaría a los zánganos a procurarse su sustento y a las reinas a trabajar; se despertaría la envidia entre las obreras; no faltarían discordias continuas; cada cual querría producir por su propia cuenta y, finalmente, el panal sería abandonado y las abejas perecerían. El mal se introduciría en esa república por lo mismo que debiera hacerla feliz, por el razonamiento y la razón.

Así, el mal moral, o sea, en la cuestión que tratamos, el desorden de la sociedad se explica naturalmente por nuestra facultad de reflexión. El pauperismo, los crímenes, las revoluciones, las guerras han tenido por madre la desigualdad de condiciones, que es hija de la propiedad, la cual nació del egoísmo, fue engendrada por el interés privado y desciende en línea recta de la autocracia de la razón. El hombre no empezó siendo criminal, ni salvaje, sino cándido, ignorante, inexperto. Dotado de instintos impetuosos, aunque templados por la razón, reflexionó poco y razonó mal en un principio. Después, a fuerza de observar sus errores, rectificó sus ideas y perfeccionó su razón. Es, en primer término, el salvaje que todo lo sacrifica por una bagatela y después se arrepiente y llora. Es Esaú cediendo su derecho de primogenitura por un plato de lentejas, y luego deseoso de anular la venta. Es el obrero civilizado, trabajando a título precario y pidiendo constantemente un aumento de salario, sin comprender, ni él ni su patrono, que fuera de la igualdad el salario, por grande que sea, siempre es insuficiente. Después es Valot, muriendo por defender su hacienda; Catón, desgarrando sus entrañas para no ser esclavo; Sócrates, defendiendo la libertad del pensamiento hasta el momento de apurar la copa fatal; es el tercer estado de 1789, reivindicando la libertad; será muy pronto el pueblo reclamando la igualdad en los medios de producción y en los salarios.

El hombre es sociable por naturaleza, busca en todas sus relaciones la igualdad y la justicia; pero ama también la independencia y el elogio. La dificultad de satisfacer a un mismo tiempo estas diversas necesidades, es la primera causa del despotismo de la voluntad y de la apropiación, que es su consecuencia. Por otra parte, el hombre tiene constantemente precisión de cambiar sus productos. Incapaz de justipreciar los valores de las diferentes mercancías, se contenta con fijarlos por aproximación, según su pasión y su capricho, y se entrega a un comercio traidor, cuyo resultado es siempre la opulencia y la miseria. Los mayores males de la humanidad provienen, pues, del mal ejercicio de la sociabilidad del hombre, de esa misma justicia de que tanto se enorgullece y aplica con tan lamentable ignorancia. La práctica de lo justo es una ciencia cuyo conocimiento acabará pronto o tarde con el desorden social, poniendo en evidencia cuáles son nuestros derechos y nuestros deberes. Esta educación progresiva y dolorosa de nuestro instinto, la lenta e insensible transformación de nuestras percepciones espontáneas en conocimientos reflejos no se observa entre los animales, cuyo instinto permanece siempre igual y nunca se esclarece.

Según Federico Cuvier que tan sabiamente ha sabido distinguir el instinto de la inteligencia, el "instinto es una fuerza primitiva y propia, como la sensibilidad, la irritabilidad o la inteligencia. El lobo y el zorro, que advierten las lazos que se les preparan y los rehuyen; el perro y el caballo, que conocen la significación de muchas palabras nuestras y nos obedecen, hacen esto por inteligencia. El perro, que oculta los restos de su comida; la abeja, que construye su celda; el pájaro, que teje su nido, sólo obran por instinto. Hay instinto hasta en el hombre; sólo por instinto mama el recién nacido. Pero en el hombre casi todo se hace por inteligencia, y la inteligencia suple en él al instinto. Lo contrario ocurre a los animales; tienen el instinto para suplir su falta de inteligencia". (Flourens, Resumen analítico de las observaciones de F. Cuvier).

"No es posible dar una idea clara del instinto, sino admitiendo que los animales tienen en su *sensorium* imágenes o sensaciones innatas y constantes que les mueven a obrar del mismo modo que las sensaciones ordinarias y accidentales. Es una especie de alucinación o de visión que les persigue siempre; y en todo lo que hace relación a su instinto se les puede considerar como sonámbulos". (F. Cuvier, Introducción al reino animal).

Siendo, pues, comunes al hombre y a los animales la inteligencia y el instinto, aunque en grados diversos, ¿qué es lo que distingue a aquél? Según F. Cuvier, la reflexión, o sea, la facultad de considerar intelectualmente, volviendo sobre nosotros mismos, nuestras propias modificaciones.

Conviene explicar esto con mayor claridad. Si se concede que los animales tienen inteligencia, será preciso concederles también la reflexión en un grado cualquiera; porque la primera no existe sin la segunda, y Cuvier mismo lo ha demostrado en un sinnúmero de ejemplos. Pero recordemos que el ilustre observador definió la especie de reflexión que nos distingue de los animales como facultad de apreciar nuestras propias modificaciones. Esto es lo que procuraré dar a entender, supliendo de buen grado el laconismo del filósofo naturalista.

La inteligencia de los animales jamás les hace alterar las operaciones que realizan por instinto. Solamente la emplean con objeto de proveer a los accidentes imprevistos que puedan dificultar esas operaciones. En el hombre, por el contrario, la acción instintiva se transforma continuamente en acción refleja. Así, el hombre es sociable por instinto, y cada día lo es más y más por razonamiento y por voluntad. Inventó en su origen la palabra instintivamente[50] y fue poeta por inspiración. Hoy hace de la gramática una ciencia y de la poesía un arte. Cree en Dios y en la vida futura por una noción espontánea, que yo me atrevo a llamar instintiva; y esta noción ha sido siempre expresada por él bajo formas monstruosas, extravagantes, elevadas, consoladoras o terribles. Todos estos cultos diversos, de los que se ha burlado con frívola impiedad el siglo XVIII, son la expresión del sentimiento religioso. El hombre

---

50 N. del A.: El problema del origen del lenguaje es resuelto por la distinción que Federico Cuvier ha hecho del instinto y de la inteligencia. El lenguaje no es una intervención premeditada, arbitraria o convencional; no nos viene de Dios ni por comunicación ni por revelación: el lenguaje es una creación instintiva y no deliberada del hombre, como la colmena es una creación instintiva y no reflexiva de la abeja. En este sentido se puede decir que el lenguaje no es la obra del hombre, puesto que no es la obra de su razón; así el mecanismo de las lenguas parece tanto más admirable e ingenioso cuanto que la reflexión tiene menos parte en eso. Este hecho es uno de los más curiosos y menos discutibles que la filología haya observado. Véase entre otras cosas una disertación latina de F. G. Bergmann, Strassburgo, 1839, en la cual el sabio autor explica cómo se engendra por la sensación el germen fonético; cómo se desarrolla el lenguaje en tres períodos sucesivos; por qué el hombre, dotado al nacer de la facultad instintiva de crear su lenguaje, pierde esa facultad a medida que la razón se desarrolla, cómo al final el estudio de las lenguas es una verdadera historia natural, una ciencia. Francia posee hoy varios filólogos de primer orden, de un raro talento y de una filosofía profunda: sabios modestos que crean la ciencia casi al margen del público, y cuya consagración a estudios vergonzosamente desdeñados parece escapar de los aplausos con tanto cuidado como otros los buscan.

se explicará algún día qué es ese Dios a quien busca su pensamiento y qué es lo que puede esperar en ese otro mundo al que aspira su alma.

No hace el hombre caso alguno, antes bien, lo desprecia, de todo cuanto realiza por instinto. Si lo admira alguna vez, lo hace, no como cosa suya, sino como obra de la Naturaleza. De ahí el misterio que oculta los nombres de los primeros inventores, de ahí nuestra indiferencia por la religión y el ridículo en que han caído sus prácticas. El hombre sólo aprecia los productos de la reflexión y el raciocinio. Las obras admirables del instinto no son, a sus ojos, más que felices hallazgos; en cambio, califica de descubrimientos y creaciones a las obras de la inteligencia. El instinto es la causa de las pasiones y del entusiasmo; la inteligencia hace el crimen y la virtud.

Para desarrollar su inteligencia, el hombre utiliza no sólo sus propias observaciones, sino también las de los demás; acumula las experiencias, conserva memoria de las mismas; de modo que el progreso de la inteligencia existe en las personas y en la especie. Entre los animales no se da ninguna transmisión de conocimientos; los recuerdos de cada individuo mueren con él.

No bastaría decir, por tanto, que lo que nos distingue de los animales es la reflexión, si no entendiésemos por ésta la tendencia constante de nuestro instinto a convertirse en inteligencia. Mientras el hombre está sometido al instinto no tiene la menor conciencia de sus actos; no se equivocaría nunca, ni existiría para él el error, ni el mal, ni el desorden, si, como los animales, fuera el instinto el único móvil de sus acciones. Pero el Creador nos ha dotado de reflexión a fin de que nuestro instinto se convierta en inteligencia, y como esta reflexión y el conocimiento que de ella resulta tienen varios grados, ocurre que en su origen nuestro instinto es contrariado más bien que guiado por la reflexión, y, por consiguiente, nuestra facultad de pensar nos hace obrar en oposición a nuestra naturaleza y a nuestro fin. Al equivocarnos realizamos un mal y somos nuestras propias víctimas, hasta que el instinto que nos conduce al bien y la reflexión que nos hace caer en el mal son reemplazadas por la ciencia del bien y del mal, que nos permite con certeza buscar el uno y evitar el otro.

Así el mal, es decir, el error y sus consecuencias, es el primer hijo de la unión de dos facultades antagónicas, el instinto y la reflexión, y el bien o la verdad debe ser su segundo e inevitable fruto. Sosteniendo el símil, puede decirse que el mal es producto de un incesto entre dos potencias contrarias, y el bien es el hijo legítimo de su santa y misteriosa unión.

La propiedad, nacida de la facultad de razonar, se fortifica por las comparaciones. Pero así como la reflexión y el razonamiento son posteriores a la espontaneidad, la observación a la sensación y la experiencia al instinto, la propiedad es posterior a la comunidad. La comunidad, o asociación simple, es el fin necesario, el primer grado de la sociabilidad, el movimiento espontáneo por el cual se manifiesta. Para el hombre es, pues, la primera fase de civilización. En este estado de sociedad, que los jurisconsultos han llamado comunidad negativa, el hombre se acerca al hombre, parte con él los frutos de la tierra, la leche y la carne de los animales. Poco a poco esta comunidad, de negativa que es, en cuanto el hombre nada produce, tiende a convertirse en positiva, adaptándose al desarrollo del trabajo y de la industria. Entonces es cuando la autonomía del pensamiento y la temible facultad de razonar sobre lo mejor y lo peor enseñan al hombre que si la igualdad es la condición necesaria de la sociedad, la comunidad es la primera clase de servidumbre.

II

Caracteres de la comunidad y de la propiedad

No debo ocultar que fuera de la propiedad o de la comunidad nadie ha concebido sociedad posible. Este error, nunca bastante sentido, constituye toda la vida de la propiedad. Los inconvenientes de la comunidad son de tal evidencia, que los críticos no tenían necesidad de haber empleado toda su elocuencia en demostrarlos. Lo irreparable de sus injusticias, la violencia que ejerce sobre la simpatía y antipatía naturales, el yugo de hierro que impone a la voluntad, la tortura moral a que somete la conciencia, la atonía en que sume a la sociedad y, en una palabra, la uniformidad mística y estúpida con que encadena la personalidad libre, activa, razonadora e independiente del hombre, han sublevado el buen sentido general y condenado irrevocablemente la comunidad.

Las opiniones y los ejemplos que en su favor se alegan, se vuelven contra ella. La república comunista de Platón supone la esclavitud; la de Licurgo se fundaba en la explotación de los ilotas, que, encargados de producirlo todo para sus señores, dejaban a éstos en libertad de dedicarse exclusivamente a los ejercicios gimnásticos y a la guerra. Asimismo, Rousseau, confundiendo la comunidad y la igualdad, ha afirmado que sin la esclavitud no consideraba posible la igualdad de condiciones. Las comunidades de la Iglesia primitiva no pudieron subsistir más allá del siglo I, y degeneraron bien pronto en órdenes monásticas. En las de los jesuitas del Paraguay, la condición de los negros ha parecido a todos los viajeros tan miserable como la de los esclavos; y es un hecho que los reverendos padres se veían obligados a rodearse de fosos y de murallas para impedir que los neófitos se escaparan. Los bavoubistas, inspirados por un horror exaltado contra la propiedad más que por una creencia claramente formulada, han fracasado por la exageración de sus principios; los saintsimonianos, sumando la comunidad a la desigualdad, han pasado como una mascarada. El peligro mayor para la sociedad actual es naufragar una vez más contra ese escollo.

Y cosa extraña, la comunidad sistemática, negación reflexiva de la propiedad, está concebida bajo la influencia directa del prejuicio de la propiedad, y esto es porque la propiedad se halla siempre en el fondo de todas las teorías de los comunistas.

Los miembros de una comunidad no tienen ciertamente nada propio; pero la comunidad es propietaria, no sólo de los bienes, sino también de las personas y de las voluntades. Por este principio de propiedad soberana, el trabajo, que no debe ser para el hombre más que una condición impuesta por la Naturaleza, se convierte en toda comunidad en un mandato humano y, por tanto, odioso. La obediencia pasiva, que es irreconciliable con una voluntad reflexiva, es observada rigurosamente. La observancia de reglamentos siempre defectuosos, por buenos que sean, impide formular toda reclamación; la vida, el talento, todas las facultades del hombre son propiedad del Estado, el cual tiene el derecho de hacer de ellas, en razón del interés general, el uso que le plazca.

Las sociedades particulares deben ser severamente prohibidas, a pesar de todas las simpatías y antipatías de talentos y caracteres, porque tolerarlas sería introducir pequeñas comunidades en la sociedad grande, y, por tanto, equivaldría a consentir otras tantas propiedades. El fuerte debe realizar el trabajo del débil, aunque ese deber sea puramente moral y no legal, de consejo y no de precepto; el diligente debe ejecutar la tarea del perezoso, aunque esto sea injusto; el hábil la del idiota, aunque resulte absurdo; el hombre, en fin, despojado de su yo, de su espontaneidad, de su genio, de sus afecciones, debe inclinarse humildemente ante la majestad y la inflexibilidad del procomún.

La comunidad es desigual, pero en sentido inverso que la propiedad. La propiedad es la explotación del débil por el fuerte; la comunidad es la explotación del fuerte por el débil. En la propiedad, la desigualdad de condiciones resulta de la fuerza, cualquiera que sea el nombre con que se disfrace: fuerza física o intelectual; fuerza de los sucesos (azar, fortuna); fuerza de propiedad adquirida, etc. En la comunidad, la desigualdad viene de la inferioridad del talento y del trabajo, elevada al nivel de la fuerza. Esta ecuación injusta subleva la conciencia, porque si bien es deber del fuerte socorrer al débil, lo hará voluntariamente, por generosidad, pero no podrá tolerar que se le compare con él. Bien está que sean iguales por las condiciones del trabajo y del salario, pero hay que procurar que la sospecha recíproca de negligencia en la labor común no despierte la envidia entre ellos.

La comunidad es opresión y servidumbre. El hombre quiere de buen grado someterse a la ley del deber, servir a su patria, auxiliar a sus amigos, pero quiere también trabajar en lo que le plazca, cuando le plazca y cuanto le plazca; quiere disponer de su tiempo, obedecer sólo a la necesidad, elegir sus amistades, sus distracciones, su disciplina; ser útil por el raciocinio, no por mandato imperativo; sacrificarse por egoísmo, no por obligación servil. La comunidad es esencialmente contraria al libre ejercicio de nuestras facultades, a nuestros más nobles pensamientos, a nuestros sentimientos más íntimos. Todo lo que se imaginase para conciliarla con las exigencias de la razón individual y de la voluntad, sólo tendería a cambiar el nombre, conservado el sistema; pero quien busque la verdad de buena fe debe procurar no discutir palabras, sino ideas. Así, la comunidad viola la autonomía de la conciencia y la igualdad. La primera, mermando la espontaneidad del espíritu y del corazón, el libre arbitrio en la acción y en el pensamiento; la segunda, recompensando con igualdad de bienestar el trabajo y la pereza, el talento y la necedad, el vicio y la virtud. Además, si la propiedad es imposible por la emulación de adquirir, la comunidad lo sería bien pronto por la emulación de no hacer nada.

La propiedad, a su vez, viola la igualdad por el derecho de exclusión y de aubana, y el libre arbitrio por el despotismo. El primer efecto de la propiedad ha sido suficientemente expuesto en los tres capítulos precedentes, por lo que me limitaré a establecer aquí su perfecta identidad con el robo.

Ladrón en latín es *fur* y *latro; fur* procede del griego *phôr*, de *pheró*, en latín *fero*, yo robo; *latro* de *lathroô*, bandidaje, cuyo origen primitivo es *lêthó*; en latín lateo, yo me oculto. Los griegos tienen, además, *kleptés*, de *kleptô*, yo hurto, cuyas consonantes radicales son las mismas que las de *kaluptó*, esconderse. Con arreglo a estas etimologías, la idea de robar es la de un hombre que oculta, coge, distrae una cosa que no le pertenece, de cualquier manera que sea. Los hebreos expresaban la misma idea con la palabra *ganab*, ladrón, del verbo *ganab*, que significa poner a recaudo, robar. No hurtarás, dice el Decálogo, es decir, no retendrás, no te apoderarás de lo ajeno. Es el acto del hombre que ingresa en una sociedad ofreciendo aportar a ella cuanto tiene y se reserva secretamente una parte, como hizo el célebre discípulo Ananías.

La etimología del verbo robar (*voler* en francés) es aún más significativa. Robar (*voler*), del latín *vola*, palma de la mano, es tomar cartas en el juego; de modo que el ladrón es el que todo lo toma para sí, el que hace el reparto del león. Es probable que este verbo robar deba su origen al caló de los ladrones, y que luego haya pasado al lenguaje familiar y, por consecuencia, al texto de las leyes.

El robo se comete por infinidad de medios, que los legisladores han distinguido y clasificado muy hábilmente, según su grado de atrocidad o de mérito, a fin de que en unos el robo fuese objeto de honores y en otros causa de castigos. Se roba: 1.º. Con homicidio en lugar público; 2.º. Solo o en cuadrilla; 3.º. Con fractura o escalamiento; 4.º. Por sustracción; 5.º. Por quiebra fraudulenta; 6.º. Por falsificación en escritura pública o privada; 7.º. Por expedición de moneda falsa.

Esta escala comprende a todos los ladrones que ejercen su oficio sin más auxilio que la fuerza y el fraude descarado: bandidos, salteadores de caminos, piratas, ladrones de mar y tierra. Los antiguos héroes se gloriaban de llevar esos nombres honorables y consideraban su profesión tan noble como lucrativa. Nemrod, Teseo, Jasón y sus argonautas, Jefté, David, Caco, Rómulo, Clovis y todos sus descendientes merovingios, Roberto Guiscar, Tancredo de Hauteville, Bohemond y la mayoría de los héroes normandos fueron bandidos y ladrones. El carácter heroico del ladrón está expresado en este verso de Horacio, hablando de Aquiles:

Iura neget sibi nata, nihil non arroget armis[51].

Y en estas palabras de Jacob (Génesis, cap. 48), que los judíos aplican a David y los cristianos a Cristo: "Su mano contra todos". En nuestros días, el ladrón, el hombre fuerte de los antiguos, es perseguido furiosamente. Su ofi-

---

51 N. del A.: Mi derecho es mi lanza y mi escudo. El general de Brossard decía como Aquiles: «Tengo vino, oro y mujeres con mi lanza y mi escudo».

cio, según el Código, se castiga con pena aflictiva e infamante, desde la reclusión hasta el cadalso. ¡Qué triste cambio de opiniones hay en los hombres!

Se roba: 8.º. Por hurto; 9.º. Por estafa; 10.º. Por abuso de confianza; 11.º. Por juegos y rifas.

Esta segunda clase de robos estaba consentida en las leyes de Licurgo, con objeto de aguzar el ingenio en los jóvenes. La practicaron Ulises, Dolón, Sinón, los judíos antiguos y modernos, desde Jacob hasta Dentz; los bohemios, los árabes y todos los salvajes. En tiempo de Luis XIII y Luis XIV no era deshonroso hacer trampas en el juego. Aún reglamentado éste, no faltaban hombres de bien que sin el menor escrúpulo enmendaban, con hábiles escamoteos, los caprichos de la fortuna. Hoy mismo, en todos los países, es un mérito muy estimable entre la gente, tanto en el grande como en el pequeño comercio, saber hacer una buena compra, lo que quiere decir engañar al que vende. El ratero, el estafador, el charlatán, hacen uso, sobre todo, de la destreza de su mano, de la sutilidad de su genio, del prestigio de la elocuencia y de una extraordinaria fecundidad de invención. A veces llegan a hacer atractiva la concupiscencia. Sin duda por esto, el Código penal, que prefiere la inteligencia a la fuerza muscular, ha comprendido estas cuatro especies de delitos en una segunda categoría, y les aplica solamente penas correccionales, no infamantes. ¡Y aún se acusa a la ley de materialista y atea!

Se roba: 12.º. Por usura. Esta especie de ganancia, tan odiosa desde la publicación del Evangelio, y tan severamente castigada en él, constituye la transición entre los robos prohibidos y los robos autorizados. Da lugar, por su naturaleza equívoca, a una infinidad de contradicciones en las leyes y en la moral, contradicciones hábilmente explotadas por los poderosos. Así, en algunos países, el usurero que presta con hipoteca al 10, 12 y 15 por 100 incurre en un castigo severísimo cuando es descubierto. El banquero que percibe el mismo interés, aún cuando no a título de préstamo, pero sí al de cambio o descuento, es decir, de venta, es amparado por privilegio del Estado. Pero la distinción del banquero y del usurero es puramente nominal; como el usurero que presta sobre muebles o inmuebles, el banquero presta sobre papel moneda u otros valores corrientes; como el usurero, cobra su interés por anticipado; como el usurero, conserva su acción contra el prestatario, si la prenda perece, es decir, si el billete no tiene curso, circunstancia que hace de él precisamente un prestamista, no un vendedor de dinero. Pero el banquero presta a corto plazo, mientras la duración del préstamo usurario puede ser de un año, de dos, de tres, de nueve, etc.; y es claro que la diferencia en el plazo del préstamo y algunas pequeñas variedades en la forma del acto no cambian la naturaleza del contrato. En cuanto a los capitalistas que colocan sus fondos, ya en el Estado, ya en el comercio, a 3, 4 o 5 por 100, es decir, que cobran una usura menor que la de los banqueros o usureros, son la flor de la sociedad, la crema de los hombres de bien. La moderación en el robo es toda una virtud[52].

Se roba: 13.°, por constitución de renta, por cobro de arrendamiento o alquiler. Pascal, en sus provinciales, ha divertido extraordinariamente a los buenos cristianos del siglo XVII a costa del jesuita Escobar y del contrato mohatra. "El contrato Mohatra —decía Escobar— es aquel por el cual se compra cualquier cosa o crédito, para revenderla seguidamente a la misma persona, al contado y a mayor precio". Escobar había hallado razones que justificaban esta especie de usura. Pascal y todos los jansenistas se burlaban de él. Pero yo no sé qué hubieran dicho el satírico Pascal, el doctor Nicole y el invencible Arnaud, si el P. Antonio Escobar de Valladolid les hubiera presentado este argumento: "El arrendamiento en su contrato por el cual se adquiere un inmueble, en precio elevado y a crédito, para revenderlo al cabo de cierto tiempo a

[52] N. del A.: Sería un gran tema curioso y fértil una revista de los autores que han tratado de la usura, o como algunos dicen, por eufemismo sin duda, del préstamo a interés. Los teólogos han combatido en todo tiempo la usura; pero como han admitido siempre la legitimidad del arriendo o del alquiler, y como la identidad del alquiler y del préstamo a interés es evidente, se han perdido en un laberinto de sutilezas y de distingos, y han acabado por no saber lo que debían pensar de la usura. La Iglesia, esa maestra de moral, tan celosa y tan orgullosa de la pureza de su doctrina, ha permanecido en una ignorancia perpetua sobre la verdadera naturaleza de la propiedad y de la usura: incluso por boca de sus pontífices ha proclamado los más deplorables errores. Non potest mutuum —dice Benedicto XIV—, locationi ullo pacto comparari. «La constitución de rentas, según Bossuet, está tan distante de la usura como el cielo lo está de la tierra». ¿Cómo, con tales ideas, condenar el préstamo a interés? ¿Cómo sobre todo justificar el Evangelio, que prohíbe formalmente la usura? El esfuerzo de los teólogos es extremo: no pudiendo refutar la evidencia de las demostraciones económicas, que asimilan con razón el préstamo a interés al alquiler, no se atreven a condenar el préstamo a interés, y son reducidos a decir que, puesto que el Evangelio prohíbe la usura, es preciso por tanto que alguna cosa sea usura. ¿Pero qué es usura? Nada es más grato que ver a esos maestros de las naciones vacilar entre la autoridad del Evangelio que, dice, no puede haber hablado en vano, y la autoridad de las demostraciones económicas; nada, según mi opinión, pone más alta la gloria de ese mismo Evangelio, que esa vieja infidelidad de sus pretendidos doctores. Saumaise, habiendo asimilado el interés del préstamo al provecho del alquiler, fue refutado por Grocio, Puffendorf, Burlamaqui, Wolf, Heineccius; y lo que es más curioso todavía, Saumaise reconoció su error. En lugar de concluir de esa asimilación de Saumaise que toda albarranía es ilegítima, y de avanzar por ello a la demostración de la igualdad evangélica, se saca una consecuencia del todo opuesta: que siendo el arriendo y el alquiler, según la opinión de todo el mundo, permitidos, si se concede que el interés del dinero no difiere de ellos, no hay nada que se pueda llamar usura y por tanto el mandamiento de Jesucristo es una ilusión, una nada, lo que no se podría admitir sin impiedad. Si esta memoria hubiese aparecido en tiempos de Bossuet, ese gran teólogo habría probado por la escritura, los padres, la tradición, los concilios y los papas, que la propiedad es de derecho divino, mientras que la usura es una invención del diablo; y la obra herética habría sido quemada, y el autor encerrado en la Bastilla.

la misma persona y en mayor precio, sólo que, para simplificar la operación, el comprador se contenta con pagar la diferencia entre la primera venta y la segunda. O negáis la identidad del arrendamiento y del mohatra y os confundo al instante, o, si reconocéis la semejanza, habréis de reconocer también la exactitud de mi doctrina, so pena de prescribir al propio tiempo las rentas y el arriendo".

A esta concluyente argumentación del jesuita, el señor de Montalde hubiera tocado a rebato exclamando que la sociedad estaba en peligro y que los jesuitas minaban sus cimientos.

Se roba: 14.º, por el comercio, cuando el beneficio del comerciante excede del importe legítimo de su servicio. La definición del comercio es bien conocida. Arte de comprar por 3 lo que vale 6, y de vender en 6 lo que vale 3. Entre el comercio así definido y la estafa, la diferencia está no más en la proporción relativa de los valores cambiados; en una palabra, en la cuantía del beneficio.

Se roba: 15.º, obteniendo un lucro sobre un producto, percibiendo grandes rentas. El arrendatario que vende al consumidor su trigo y en el momento de medirlo mete su mano en la fanega y saca un puñado de grano, roba. El profesor a quien el Estado paga sus lecciones y las vende al público por mediación de un librero, roba. El funcionario, el trabajador, quien quiera que sea, que produciendo como 1 se hace pagar como 4, como 100, como 1000, roba. El editor de este libro y yo, que soy su autor, robamos al cobrar por él el doble de lo que vale.

En resumen: La justicia, al salir de la comunidad negativa, llamada por los antiguos poetas edad de oro, empezó siendo el derecho de la fuerza. En una sociedad de imperfecta organización, la desigualdad de facultades revela la idea del mérito; la equidad sugiere el propósito de proporcionar al mérito personal, no sólo la estimación, sino también los bienes materiales; y como el primero y casi único mérito reconocido entonces es la fuerza física, el más fuerte es el de mayor mérito, el mejor, y tiene derecho a la mayor parte. Si no se le concediese, él, naturalmente, se apoderaría de ella. De ahí a abrogarse el derecho de propiedad sobre todas las cosas, no hay más que un paso.

Tal fue el derecho heroico conservado, al menos por tradición, entre los griegos y los romanos hasta los últimos tiempos de sus repúblicas. Platón, en el Gorgias, da vida a un tal Callides que defiende con mucho ingenio el derecho de la fuerza, el cual, Sócrates, defensor de la igualdad, refuta seriamente. Cuéntase que el gran Pompeyo, que se exasperaba fácilmente, dijo en una ocasión: ¿Y he de respetar las leyes cuando tengo las armas en la mano? Este rasgo pinta al hombre luchando entre el sentido moral y la ambición y deseoso de justificar su violencia con una máxima de héroe y de bandido.

Del derecho de la fuerza se derivan la explotación del hombre por el hombre, o dicho de otro modo, la servidumbre, la usura o el tributo impuesto por el vencedor al enemigo vencido, y toda esa familia tan numerosa de impuestos, gabelas, tributos, rentas, alquileres, etc., etc.: en una palabra, la propiedad. Al derecho de la fuerza sucedió el de la astucia, segunda manifestación de la justicia; derecho detestado por los héroes, pues con él nada ganaban y, en cambio, perdían demasiado. Sigue imperando la fuerza, pero ya no vive en el orden de las facultades corporales, sino en el de las psíquicas. La habilidad para engañar a un enemigo con proposiciones insidiosas también parece ser digna de recompensa. Sin embargo, los fuertes elogian siempre la buena fe. En esos tiempos el respeto a la palabra dada y al juramento hecho era de rigor... nominalmente. *Uti lingua nuncupassit, ita jus esto*: como ha hablado la lengua, sea el derecho, decía la ley de las Doce Tablas. La astucia, mejor dicho, la perfidia inspiró toda la política de la antigua Roma. Entre otros ejemplos, Vico cita el siguiente, que también refiere Montesquieu: Los romanos habían garantizado a los cartagineses la conservación de sus bienes y de su ciudad, empleando a propósito la palabra *civitas*, es decir, la sociedad, el Estado. Los cartagineses, por el contrario, habían entendido la ciudad material, *urbs*, y cuando estaban ocupados en la reedificación de sus murallas, y so pretexto de que violaban lo pactado, fueron atacados por los romanos que, conforme el derecho heroico, no creían hacer una guerra injusta engañando a sus enemigos con un equívoco.

En el derecho de la astucia se fundan los beneficios de la industria, del comercio y de la banca; los fraudes mercantiles; las pretensiones, a la que suele darse el nombre de talento y de genio, y que debiera considerarse como el más alto grado de la trampa y de la fullería, y, finalmente, todas las clases de desigualdades sociales.

En el robo (tal como las leyes lo prohíben), la fuerza y el engaño se manifiestan a la luz del día, mientras en el robo autorizado se disfrazan con la máscara de una utilidad producida que sirve para despojar a la víctima.

El empleo directo de la violencia y de la astucia ha sido unánimemente rechazado; pero ninguna nación se ha desembarazado del robo unido al talento, al trabajo y a la posesión. De ahí todas las incertidumbres de la realidad y las innumerables contradicciones de la jurisprudencia.

El derecho de la fuerza y el derecho de la astucia, cantados por los poetas en los poemas de la Ilíada y la Odisea, inspiran todas las leyes griegas y romanas, que, como es sabido, han pasado a nuestras costumbres y a nuestros Códigos. El cristianismo no ha alterado en nada ese estado de cosas. No acusamos de ello al Evangelio, que los sacerdotes, tan mal orientados como los legistas, no han sabido nunca explicar ni comprender. La ignorancia de los Concilios y de los pontífices, en todo lo que concierne a la moral, ha igualado a la del foro y la de los pretores; y esta profunda ignorancia del derecho, de la justicia, de la sociedad, es lo que mata a la Iglesia y desacredita sus enseñanzas. La infidelidad de la Iglesia romana y de las demás iglesias cristianas es manifiesta. Todas han desconocido el precepto de Jesucristo; todas han errado en la moral y en la doctrina; todas son culpables de proposiciones falsas, absurdas, llenas de iniquidad y de crimen. Pida perdón a Dios y a los hombres esa, Iglesia que se reputa infalible y que ha corrompido la moral; humíllense sus hermanas reformadas, y el pueblo, desengañado, pero religioso y clemente, las rehabilitará[53].

El desenvolvimiento del derecho, en sus diversas manifestaciones, ha seguido la misma gradación que la propiedad en sus reformas. En todas partes la justicia persigue el robo y lo reduce a límites cada vez más estrechos. Hasta el presente las conquistas de lo justo sobre lo injusto, de la equidad sobre la desigualdad se han realizado por instinto y por la misma fuerza de las cosas. El último triunfo de nuestra sociabilidad será debido a la reflexión, so pena de caer de nuevo en el feudalismo. Aquella gloria está reservada a nuestra inteligencia, este abismo de miseria a nuestra indignidad. El segundo efecto de la propiedad es el despotismo. Pero como el despotismo se une necesariamente en el pensamiento a la idea de autoridad legítima, investigando las causas naturales del primero, se pone de manifiesto el principio de la segunda.

---

53 N. del A.: «Yo anuncio el Evangelio, yo vivo del Evangelio», decía el Apóstol, significando por eso que vivía de su trabajo: el clero católico ha preferido vivir de la propiedad. Las luchas de las comunas de la Edad Media contra los abades y los obispos grandes propietarios y señores son famosas: las excomuniones papales fulminadas en defensa de las albarranías eclesiásticas no lo son menos. Hoy mismo, los órganos oficiales del clero galicano sostienen todavía que el salario del clero es, no un salario, sino una indemnización por los bienes de que era antes propietario, y que el tercer estado en 1789 le ha quitado. El clero prefiere deber subsistencia al derecho de albarranía que al trabajo. Una de las más grandes causas de la miseria en que está sumergida Irlanda, son los inmensos ingresos del clero anglicano. Así, heréticos y ortodoxos, protestantes y papistas, no tienen nada que reprocharse: todos han errado igualmente en la justicia, todos han desconocido el octavo mandamiento del Decálogo: No robarás.

—¿Qué forma de gobierno es preferible? —¿Y aún lo preguntáis? —Contestará inmediatamente cualquiera de mis jóvenes lectores. —¿No sois republicanos? —Republicano soy, en efecto, pero esta palabra no precisa nada. Res pública es la cosa pública, y por esto quien ame la cosa pública, bajo cualquier forma de gobierno, puede llamarse republicano. Los reyes son también republicanos. —¿Sois entonces demócrata? —No. —¿Acaso sois monárquico? —No. — ¿Constitucional? —Dios me libre. —¿Aristócrata? —Todo menos eso. —¿Queréis, pues, un gobierno mixto? —Menos todavía. —¿Qué sois entonces? —Soy anarquista. —Ahora os comprendo; os estáis mofando de la autoridad. —En modo alguno: acabáis de oír mi profesión de fe seria y detenidamente pensada. Aunque amigo del orden, soy anarquista en toda la extensión de la palabra. En las especies de animales sociales, "la debilidad de los jóvenes es la causa de su obediencia a los mayores, que poseen la fuerza. La costumbre, que en ellos resulta una especie particular de conciencia, es la razón por la cual el poder es atributo siempre del de más edad, aunque no sea el más fuerte. Cuando la sociedad está sometida a un jefe, éste es casi siempre el más viejo del grupo. Y digo casi siempre, porque esa jerarquía puede ser alterada por pasiones violentas. En ese caso, la autoridad se transmite a otro, y habiendo comenzado a ejercerse por la fuerza, se conserva luego por el hábito. Los caballos salvajes caminan en grupos; tienen un jefe que va a la cabeza, a quien los demás siguen confiados, y él es quien les da la señal de la fuga y del ataque. El carnero que hemos criado nos sigue, pero también sigue al rebaño en que ha nacido. No ve en el hombre más que el jefe de su grupo... El hombre no es para los animales domésticos más que un miembro de su sociedad; todo su arte se reduce a hacer que le acepte como asociado, y pronto se convierte en su jefe por serles superior en inteligencia. El hombre no altera, pues, el estado natural de estos animales, como ha dicho Buffón: no hace más que aprovecharse de él. En otros términos, encuentra animales sociables y los convierte en domésticos, haciéndose él su asociado y su jefe. La domesticidad de los animales es, por tanto, un caso particular, una simple modificación, una consecuencia determinada de la sociabilidad. Todos los animales domésticos son, por naturaleza, animales sociables". (Flourens, Resumen de las observaciones de F. Cuvier).

Los animales sociables siguen a un jefe por instinto. Pero (y esto no lo ha dicho F. Cuvier) la función que este jefe desempeña es puramente intelectiva. El jefe no enseña a los demás a asociarse, a reunirse bajo su dirección, a reproducirse, a huir ni a defenderse; sobre estos extremos sus subordinados saben tanto como él. Pero el jefe es quien, con su mayor experiencia, atiende a lo imprevisto, y con su inteligencia suple, en circunstancias difíciles, al instinto general. Él es quien delibera, quien decide, quien guía; él es, en una palabra, quien con su mayor prudencia dirige al grupo en bien de todos.

El hombre, al vivir naturalmente en sociedad, sigue también naturalmente a un jefe. En su origen, este jefe era el padre, el patriarca, es decir, el hombre prudente, sabio, cuyas funciones son, por consecuencia, de reflexión y de inteligencia. La especie humana, como las demás razas de animales sociables, tiene sus instintos, sus facultades innatas, sus ideas generales, sus categorías del sentimiento y de la razón. Los jefes, legisladores o reyes, nunca han inventado ni ideado nada; no han hecho otra cosa que guiar a las sociedades según su experiencia, pero siempre adaptándose a las opiniones y creencias generales.

Los filósofos que, reflejando en la moral y en la historia su sombrío humor de demagogos, afirman que el género humano no ha tenido en su principio ni jefes ni reyes, desconocen la naturaleza del hombre. La realeza, la monarquía absoluta, es, tanto o más que la democracia, una forma primitiva de gobierno. El hecho de que en los tiempos más remotos no faltan héroes, bandidos y aventureros que conquistan tronos y se proclaman reyes, suele ser causa de que se confundan la monarquía y el despotismo. Pero la primera data de la creación del hombre y subsiste en los tiempos de la comunidad negativa; el heroísmo y el despotismo se inician con la primera determinación de la idea de justicia, es decir, con el reinado de la fuerza. Desde el momento en que por la comparación de los méritos se reputó mejor al más fuerte, éste ocupó el lugar del más anciano y la monarquía se constituyó en despotismo.

El origen espontáneo, instintivo, y por decirlo así, fisiológico de la monarquía, le presta en sus principios un carácter sobrehumano; los pueblos la atribuyen a los dioses, quienes, según afirmaban, descendían los primeros reyes: de ahí genealogías divinas de las familias reales, las humanizaciones de los dioses, las fábulas del Mesías. De ahí la doctrina del derecho divino, que aún cuenta tan decididos campeones. La monarquía fue en un principio electiva, porque en el tiempo en que el hombre producía poco y apenas poseía algo, la propiedad era demasiado débil para sugerir la idea de la herencia y para garantizar al hijo el cetro de su padre. Pero cuando se roturaron los campos y se edificaron las ciudades, las funciones sociales, como las cosas, fueron apropiadas. De ahí las monarquías y los sacerdocios hereditarios; de ahí la herencia impuesta hasta en las profesiones más vulgares, cuya circunstancia implica la división de castas, el orgullo nobiliario, la abyección de todo trabajo físico, y confirma lo que he dicho del principio de sucesión patrimonial, que es un medio indicado por la Naturaleza para proveer a funciones vacantes y proseguir una obra comenzada.

La ambición hizo que de tiempo en tiempo apareciesen usurpadores que suplantaran a los reyes, lo que obligó a distinguir a los unos como reyes de derecho, legítimos, y a los otros como tiranos. Pero no hay que atenerse exclusivamente a los nombres, porque ha habido siempre reyes malos y tiranos soportables. Toda monarquía puede ser buena cuando les la única forma posible de gobierno, pero legítima no lo es jamás. Ni la herencia, ni la elección, ni el sufragio universal, ni la excelencia del soberano, ni la consagración de la religión y del tiempo, legitiman la monarquía. Bajo cualquier forma que se manifieste, el gobierno del hombre por el hombre es ilegal y absurdo.

El hombre, para conseguir la más rápida y perfecta satisfacción de sus necesidades, busca la regia. En su origen, esta regla es para él viviente, visible y tangible; es su padre, su amo, su rey. Cuanto más ignorante es el hombre, más obediente es y mayor y más absoluta la confianza que pone en quien le dirige. Pero el hombre, cuya ley es conformarse a la regla, llega a razonar las órdenes de sus superiores, y semejante razonamiento es ya una protesta contra la autoridad, un principio de desobediencia. Desde el momento en que el hombre trata de hallar la causa de la voluntad que manda, es un rebelde. Si obedece, no porque el rey lo mande, sino porque el mandato es justo, a su juicio, puede afirmarse que no reconoce ninguna autoridad y que el individuo es rey de sí mismo. Desdichado quien se atreva a regirle y no le ofrezca como garantía de sus leyes más que los votos de una mayoría; porque, más o menos pronto, la minoría se convertiría en mayoría, y el imprudente déspota será depuesto y sus leyes aniquiladas.

A medida que la sociedad se civiliza, la autoridad real disminuye; es éste un hecho comprobado por la historia. En el origen de las naciones, los hombres no reflexionan y razonan torpemente. Sin métodos, sin principios, no saben ni aún hacer uso de su razón; no distinguen claramente lo justo de lo injusto. Entonces la autoridad de los reyes es inmensa, ya que no puede ser contradicha por los sometidos. Pero poco a poco la experiencia forma el hábito, y éste determina luego la costumbre, la cual se traduce en máximas, en principios, que al fin llegan a formularse en leyes, y ya el rey, la ley viva, se ve forzado a respetarlas. Llega un tiempo en que las costumbres y las leyes son tan numerosas, que la voluntad del príncipe está como atada a la voluntad general, en forma tal, que al tomar la corona tiene que jurar que gobernará con arreglo a ellas, siendo ya sólo el poder ejecutivo de una sociedad cuyas leyes se establecieron sin su concurso.

Hasta ese momento todo sucede de modo instintivo, sin que los interesados se den cuenta exacta de ello; pero veamos el término fatal de ese movimiento. A fuerza de instruirse y de adquirir ideas, acaba el hombre por adquirir la idea de ciencia, es decir, la idea de un sistema de conocimientos adecuados a la realidad de las cosas y deducidos de la observación. Investiga entonces en la ciencia el sistema de los cuerpos inanimados, el de los cuerpos orgánicos, el del espíritu humano, el del mundo; ¿y cómo no investigar también el sistema de la sociedad? Una vez llegado a este punto, comprende que la verdad, en la ciencia política es independiente por completo de la voluntad del soberano, de la opinión de las mayorías y de las creencias vulgares; y que reyes, ministros, magistrados y pueblos, en cuanto son voluntades, nada significan por la ciencia y no merecen consideración alguna. Comprende al mismo tiempo que si el hombre es sociable por naturaleza, la autoridad de su padre acaba desde el día en que, formada ya su razón y completada su educación, se convierte en su asociado; que su verdadero señor y, rey es la verdad demostrada; que la política es una ciencia y no un convencionalismo, y que la función del legislador se reduce, en último extremo, a la investigación metódica de la verdad.

Así, en una sociedad, la autoridad del hombre sobre el hombre está en razón inversa del desarrollo intelectual conseguido por esa sociedad, y la duración probable de esta autoridad puede calcularse en razón directa de la mayor o menor aspiración a un verdadero gobierno, es decir, a un gobierno establecido con arreglo a principios científicos. Así como el derecho de la fuerza y el de la astucia se restringen por la determinación cada vez mayor de la idea de justicia y acabarán por desaparecer en la igualdad, la soberanía de la voluntad cede ante la soberanía de la razón y terminará por aniquilarse en un socialismo científico. La propiedad y la autoridad están amenazadas de ruina desde el principio del mundo, y así como el hombre busca la justicia en la igualdad, la sociedad aspira al orden en la anarquía.

Anarquía, ausencia del señor, de soberano[54], tal es la forma de gobierno, a la que nos aproximamos de día en día, y a la que, por el ánimo inveterado de tomar el hombre por regla y su voluntad por ley, miramos como el colmo del desorden y la expresión del caos. Refiérese que allá por el siglo XVII un vecino de París oyó decir que en Venecia no había rey alguno, y tal asombro causó al pobre hombre la noticia, que pensó morirse de risa al oír una cosa para él tan ridícula, tal es nuestro prejuicio. Cada uno de nosotros desea tener, sin darse a veces cuenta de ello, uno o varios jefes, no faltando comunistas que sueñan, como Marat, con una dictadura.

La legislación y la política es objeto de ciencia, no de opinión; la facultad legislativa sólo pertenece a la razón, metódicamente reconocida y demostrada. Atribuir a un poder cualquiera el derecho del veto y de la sanción, es el colmo de la tiranía. La justicia y la legalidad son tan independientes de nuestro asentimiento como la verdad matemática. Para obligar, basta que sean conocidas; para manifestarse al hombre, sólo requieren su meditación y su estudio. ¿Y qué representa entonces el pueblo, si no es soberano, si no se deriva de él la facultad legislativa? El pueblo es el guardián de la ley, es el poder ejecutivo. Todo ciudadano puede afirmar: "Esto es verdadero, aquello es justo"; pero tal convicción sólo a él le obliga; para que la verdad que proclama se convierta en ley, es preciso que sea reconocida por todos. Pero ¿qué es reconocer una ley? Es realizar una operación matemática o metafísica, es repetir una experiencia, observar un fenómeno, comprobar un hecho. Solamente la nación tiene derecho a decir: Ordeno y mando.

Yo confieso que todo esto es el derrumbamiento de las ideas recibidas, y que parece que tomo a mi cargo el trastorno de la política actual; pero ruego al lector que considere que habiendo comenzado por una paradoja, debía, si razonaba justamente, encontrar a cada paso paradojas. Por lo demás, no veo qué peligro correría la libertad de los ciudadanos si, en lugar de la pluma de legislador, la cuchilla de la ley fuese puesta en manos de los ciudadanos. Perteneciendo esencialmente a la voluntad la potencia ejecutiva, no puede ser confiada a demasiados mandatarios: está ahí la verdadera soberanía del pueblo[55].

---

54 El sentido que vulgarmente se atribuye a la palabra anarquía es ausencia de principio, ausencia de regla, y por esta razón se tiene por sinónimo de desorden.

55 N. del A.: Si tales ideas penetran alguna vez en los espíritus, habrá terminado el gobierno representativo y la tiranía de los habladores. En otro tiempo la ciencia, el pensamiento, la palabra, eran confundidos bajo una misma expresión; para designar a un hombre fuerte de pensamientos y saber, se decía un hombre pronto a hablar y poderoso en el discurso. Desde hace largo tiempo la palabra ha sido separada

El propietario, el ladrón, el héroe, el soberano, porque todos estos nombres son sinónimos, imponen su voluntad como ley y no permiten contradicción ni intervención, es decir, que intentan ejercer el poder legislativo y el ejecutivo a la vez. Por eso la sustitución de la voluntad real por la ley científica y verdadera no puede realizarse sin lucha encarnizada. Después de la propiedad, tal sustitución es el más poderoso elemento de la historia, la causa más fecunda de las alteraciones políticas. Los ejemplos de esto son demasiado numerosos y evidentes para que se detenga a enumerarlos.

La propiedad engendra necesariamente el despotismo, el gobierno de lo arbitrario, el imperio de una voluntad libidinosa. Tan esencial es esto en la propiedad, que para convencerse de ello basta recordar lo que la propiedad es y fijarse en lo que ocurre a nuestro alrededor. La propiedad es el derecho de usar y abusar. Por consiguiente, si el gobierno es economía, si tiene por único objeto la producción y el consumo, la distribución de los trabajos y de los productos, ¿cómo ha de ser posible con la propiedad? Si los bienes son objeto de propiedad, ¿cómo no han de ser reyes los propietarios, y reyes despóticos, según la proporción de sus derechos dominicales? Y si cada propietario es soberano en la esfera de su propiedad, rey inviolable en toda la extensión de su dominio, ¿cómo no ha de ser un caos y una confusión un gobierno constituido por propietarios?

Por tanto, no es posible gobierno, ni economía política, ni administración pública que tenga la propiedad por fundamento.

---

por abstracción de la ciencia y de la razón; poco a poco esa abstracción, como dicen los lógicos, se ha realizado en la sociedad; es verdad que hoy tenemos sabios de muchas especies que no hablan apenas, y habladores que no son siquiera sabios en la ciencia de la palabra. Así un filósofo no es ya un sabio; es un hablador. Un legislador, un poeta, fueron en otro tiempo hombres profundos y divinos: hoy son habladores. Un hablador es un timbre sonoro, a quien el menor choque hace dar un sonido indeterminable; en el hablador, el flujo del discurso está siempre en razón directa de la pobreza del pensamiento. Los habladores gobiernan el mundo; nos aturden, nos abruman, nos saquean, nos chupan la sangre y se burlan de nosotros: en cuanto a los sabios, ellos se callan, si quieren decir una palabra, se les corta la palabra. Que escriban.

III

Determinación de la tercera forma social: conclusión

La comunidad pretende la igualdad y la ley. La propiedad, nacida del sentimiento del mérito personal, aspira frecuentemente a la independencia y a la proporcionalidad.

Pero la comunidad, tomando la uniformidad por la ley y la nivelación por la igualdad, llega a ser tiránica e injusta, y a su vez la propiedad, por su despotismo y sus detentaciones, se muestra pronto opresiva e insociable. El propósito de la comunidad y de la propiedad es bueno; el resultado de una y otra es pésimo. ¿Por qué? Porque ambas son exclusivistas y desconocen, cada una de ellas por su parte, dos elementos de la sociedad. La comunidad rechaza la independencia y la proporcionalidad; la propiedad no satisface a la igualdad ni a la ley.

Mas si imaginamos una sociedad fundada en estos cuatro principios, la igualdad, ley, independencia, proporcionalidad, hallaremos: 1.º. Que consistiendo la igualdad únicamente en la igualdad de condiciones, es decir, de medios, no en la igualdad de bienestar, la cual, mediante la igualdad de medios, debe ser obra del trabajador, no se atenta en forma alguna a la justicia ni a la equidad. 2.º. Que la ley, como resultado que es de la ciencia de los hechos y fundada, por tanto, en la necesidad misma, no puede quebrantar jamás la independencia. 3.º. Que la independencia recíproca de los individuos, o la autonomía de la razón privada, como derivada que es de la diferencia de talentos y capacidades, puede existir sin peligro dentro de la ley. 4.º. Que no admitiéndose la proporcionalidad, sino en la esfera de la inteligencia y del sentimiento, pero no en el orden de las cosas físicas, puede observarse sin violar la justicia o la igualdad social.

Esta tercera forma de sociedad, síntesis de la comunidad y de la propiedad, se llama *libertad*[56].

Para determinar la libertad no reunimos, pues, sin discernimiento la comunidad y la propiedad, lo cual sería un eclecticismo absurdo. Investiga-

---

[56] N. del A.: Libertas, libertare, libratio, libra, libertad, liberar, libración, balance (libro), expresiones todas cuya etimología parece común. La libertad es la balanza de los derechos y de los deberes: libertar a un hombre es balancearse con los otros, es decir, ponerlo a su nivel.

mos por un método analítico lo que cada una de ellas contiene de verdadero, conforme a la voz de la Naturaleza y a las leyes de la sociabilidad, y eliminamos lo que tienen de falso, como elementos extraños. El resultado ofrece una expresión adecuada a la forma natural de la sociedad humana; en una palabra, la libertad.

La libertad es la igualdad, porque la libertad sólo existe en el estado social, y fuera de la igualdad no puede haber sociedad. La libertad es la anarquía, porque no consiente el imperio de la voluntad, sino sólo la autoridad de la ley, es decir, de la necesidad. La libertad afirma la independencia en términos de infinita variedad, porque respeta todas las voluntades dentro de los límites de la ley. La libertad es la proporcionalidad, porque ofrece plena latitud a la ambición del mérito y a la emulación de la gloria.

Podemos decir ahora lo mismo que dijo Cousin: "Nuestro principio es verdadero, es bueno, es social: no temamos deducir de él todas sus consecuencias".

La sociabilidad en el hombre, convirtiéndose en justicia por la reflexión, en equidad por la mutua dependencia de las capacidades, teniendo por fórmula la libertad, es el verdadero fundamento de la moral, el principio y la regla de todas nuestras acciones. Es el móvil universal que la filosofía busca, que la religión corrobora, que el egoísmo suplanta, que la razón pura no puede suplir jamás. El deber y el derecho tienen su única fuente en la necesidad, la cual, según se considere en relación a los seres exteriores, es derecho, y en relación a nosotros mismos, es deber.

Es una necesidad comer y dormir; tenemos un derecho a procurarnos las cosas necesarias al sueño y al sustento; es en nosotros un deber usar de ellas cuando la Naturaleza lo exige.

Es una necesidad trabajar para vivir; es un derecho y un deber. Es una necesidad amar a la mujer y a los hijos; es deber del marido ser su productor y su sostén; es un derecho ser amado por ellos con preferencia a todos. La fidelidad conyugal es de justicia; el adulterio es un crimen de lesa sociedad. Es una necesidad cambiar unos productos por otros: hay derecho a exigir que este cambio sea de valores iguales, y puesto que consumimos antes de producir, es en nosotros un deber, en cuanto de nosotros dependa, producir con la misma constancia que consumimos. El suicidio es una quiebra fraudulenta. Es una necesidad realizar nuestro trabajo según las luces de nuestra razón; es un derecho mantener nuestro libre albedrío; es un deber respetar el de los demás. Es una necesidad ser apreciado por nuestros semejantes; es un deber merecer sus elogios; es un derecho ser juzgados por nuestros actos.

La libertad no es contraria al derecho de sucesión hereditaria; se limita a velar porque la igualdad no sea violada por él. Optad —nos dice— entre dos herencias, pero no acumuladlas nunca. Toda la legislación relativa a las transmisiones, sustituciones, etc., por titulo hereditario, está por hacer.

La libertad favorece la emulación, lejos de destruirla. En la igualdad social, la emulación consiste en trabajar, en desenvolverse en condiciones iguales. Su recompensa está en sí misma; el éxito ajeno a nadie perjudicará.

La libertad elogia el sacrificio y honra a quienes lo hacen; pero no necesita de él. La justicia basta para mantener el equilibrio social; el sacrificio es innecesario. Sin embargo, dichoso aquel que puede decir: "Yo me sacrifico"[57].

La libertad es esencialmente organizadora. Para asegurar la igualdad entre los hombres, el equilibrio entre las naciones, es preciso que la agricultura y la industria, los centros de instrucción, de comercio y de negocios se distribuyan según las condiciones geográficas de cada país, la clase de sus productos, el carácter y las aptitudes naturales de sus habitantes, etc., en proporciones tan justas, tan sabias, tan bien combinadas, que en ninguna parte haya exceso ni falta de población, de consumo y de producción. Este es el principio de la ciencia del derecho público y del derecho privado, la verdadera economía política. Corresponde a los jurisconsultos, desembarazados ya del falso principio de la propiedad, redactar las nuevas leyes y pacificar el mundo. Ciencia y genio no les faltan; el punto de partida ya les es conocido[58].

---

57   Nota del autor: En una publicación mensual, cuyo primer número acaba de aparecer bajo el título de l'Égalitaire se propone la abnegación como principio de igualdad: es confundir todas las nociones. La abnegación en sí misma supone la más alta desigualdad; buscar la igualdad en la abnegación es confesar que la igualdad es contraria a la naturaleza. La igualdad debe ser establecida sobre la justicia, sobre el derecho estricto, sobre los principios invocados por el propietario mismo; de otro modo no existirá nunca. La abnegación, el sacrificio es superior a la justicia; no pueden ser impuestos como ley, porque su naturaleza consiste en no tener recompensa. Ciertamente, habría que desear que todo el mundo reconociese la necesidad de la abnegación, y el pensamiento de l'Égalitaire es muy buen ejemplo; desgraciadamente no me parece que conduzca a nada. ¿Qué responder, por ejemplo, a un hombre que os dice: «No quiero sacrificarme»? ¿Habrá que obligarlo a ello? Cuando el sacrificio, la abnegación son forzados, se llama a eso opresión, servidumbre, explotación del hombre por el hombre. Es así como los proletarios son sacrificados a la propiedad.

58   **N. del A.:** De todos los socialistas modernos, los discípulos de Fourier me han parecido hace tiempo los más avanzados y acaso los únicos dignos de este nombre. Si hubiesen sabido comprender su tarea de hablar al pueblo, despertar simpatías, callarse sobre lo que no entendían; si hubiesen presentado pretensiones menos orgullosas y mostrado más respeto hacia la razón pública, quizás la reforma, gracias a ellos, habría comenzado. Pero ¿no están esos reformadores tan resueltos sin cesar de rodillas ante el poder y la opulencia,

He concluido la obra que me había propuesto; la propiedad está vencida: ya no se levantará jamás. En todas partes donde este libro se lea, existirá un germen de muerte para la propiedad: y allí, más o menos pronto, desaparecerán el privilegia y la servidumbre. Al despotismo de la voluntad sucederá al fin el reinado de la razón. ¿Qué sofismas ni que prejuicios podrán contrarrestar la sencillez de estas proposiciones?

I. La posesión individual[59] es la condición de la vida social. Cinco mil años de propiedad lo demuestran: la propiedad es el suicidio de la sociedad. La posesión es de derecho; la propiedad es contra el derecho. Suprimid la propiedad conservando la posesión, y con esta sola modificación habréis cambiado por completo las leyes, el gobierno, la economía, las instituciones: habréis eliminado el mal de la tierra.

II. Siendo igual para todos el derecho de ocupación, la posesión variará con el número de poseedores: la propiedad no podrá constituirse.

III. Siendo también igual para todos el resultado del trabajo, es imposible la formación de la propiedad por la explotación ajena y por el arriendo.

IV. Todo trabajo humano es resultado necesario de una fuerza colectiva; la propiedad, por esa razón, debe ser colectiva e indivisa. En términos más concretos, el trabajo destruye la propiedad.

V. Siendo toda aptitud para el trabajo, lo mismo que todo instrumento para el mismo, un capital acumulado, una propiedad colectiva, la desigualdad

es decir ante aquello que hay de más antirreformista? ¿Cómo no comprenden en un siglo razonador que el mundo quiere ser convertido por razón demostrativa, no por mitos y alegorías? ¿Cómo adversarios implacables de la civilización toman de ella sin embargo lo que ha producido de más funesto: la propiedad, la desigualdad de fortuna y de rangos, la glotonería, el concubinato, la prostitución, qué sé yo qué más? ¿La teurgia, la magia y la brujería? ¿Por qué esos interminables declamadores contra la moral, la metafísica, la psicología, cuando esas ciencias, de las que no entienden nada, constituyen todo su sistema? ¿Por qué esa manía de divinizar a un hombre cuyo principal mérito fue desvariar sobre una multitud de cosas que no conocía más que de nombre, en el más extraño lenguaje que haya habido jamás? Cualquiera que admita la infalibilidad de un hombre, se vuelve por eso mismo incapaz de instruir a los demás; el que abdica de su razón, pronto proscribirá el libre examen. Los falansterianos no dejarían de hacerlo si fuesen los amos. Que se dignen en fin razonar, que procedan con método, que nos den demostraciones, no revelaciones, y los escucharemos de buena gana; después que organicen la industria, la agricultura, el comercio; que hagan atractivo el trabajo, honrosas las funciones más humildes, y nuestros aplausos estarán con ellos. Sobre todo, que se deshagan de ese iluminismo que les da un aire de impostores o de víctimas, mucho más que de creyentes y de apóstoles.

59 N. del A.: La posesión individual no es un obstáculo al gran cultivo y a la unidad de explotación. Si no he hablado de los inconvenientes de la parcelación, es que he creído inútil repetir después de tantos otros lo que debe ser para todo el mundo una verdad adquirida. Pero estoy sorprendido de que los economistas, que han hecho destacar tan bien las miserias del pequeño cultivo, no hayan visto que el principio de ellas está enteramente en la propiedad, sobre todo que no hayan sentido que su proyecto de movilizar el suelo es un comienzo de abolición de la propiedad.

de remuneración y de fortuna, so pretexto de desigualdad de capacidades, es injusticia y robo.

VI. El comercio tiene por condiciones necesarias la libertad de los contratantes y la equivalencia de los productos cambiados. Pero siendo la expresión del valor la suma de tiempo y de gastos que cuesta cada producto y la libertad inviolable, los trabajadores han de ser necesariamente iguales en salarios, como lo son en derechos y en deberes.

VII. Los productos sólo se adquieren mediante productos; pero siendo condición de todo cambio la equivalencia de los productos, el lucro es imposible e injusto. Aplicad este principio elemental de economía y desaparecerán el pauperismo, el lujo, la opresión el vicio, el crimen y el hambre.

VIII. Los hombres están asociados por la ley física y matemática de la producción antes de estarlo por su asentimiento: por consiguiente, la igualdad de condiciones es de justicia, es decir, de derecho social, de derecho estricto; el afecto, la amistad, la gratitud, la admiración, corresponden al derecho equitativo o proporcional.

IX. La asociación libre, la libertad, que se limita a mantener la igualdad en los medios de producción y la equivalencia en los cambios, es la única forma posible de sociedad, la única justa, la única verdadera.

X. La política es la ciencia de la libertad. El gobierno del hombre, cualquiera que sea el nombre con que se disfrace, es tiranía; el más alto grado de perfección de la sociedad está en la unión del orden y de la anarquía.

La antigua civilización ha llegado a su fin: la faz de la tierra va a renovarse bajo un nuevo sol. Dejemos pasar una generación, dejemos morir en el aislamiento a los antiguos prevaricadores: la tierra santa no cubrirá sus huesos. Si la corrupción del siglo te indigna, si el deseo de justicia te enaltece, si amas la patria, si el interés de la humanidad te afecta, abraza, lector, la causa de la libertad. Abandona tu egoísmo, húndete en la ola popular de la igualdad que nace; en ella tu alma purificada hallará energías desconocidas; tu carácter débil se fortalecerá con valor indomable; tu corazón rejuvenecerá. Todo cambiará de aspecto a tus ojos, iluminados por la verdad; nuevos sentimientos despertarán en ti ideas nuevas. Religión, moral, poesía, arte, idioma se te representarán bajo una forma más grande y más bella, y seguro de tu fe, saludarás la aurora de la regeneración universal.

Y vosotros, pobres víctimas de una ley odiosa, vosotros a quienes un mundo estúpido despoja y ultraja, vosotros, cuyo trabajo fue siempre infructuoso y vuestro esperar sin esperanza, consolaos; vuestras lágrimas están contadas. Los padres han sembrado en la aflicción, los hijos cosecharán en la alegría.

¡Oh, Dios de libertad! ¡Dios de igualdad! Tú, que has puesto en mi corazón el sentimiento de la justicia antes que mi razón llegase a comprenderla, oye mi ardiente súplica. Tú eres quien me ha inspirado cuanto acabo de escribir. Tú has formado mi pensamiento, dirigido mi estudio, privado mi corazón de malas pasiones, a fin de que publique tu verdad ante el amo y ante el esclavo. He hablado según la energía y capacidad que tú me has concedido; a ti te corresponde acabar tu obra. Tú sabes, Dios de libertad, si me ha guiado mi interés o tu gloria. ¡Perezca mi nombre y que la humanidad sea libre! ¡Vea yo, desde un oscuro rincón, instruido al pueblo, aconsejado por leales protectores, conducido por corazones desinteresados! Acelera, si es posible, el tiempo de nuestra prueba; ahoga en la igualdad el orgullo y la avaricia; confunde esta idolatría de la gloria que nos retiene en la abyección; enseña a estos pobres hijos tuyos que en el seno de la libertad no habrá héroes ni grandes hombres.

Inspira al poderoso, al rico, a aquel cuyo nombre jamás pronunciarán mis labios en presencia tuya, sentimientos de horror a sus rapiñas; sean ellos los que pidan que se les admita la restitución y absuélvales su inmediato arrepentimiento de todas sus culpas. Entonces, grandes y pequeños, sabios e ignorantes, ricos y pobres, se confundirán en inefable fraternidad, y todos juntos, entonando un himno nuevo, te erigirán el altar. ¡Oh Dios de libertad y de igualdad!

DESCUBRA TACET LIBROS

Somos una editorial independiente que publica obras interesantes y únicas de autores clásicos -en sus idiomas originales- a precios asequibles para los lectores. Nuestro catálogo incluye obras en inglés, español y portugués de grandes autores como James Joyce, Virginia Woolf, Machado de Assis, George Orwell y Horacio Quiroga, entre otros. Ofrecemos colecciones únicas como Ficción feminista, Cuentos de hadas victorianos y selecciones de cuentos de países como Cuba, España, Argentina y México, entre otros.

Tanto si estudia un nuevo idioma como si disfruta de los clásicos en su lengua original, nuestros libros serán un excelente complemento para su biblioteca.

Visite nuestro sitio web: www.tacetbooks.com

Mientras el mundo se enfrenta a retos sin precedentes como la crisis climática y la lucha por la justicia social, este libro se publicó en julio de 2024 con la intención de ser una voz activa en los debates contemporáneos. En Tacet Books creemos en el poder de la literatura para provocar cambios y promover el entendimiento mutuo entre culturas e individuos.

www.tacetbooks.com

www.ingramcontent.com/pod-product-compliance
Lightning Source LLC
LaVergne TN
LVHW040042080526
838202LV00045B/3454